根据教育部《高等学校学生心理健康教育指导纲要》编写

大学生心理健康
学习指导

俞国良◎主编

Learning Guidance for
College Students' Mental Health

北京师范大学出版集团
BEIJING NORMAL UNIVERSITY PUBLISHING GROUP
北京师范大学出版社

图书在版编目（CIP）数据

大学生心理健康学习指导/俞国良主编．—北京：北京师范大学出版社，2023.8（2023.11 重印）

ISBN 978-7-303-28920-2

Ⅰ.①大…　Ⅱ.①俞…　Ⅲ.①大学生－心理健康－健康教育－高等学校－教学参考资料　Ⅳ.①G444

中国版本图书馆 CIP 数据核字（2023）第 020642 号

教材意见反馈　gaozhifk@bnupg.com　010-58805079

DAXUESHENG XINLI JIANKANG XUEXI ZHIDAO

出版发行：北京师范大学出版社　www.bnupg.com
　　　　　北京市西城区新街口外大街 12-3 号
　　　　　邮政编码：100088

印　　刷：保定市中画美凯印刷有限公司
经　　销：全国新华书店
开　　本：787 mm×1092 mm　1/16
印　　张：11
字　　数：270 千字
版　　次：2023 年 8 月第 1 版
印　　次：2023 年 11 月第 2 次印刷
定　　价：38.00 元

策划编辑：周雪梅　　　　责任编辑：王思琪
美术编辑：李向昕　　　　装帧设计：沈艳华
责任校对：段立超　王志远　　　　责任印制：马　洁

前言

这是一部轻松有趣、实效有用、富有内涵的大学生心理健康教育参考读物。

2016年12月，受教育部思想政治工作司委托，在高等学校大学生心理健康教育专家指导委员会和主任委员林崇德教授的指导下，我主持完成了《高等学校学生心理健康教育指导纲要》(教党〔2018〕41号)(以下简称《纲要》)的编制研究。后受北京师范大学出版社委托，2018年8月近百所高校专家参与研讨与撰稿、由我主编的教材《大学生心理健康》正式出版，受到高等学校广大师生的青睐和厚爱，短短三年便重印9次，累计印数40多万册，我深受鼓舞和鞭策。这也是编撰《大学生心理健康学习指导》的巨大精神动力!

无论任何时候，高等学校都与时代同呼吸共命运，大学生更是如此。新时代赋予心理健康教育新内涵、新意义，提出了新要求、新任务，对此，习近平总书记在全国卫生与健康大会上强调，“要加大心理健康问题基础性研究，做好心理健康知识和心理疾病科普工作，规范发展心理治疗、心理咨询等心理健康服务”。这是开展大学生心理健康教育的理论依据。

《纲要》也明确要求，“把心理健康教育课程纳入学校整体教学计划，规范课程设置，对新生开设心理健康教育公共必修课，大力倡导面向全体学生开设心理健康教育选修和辅修课程，实现大学生心理健康教育全覆盖”。确实，心理健康教育作为一种以人的发展为目的的教育实践活动，课程是主渠道，促进学生发展是“硬道理”。因此，大学生心理健康教育，绝非是对他们进行“宏大叙事”的灌输，也不是强调他们的社会属性而忽视自然属性，而是应该聚焦他们的主要心理社会性发展任务，以课程为主、预防为主、人心为主，课堂育人、活动育人、实践育人。即提供适合大学生发展需要的心理健康教育。

作为《大学生心理健康》教材配套的学习参考资料或辅助教材，《大学生心理健康学习指导》的结构按教材序列设计，共9章。每章设计的逻辑思路为：学习心理健康知识——参与心理健康活动体验——掌握保持心理健康的方法，这三个环节相互联系、逐步递进开展教学。具体由“概念诠释与理论解读”(知识学习环节)，“自测、阅读体验与活动”(活动体验环节)，“经典案例与热线问答”(方法训练环节)等三部分七个板块组成一个整体。

“概念诠释”部分：选择了每章的一些基本概念、重要概念和常见概念进行阐释。为了避免与教材的重复释义，在多数情况下，采取了“同题异构”的变式，即把同样的意思用不同的方式表达出来。希望这样的努力，能帮助大学生加深对概念的理解。

“理论解读”部分：基于各章要旨，从煌煌百年心理学史上数不胜数的心理健康理论中选择了最具代表性的经典理论，这些理论在学理探索与实践应用方面均已取得重大成就而流芳百世，我们择其要点予以解读。借此提高大学生的理论站位。

“轻松自测”部分：根据各章不同的主题，选择符合该主题的心理测评问卷或简易量表进行自测，为更好地认识自己的心理与行为特点提供参考。相信大学生通过这些自测，会对自己的心理健康状况有许多新发现。这是大学生心理成长的依据。

“阅读体验”部分：对各章教材内容进行“同题异构”，更加简明扼要地阐释心理健康知识、理论和方法，以及心理障碍和心理疾病的基本常识。阅读可以让大学生获得新的体验和感悟，提高大学生自觉运用心理健康原理分析和解决自身心理行为问题的能力。

“自助活动”部分：各章有的放矢地设计了各种各样的心理健康活动。通过讨论、分享、反思、角色扮演和心理情景剧等具体活动形式，体验现实生活中的心理困扰和心理问题，分析其成因并提出心理调适的方法与建议。旨在培养大学生积极心理品质。

“经典案例”部分：根据各章的核心主题，对与主题相关、来自现实生活中的真实案例进行剖析。从现象人手，分析其心理行为问题的形成过程和来龙去脉，揭示其成因与后果，以及应吸取的教训和感悟、启示。让大学生做自己的“心理保健医生”。

“热线问答”部分：针对大学生课堂中提出的各种心理行为问题，以及在学习生活中的心理困惑和心理障碍，释疑解惑、指点迷津，并提出切实可行的实践建议。使大学生能举一反三、触类旁通，并取得对症下药、事半功倍的教育效果。

“名人名著”部分：作为拓展性学习内容，主要是简要介绍心理健康教育大师生平，以及他们的代表作品，为学有余力者进一步学习、探究奠定基础。随后的信息窗、小贴士等补充阅读资料，均致力于拓宽大学生的知识面、阅读面，让他们“登高望远”。

现在摆在大家面前的《大学生心理健康学习指导》，就是以上述理念与结构为准绳编写的。作为学习参考资料，该书可以帮助大学生更好地理解教材内容，拓宽知识、扩大视野、提高站位，实现育心与育德的统一；也可以作为辅助教材，帮助术业专攻的大学生更好地自主自助、助人助己，全面夯实自身心理素质。作为教学参考资料，该书可以帮助教师正确把握教学目标，通过知识学习、活动体验和疑难解答等教学环节，实现大学生心理健康教育效果的最大化。我们希望两者能够相辅相成，相得益彰。因此，全书力求形式生动活泼，文字通俗易懂，活动启迪智慧，内容人文关怀，以充分激发大学生的学习兴趣和求知欲望。该书适合全日制普通高校、高职高专院校、民办高校等高等学校，作为心理健康课程参考资料或课外阅读资料，供学生学习、使用，也适合高等学校思想政治工作者、学生工作者和辅导员以及所有关注大学生成长与发展的读者阅读、参考。

该书由我和北京师范大学心理咨询中心罗晓路教授共同编撰。其中，我负责整体设计与理论部分，如“概念诠释、理论解读、阅读体验与名人名著”等板块；罗晓路教授负责实务与操作部分，如“轻松自测、自助活动、经典案例与热线问答”等板块。这是心理健康教育研究工作者和实践工作者协同作战的一次尝试，至于这种合作是否成功，自有读者评判。我们在编撰过程中参考了前辈、专家学者大量的相关研究文献和最新研究成果，北京师范大学出版社策划编辑周雪梅博士给予编写工作大力支持和无私奉献，在此一并致谢。

最后，真诚希望读者特别是大学生们，能给予我们一个修订和再版的“念想”。此愿可盼矣，吾辈尚需努力！

俞国良
2023 年于北京西海探微斋

目 录

第一章 心理健康基本知识

通过本章学习，我们需要了解什么是健康，心理健康的概念和标准是什么，大学生心理健康的标准又是什么？什么是心理行为问题，大学生心理发展的特点和常见的心理行为问题是什么？同时，关注自己生理和心理发展的状态，掌握健康的生活方式和自我管理的技能；学会求助心理辅导、心理咨询等途径，主动进行心理调适、情绪管理，做积极、乐观、善于面对现实的人；直面心理危机，解决心理行为问题，以便更好地适应和发展；充分发挥身心潜能，创造幸福人生。

一、概念诠释与理论解读

（一）概念诠释

健康 健康是指一个人在身体、精神和社会等方面都处于良好的状态，而不仅仅是没有疾病和虚弱的状态。它包括两个方面的内容：一是主要脏器无疾病；二是对疾病的抵抗能力较强，能够适应环境变化。它与疾病之间没有绝对的界限，而是处于同一连续体之中，中间有各种移行状态。世界卫生组织提出，“健康不仅是躯体没有疾病，还要具备心理健康、社会适应良好和道德健康”。因此，现代人的健康内容包括：躯体健康、心理健康、心灵健康、社会健康、智力健康、道德健康、环境健康等。健康是身心健康、社会幸福的总体状态。

心理健康 心理健康尤指个体的各种心理状态保持正常或良好水平，且自我内部以及自我与环境之间保持和谐一致的良好状态。从广义上讲，心理健康主要是指一种高效而满意的、持续的心理状态；从狭义上讲，指的是人的基本心理活动的过程内容完整、协调一致，即知、情、意、行和谐统一。2001 年，世界卫生组织将心理健康定义为：“心理健康是一种健康或幸福状态，在这种情况下，个体得以实现自我，能够应对正常的生活压力，工作富有成效和成果，以及有能力对所在社会做出贡献。”

心理健康标准 心理健康标准是心理健康概念的具体化，国内外学者提出的心理健康标准不尽相同。“作为人本主义心理学创始人之一的”马斯洛（A. H. Maslow）认为，具有自我实现者人格特征的人就是心理健康的人，具体标准为：①是否有充分的安全感；②是否对自己有较充分的了解，并能恰当地评价自己的行为；③自己的生活理想和目标能否切合实际；④能否与周围环境、事物保持良好的接触；⑤能否保持自我人格的完整与和谐；⑥能否具备从经验中学习的能力；⑦能否保持适当和良好的人际关系；⑧能否适度地表达和控制自己的情绪；⑨能否在群体允许的前提下，有限地发挥自己的个性；⑩能否在社会允许的范围内，适当地满足个人的基本要求。

心理行为问题 心理行为问题是指各种心理及行为异常的情形。一般把心理行为问题分为两种：发展性问题和障碍性问题。

心理咨询 心理咨询是指由受过咨询心理学专门训练的专业人员，运用心理学知识、理论和技术，针对来访者的各种适应与发展问题，通过与来访者协商、交谈、启发和指导的过程，帮助来访者达到自立自强、增进心理健康水平和提高社会适应能力的目的。心理咨询源于20世纪初的职业指导运动、精神卫生运动和心理测验运动。

生涯规划 生涯规划是一个人尽其所能地规划未来生涯发展的历程，在考虑个人的智能、性格、价值，以及阻力和助力的前提下，做好妥善的安排，并借此调整和摆正自己在人生中的位置，以期自己能适得其所获得更好的发展。

社会支持 社会支持是指来自个人之外的各种支持的总称。尤指可以为个体所利用的重要外部资源，如来自家庭、亲友、组织、团体和社会其他方面对个体精神和物质上的慰藉、关怀、尊重和帮助。它可以提供物质、精神或信息上的帮助，增强人们的喜悦感、归属感，提高人们的自尊感和自信心，当人们面临应激性生活事件时，还可以阻止或缓解应激反应，从而增加积极情感并抑制消极情感，提高主观幸福感水平。

心境障碍 心境指一种较微弱而持续的带有渲染作用的情绪状态。心境障碍又称情感性精神障碍，是指由各种原因引起的、以显著而持久的心境或情感改变为主要特征的一组疾病。其临床特征为：以情感高涨或低落为主要的、基本的或原发的症状，常伴有相应的认知和行为的改变；轻重程度不一，轻者无精神病性症状，对社会功能影响较轻，重者可有明显的精神病性症状，对社会功能影响较重；多为间歇性病程，具有反复发作的倾向。抑郁症、双向情感障碍和恶劣心境都属于心境障碍。

神经症 神经症又称神经官能症，属于轻度精神障碍，主要表现为焦虑、抑郁、恐惧、强迫、疑病症状或神经衰弱症状的精神障碍。各自的病因、发病机理、临床表现、病程转归及治疗方法不尽相同。但该症有一定的人格基础，发病常受心理社会（环境）因素影响。症状没有可证实的器质性病变为基础，与患者的现实处境不相称，但患者对存在的症状感到痛苦和无能为力，自知力完整或基本完整，病程多迁延。常见的有焦虑症、强迫症和恐怖症等。

人格障碍 人格障碍又称病态人格、人格异常，属于心理障碍的一种，指明显偏离正常人格，并与他人和社会相悖的一种持久和牢固的适应不良的情绪和行为反应模式。其表现为人格发展的内在不协调，是在没有认知过程障碍或智力障碍的情况下出现的情绪反应、动机和行为活动异常。一般在儿童或青少年期发生，晚年趋于缓和。其基本特征是：法制观念较差，行为受原始欲望所驱使，知行脱节，具有高度的冲动性和攻击性，缺乏羞愧、自责和责任感。各类人格障碍的突出特征是紊乱不定的心理特点和难以相处的人际关系。

性心理障碍 性心理障碍泛指两性行为的心理和行为明显偏离正常，且以这种性偏离作为性兴奋、性满足的主要或唯一方式为其主要特征的一组精神障碍。

精神分裂症 精神分裂症是精神病的一种，属于严重的精神疾患。患者有感知觉、语言、思维、情感和行为等方面的精神病性障碍。上述这些表现的时间至少要有六个月以上者方可下这一诊断，其临床表现不能用任何器质性精神障碍来解释。其特点是思维、观点、情绪、语言、自我意识和行为出现扭曲，其中，思维障碍最为突出。常见的精神病经历包括幻觉（听到、看到或感觉到不存在的事物）和妄想（就算有相反的证据，仍坚定持有的错误信念或怀疑态度）。

（二）理论解读

精神分析理论中的心理健康思想

精神分析理论为弗洛伊德所创。精神分析这一术语包含三层意思：一是表达一组有关人类心理性质的观点，二是描述一种对心理失调予以治疗的干预技术，三是意指一种研究方法。弗洛伊德作为精神分析学派的创始人，其个人经历和所处的社会文化历史背景与该理论产生和发展有着密切联系。弗洛伊德的心理健康思想，集中反映在精神分析理论中。

精神分析是弗洛伊德创建的治疗神经症的一种方法，也是弗洛伊德及其后继者在精神病医疗实践中逐步建立、积累的一组心理学理论。该理论的核心概念是潜意识（无意识）。他认为，精神分析研究的是人的潜意识，通过对潜意识的认识和了解，找到精神病症的根源，从而达到治疗的效果，维护人的心理健康。

1. 潜意识和本能

弗洛伊德认为，人的心理包括意识和无意识现象，无意识现象又可以分为前意识和潜意识。潜意识中的本能冲动和欲望，总是会在人的前意识无法知觉的情况下出现，进入意识中，支配人的情绪和行为。可以说，意识和前意识只占人内心想法的很小一部分，占主体的是潜意识。潜意识包括个人的原始冲动和各种本能，以及出生后和本能相关的欲望，它们不容于社会文化而被压抑到意识阈限以下，但是它们并没有消失，而是不自觉地积极活动，追求满足。在这个意义上，也可以把意识、前意识和潜意识分别与其人格结构中超我、自我和本我相对应。本我完全包括在潜意识之中，而自我与超我的一部分也包括在潜意识中。因此，人们不应该对潜意识进行好与坏的价值判断。

弗洛伊德认为，人的本能“是心理和生理交界领域的未知部分，是生理刺激到达心理的心理表现，是生理对心理的要求度量”。这个本能包括自我本能和性本能。后来，他进一步把本能发展为“生本能”和“死本能”。本能的根源是身体的状态或需要，是身体对某种物质或精神的欠缺。本能的目的是寻求满足，消除身体的欠缺状态。在人类文明发展过程中，人的本能受到道德和规范的抑制，不能够完全实现，于是就产生了心理矛盾，引发了心理失衡，从而导致精神疾病。

2. 心理性欲的发展

弗洛伊德认为，人类的一切行为动机，都受性本能冲动的支配。精神症的产生，就是由于性本能冲动受到压抑而得不到满足。他进一步指出，在性的后面有一种潜力，这种性力就是“力比多”。个体人格的发展也是“力比多”驱力的结果，并把人格发展划分为五个阶段。

第一阶段：口唇期（0~1 岁）。以口唇区域为快感的中心。如果这个阶段的摄入没有得到满足，往往会倾向于依赖、悲观、被动、猜疑和退缩等消极人格，对烟、酒、零食等能够放入嘴里的东西有超过常人的依恋。

第二阶段：肛门期（1~3 岁）。以肛门区域为快感的中心。在这个阶段受到过于严格训练的人，在成年后倾向于洁癖、固执和强迫等过度控制的人格，相反则倾向于邋遢、浪费、凶暴，甚至反社会等人格特征。

第三阶段：性器期（3~5 岁）。以生殖器为快感的中心。人们在这个阶段开始发展超我，用来压抑内心对异性父母的欲望。如果没有得到正确的发展，就会陷入本我的混乱中，之后的成长会一直伴随仇恨、自卑、嫉妒等消极心理。

第四阶段：潜伏期（5~12 岁）。仍以生殖器为快感的中心。这个阶段的人由于脱离了家庭的环境而进入学校，就会将家庭中对父母性别的认同和回避延伸到同伴身上。

第五阶段：生殖期（12 岁之后）。随着个体的性发育，生殖器依旧是快感的中心。如果早期没有得到满足，“力比多”的释放会引发更多的欲望，甚至产生人格的扭曲。

弗洛伊德认为，人的一生难免会遇到各种挫折，引发人的力比多的失衡，导致心理行为问题。此时，需要了解低级阶段的特征，找到根源问题，通过各种方法加以满足和调节，再次恢复心理健康。

3. 精神分析或心理治疗的方法

弗洛伊德认为，神经症患者在婴幼儿时期性心理发展过程中未能满足的欲望，如恋母情结、恋父情结等，被压抑到无意识中形成症结。这种违反伦理道德观念的症结仍会要求在意识中表现，与自我构成心理冲突，经过心理防御机制的加工，最后以不带明显内容的神经症症状表现出来。在这个过程中，自由联想法、梦的解析、自我防卫机制等都是精神分析的有效方法，也是增进心理健康的有效方法。

他曾在《梦的解析》一书中提到一个从表面上看似与愿望达成相反的案例。那是个年轻的女子，在对梦的自由联想报告中说，梦见她最挚爱的姐姐的小儿子逝世了，她出现在葬礼上。她很伤心，不断地自责，认为自己在潜意识中诅咒姐姐的小儿子，但事实是她非常爱她姐姐的小儿子。于是，弗洛伊德对她的生活经历及日常琐事进行了了解，最后发现，这个妹妹曾经有个深爱的人因为姐姐的无理反对而分手，但分手之后，她仍旧追随他的踪迹。就在那个梦之后的几小时，她将再次见到那个人。之所以出现葬礼情景，是因为他们之前的最后一次见面，是在她姐姐的大儿子逝世的葬礼上。于是，在妹妹的潜意识中，那种希望再次见到她所爱的人的愿望和最后一次见到他的场景相重叠，构成了她的梦境。

弗洛伊德虽早慧，但大器晚成。在精神分析理论真正得到国际心理学界认可的时候，他已经 53 岁了。后人对他的评价褒贬不一，这可能是一个“仁者见仁，智者见智”的问题。首先，人们肯定弗洛伊德对心理治疗的贡献，以及心理治疗在心理健康领域的广泛应用。其次，弗洛伊德的潜意识学说，性发展阶段理论与人格发展理论，对更好地理解与指导个体的心理健康是有帮助的。最后，由于精神分析源于病态人格的分析，其理论和方法都是建立在弗洛伊德对精神病患者的治疗基础之上的，所以，他对人的了解有可能存在较大的偏见。因此，取其精华，去其糟粕，为我所用，这是对待精神分析理论应该持有的科学态度。

弗洛伊德生活照

二、自测、阅读体验与活动

（一）轻松自测

A. 你的心理健康吗？

测验

请根据你的实际情况，对下列各题做出“是”或“否”的回答。　是　否

1. 每当考试或老师提问时，都会紧张得出汗。　□　□
2. 遇见不熟悉的人，常常会手足无措。　□　□
3. 一旦心里紧张，头脑就会不清醒。　□　□
4. 经常会因突然的声响而吓得跳起来，全身发抖。　□　□
5. 别人做错了事，自己也会感到不安。　□　□
6. 经常做噩梦。　□　□
7. 经常有恐怖的情景浮现在眼前。　□　□
8. 经常会觉得胆怯和害怕。　□　□
9. 常常会突然出冷汗。　□　□
10. 常常稍不如意，就会怒气冲冲。　□　□
11. 被别人批评时，会暴跳如雷。　□　□
12. 别人请求帮助时，会感到不耐烦。　□　□
13. 做任何事都随意散漫，没有条理。　□　□
14. 脾气暴躁，容易焦急。　□　□
15. 对他人不能有一丝的宽容，甚至对自己的朋友也是这样。　□　□
16. 被别人认为是个爱挑剔的人。　□　□
17. 总是被别人误解。　□　□
18. 做事常常犹豫不决，下不了决心。　□　□
19. 经常把别人交办的事做错。　□　□
20. 会因不愉快的事，一直忧心忡忡，无法解脱。　□　□
21. 总有奇怪的念头浮现在脑海中，虽知其无聊，但无法摆脱。　□　□
22. 尽管周围人在快乐地玩耍，自己却觉得孤独。　□　□
23. 常常自言自语或独自发笑。　□　□
24. 总觉得父母或朋友对自己缺少爱和关怀。　□　□

25. 情绪极不稳定，多愁善感。 □ □

26. 经常有“生不如死”的想法或感觉。 □ □

27. 半夜里听到声响后，往往难以入睡。 □ □

28. 容易感情冲动。 □ □

评分

每题回答“是”计1分，回答“否”计0分。将各题得分相加，得出总分。

【你的总分】__________

0~5分，你具有主观能动性，能正确地认识世界。但仍要不断地学习，增长智慧，培养生活情趣。同时，也要注意劳逸结合，善于在闲暇的时间里尽情享受生活的乐趣。

6~15分，你有些疲倦，最好能合理安排学习和生活，劳逸结合，让精神、心理得到放松。

16~30分，你有必要请心理辅导老师或心理治疗专家进行指导或诊治，相信你很快会从烦躁不安的负面情绪中走出来。

B. 你的心理成熟度如何？

测验

下面的五类测验，从不同角度考查人的心理成熟度。请对下列各题，做出“是”或“否”的回答。 是 否

A类：

1. 你常常说“我没有办法少吃”吗？ □ □

2. 你常常推诿说“我太忙了”吗？ □ □

3. 你常常道歉说“我的记性坏透了”吗？ □ □

4. 你常常说“我就是不喜欢交际”吗？ □ □

5. 你常推托说“我要是有时间就好了”吗？ □ □

6. 你会斩钉截铁地说“这事，我绝对不做”吗？ □ □

7. 初次见面时，你是否通常等别人先做自我介绍？ □ □

8. 你是否会义正词严地说“我绝不是口是心非的人”？ □ □

9. 你是否会把握十足地说“我对金钱从不斤斤计较”？ □ □

10. 你觉得自己做事总比别人强吗？ □ □

B类：

1. 你是否常说“我本来打算……的”？ □ □

2. 你讲起话来喋喋不休吗？ □ □

3. 你常用“我实在没有办法”这句话替自己辩解吗？ □ □

4. 你常用“我太累了”来为自己开脱吗？ □ □

5. 你常说“在大庭广众之下，我实在说不出话来”吗？ □ □

6. 你是否常常说“可惜我不会处理金钱事务”？ □ □

7. 你是否会根据传言而批评别人？ □ □

8. 你是否认为别人应该不断对你献殷勤？ □ □

9. 你是否希望自己的一言一行都引起大家注意？ □ □

10. 有人记不起你了，你是否心里不痛快？ □ □

C 类

1. 你是否常说“这件事我最清楚了”，而不容别人继续讨论？ □ □

2. 你是否一贯喜欢指挥别人？ □ □

3. 你认为赠送礼物能巩固友谊吗？ □ □

4. 如果你不喜欢一个人，是否会跟他断绝往来？ □ □

5. 你觉得承认错误丢脸吗？ □ □

6. 你觉得道歉很难启齿吗？ □ □

7. 你动不动就生气吗？ □ □

8. 你常常说“大家不够朋友”吗？ □ □

9. 你是否自忖“如果我学另一个专业就好了”？ □ □

10. 是不是凡事最后都要让你做主？ □ □

D 类

1. 你认为人人都应该喜欢你吗？ □ □

2. 你认为你什么“钉子”都不该“碰”吗？ □ □

3. 你经常口口声声地说“我可用不着别人帮忙”吗？ □ □

4. 你常说“这是我出的主意”吗？ □ □

5. 你常常和别人争论吗？ □ □

6. 别人批评你，你会觉得吃不消吗？ □ □

7. 你容易觉得别人得罪了你吗？ □ □

8. 你总是要别人感激你吗？ □ □

9. 你是否常以“我要是有他那样的机会就好了”自嘲？ □ □

10. 你是否肯欣然听从别人的劝告？ □ □

E 类

1. 你一定要予取予求吗？ □ □

2. 你是否总是庸人自扰？ □ □

3. 你碰到不如意的事是否能很快释怀？ □ □

4. 你是否记仇？ □ □

5. 你凡事一定要做到尽善尽美吗？ □ □

6. 你一定要永远快乐吗？ □ □

7. 你一定要永远随心所欲吗？ □ □

8. 别人成功了，你心里是否难受？ □ □

9. 为有意义的目标牺牲，你是否会迟疑？ □ □

10. 你觉得无论什么人都靠不住吗？ □ □

评分

每题答“是”不计分，答“否”请按下述规则计分：A 类各项问题对心理成熟度的影响并不突出，但经常会碰到，每答一个“否”计 1 分；B 类各项问题对心理成熟度的影响有所增加，每答一个“否”计 2 分；C 类各项问题对心理成熟度的影响较大，每答一个“否”计 4 分；D 类各项问题用于判断心理是否为严重不成熟，每答一个“否”计 2 分；E 类各项问题用于判断心理不成熟是否为天生且难以改变的，每答一个“否”计 1 分。将所有题目得分相加，统计总分。

【你的总分】__________

75 分及以上，说明你的心理成熟度非常高。

65~74 分，说明你的心理成熟度较高。

44~64 分，说明你的心理成熟度一般。

43 分及以下，说明你的心理成熟度相对较低。

（二）阅读体验

1. 幸福人生离不开心理健康

幸福作为一种主观体验，需要自己创造与经营。心理健康与我们的幸福人生休戚相关，我们需要通过提高心理健康水平和增进幸福感的正向循环来塑造自己的精彩人生。

（1）心理健康与自我管理

心理健康最重要的是有健康的自我形象。有了健康的自我形象，就会有自尊、自信、自爱。固然，每个人都有一定的长处，也有一定的短处，但有效的自我形象管理使得一个人既不盲目自大亦不妄自菲薄，对自己有一个合适的定位，进而在学业和事业上有机会发展自己、拓展潜能，就可以在学业和事业上得到快乐，也能够享受到成就感和满足感，这是人的幸福感非常重要的来源。反之，自我形象有偏差的人，由于欠缺自知和自信，往往会畏惧困难、回避挑战，怯懦地选择一些低段位的学习工作任务，或者因循苟且，蜗居在自己的“心理舒适区”，委顿于熟悉而轻松的领域中不思进取，结果自然是一事无成，也没有机会经历和成就满足感，个人的潜能也没有发展的机会。

（2）心理健康与人际关系

人际关系是人们在交往中心理上的直接关系或距离，它反映了个人寻求满足其社会需求的心理状态。人是社会性动物，有相应的社会属性和社会需要。1954 年，美国心理学家开展的“孤独实验”中，虽然有高额酬劳，但几乎没有人在屏蔽外界一切刺激的情况下能坚持 3 天以上。实验持续数日后，人会产生一些幻觉，如看见大队花栗鼠行进的情景，或者听到有音乐传来。到第 4 天时，被试会出现双手发抖，不能笔直走路，应答速度迟缓，以及对疼痛敏感等症状。可见，人必须生活在关系之中才能保持身心的健康正常。

人际关系里蕴含的情感和传达的情绪对心理健康的影响重大，若人们能感受到善意、爱意和支持性情绪，将会有助于自身的心理健康建设；若感受到的是敌意、恨意和破坏性情绪，也将会给人带来压力甚至创伤。

1938 年，哈佛大学启动了一项持续至今的纵向研究，他们跟踪了 724 人，年复一年地询问记载他们的工作、生活和健康状况等。2015 年 11 月，第四任负责此项目的主管、哈佛大学医学院教授罗伯特·沃尔丁格（Robert waldinger）在 TED 上介绍了他们的研究成果。他们发现，良好的社会关系能让我们过得开心、幸福。具体来说，那些跟家庭成员更亲近的人、更爱与朋友邻居交往的人，会比那些不善交际、离群索居的人，更快乐、更健康、更长寿；关系的质量比数量重要，良好和亲密的婚姻关系能减缓衰老带来的痛苦，并且能保护我们的大脑。反过来，觉得无法信任伴侣的人，记忆力会更早表现出衰退。幸福和睦的关系对健康是有利的，这是永恒的真理！

（3）心理健康与情绪调控

情绪调控是一个古老而又年轻的话题。从“怒伤肝，忧思伤脾”等中国传统医学观点中，可以窥见对情绪调节与身心健康关系的认识；西方文化中诸如“保持头脑冷静的人才能成功”“让你的情绪做你的向导”等话语，则反映了西方先哲对情绪调节所持的两种相反观点。

自 20 世纪 90 年代“情绪智力”概念产生以来，情绪智力对人的成长和成功的重要性，越来越受到人们的普遍关注，大家普遍认可情绪健康也是心理健康的一个重要方面。良好的调控能促进身心健康，不良的调控或情绪失调会破坏身心健康。贝克（Beck）和塞利格曼（Seligman）都认为，某些认知策略可以预防或减轻抑郁，如认知评价上的忽视。格罗斯（James Gross）的研究发现，情绪调节可以减少表情行为，降低情感体验，从而减轻焦虑等负性情绪对人们的不良影响，因而对身心健康有益。

相反，不良的情绪调控不利于身心健康。例如，长期压抑悲伤和哭泣容易引起呼吸系统的疾病，抑制爱会引起支气管疾病或癌症，不表达情绪会加速癌症的恶化，对愤怒的压抑与心血管疾病、高血压的发病率有着密切联系。由此心身医学应运而生，研究者将情绪和个性特征与特定的疾病联系起来。他们认为人是一个有机的整体，就疾病而言，都受生理、心理及社会因素的影响，只不过心理因素在其中所占的比重不同而已。

（4）心理健康与生涯规划

生涯规划是一个人尽其所能地规划未来生涯发展的历程，在考虑个人的智能、性格、价值，以及阻力和助力的前提下，做好妥善的安排，并借此调整和摆正自己在人生中的位置，以期自己能适得其所。现代神经生理学研究发现，只有心理健康的人才会把创造潜能付诸实现，才能成为创新人才。生涯规划作为一种体现人之主动性、创造性的动态的过程，已成为实现心理健康的计划、蓝图和行动方针。而心理健康是个体进行适宜的生涯规划的基础和保证。个体在生涯规划的过程中实现着心理健康，心理健康继而影响着生涯规划的整个过程，两者在个体身上构成一种循环和整合，相互依存、相互促进。

心理健康视野下的生涯规划，是在由生命广度和生活空间交织而成的生涯发展框架中展开的；其根本任务是建构完整的人格，以有效地适应社会；其终极目标是自我实现。个体在生涯规划过程中能否成功调整自我概念与生涯角色之间的关系，也就是能否有效地适应生活、适应社会，这是生涯满意度和心理健康水平的重要预测指标。

2. 怎样快速判断心理是否健康

心理行为问题通常都伴随着一些异常情况，如果一个人在以下几个方面出现明显的异常，这个时候就需要考虑是不是有某方面的心理行为问题或者心理疾病了。

（1）行为

行为是人们表现出的各种举止、反应，是判断是否有心理疾病最为直观和有效的评估指标。可以通过以下行为来初步判断自己或他人是不是需要进行心理咨询。

你或他能否保持正常的学习、生活状态；

你或他的行为活动是否与其身份相符；

你或他是否表现出他人难以理解的言行举止；

你或他的行为活动是否有明显的减少或增多；

你或他是否保持与周围人群的正常沟通；

你或他是否表现出自杀意向、行为或制定自杀计划；

你或他是否有威胁周围人群和环境的意向和行为。

（2）情绪

情绪是人的各种感觉、思想和行为的一种综合的心理和生理状态，是对外界刺激所产生的心理反应，以及附带的生理反应，如喜、怒、哀、乐等。情绪是个人的主观体验和感受。在情绪支配下，个体会产生各种行为，情绪本身也会影响到认知。怎样通过情绪来初步判断是否需要心理治疗呢？可以参考下面的因素：

总体情绪感受如何；

你或他的情绪反应是否和环境、诱因匹配；

你或他的是否存在消极情绪（忧伤、愤怒、焦虑等）；

你或他的情绪是否稳定，是否存在波动，波动程度如何；

你或他的情绪是否受其本人的控制，是否有失控的倾向；

你或他是否存在情感解体或混乱的表现。

（3）认知

认知是指人认识外界事物的过程，即对作用于人的感觉器官的外界事物进行信息加工的过程。潜在危机评估过程中的认知，指的是人的总体思维能力（分析能力、记忆力、注意力等）和个体对问题以及个人的看法。可以通过以下的判断来初步决定是否需要进行心理治疗：

你或他对面临问题的解释如何，是否符合实际；

你或他能否有效地解决所面临的问题；

你或他的注意力水平如何，是否能够保持必要的注意力；

你或他的记忆力水平如何，是否存在长期、短期记忆的损害；

你或他的逻辑思维能力如何，是否存在思维混乱的现象；

你或他的认知范围是否发生变化，是否过于狭窄；

你或他的自我认知如何，是否存在自我怀疑、自我否定等现象；

你或他是否存在强迫性思维等异常思维表现。

（4）生理表现

生理表现是指一些和心理行为问题相关联的，可以观察到的一些生理层面的表现。生理层面的评估内容包括：

你或他的睡眠状况如何，是否有入睡困难、睡眠质量不高、早醒（与抑郁症相关）等；

你或他的饮食状况如何，是否存在厌食、拒食、过度饮食、暴饮暴食等；

你或他是否存在物质依赖表现，如吸烟、酗酒或者借助其他物品来消磨意志等；

你或他是否有身体不适等感受，如是否抱怨自己身体感觉不好，或其他症状等；

你或他的总体生活节奏是否有明显改变。

注：这仅是给大家提供一个初步判断的依据，而非因此下定论，如果你或者他人有上面的异常情况存在，应该考虑求助心理咨询或治疗。通常情况下，如果这些异常情况持续时间比较短，比如几天或一周的时间便恢复正常，一般不用太在意，如果持续两周以上，则需要引起重视并采取一定的措施。

小贴士

心理求助是强者的行为

1. 当你遇到很痛苦或影响你的学习或社会交往功能的心理行为问题时，不要等待，要主动寻求帮助。

2. 相信会有人愿意帮助你。但是你得将自己真实的困难和痛苦告诉你所信任的人。

3. 如果你的倾诉对象不知道如何帮助你，可以向学校心理咨询中心求助。

4. 如果担心你的心理行为问题被发现，可以向心理热线或校外的心理咨询人员寻求帮助。

5. 有时为找一个真正能帮助你的人需要求助于几个不同的人或机构，你应该坚持下去，提供帮助的人一定会被你发现。

6. 解决心理危机通常需要一个过程。你可能得反复多次地见心理咨询师或心理医生。

7. 如果医生开药，应按医嘱服用。

8. 避免使用酒精或毒品麻痹你的痛苦。

9. 不要冲动行事，强烈的痛苦会使你更难做出合理的决定。

（三）自动活动

心理健康从正确认识自己开始。下面的练习或心理训练将带你探索“我是谁”“我要成为什么样的人”这两个重要的人生问题。

我眼中的自己（诚实地评估自己的品质）

积极品质、能力和才华	消极品质、缺点和不良习惯

你自己完成上表的梳理工作后，分别邀请几位了解你的家长、老师和朋友帮助你更好地认识自己，并把他们对你的评价填到下表中。

他人眼中的我

项目	父母眼中的我	老师眼中的我	朋友眼中的我
积极品质、能力和才华			
消极品质、缺点和不良习惯			

现在，请把自己和他人对你的评价汇总到下表中。朗读并铭记你所列出的所有积极品质，承认自己的成就，并为自己拥有这些积极品质感到自豪。朗读你列出的消极品质，不要评判，保持中立的态度，承认自己消极的一

面。例如，你可以对自己说："我确实不够自律，不善于做饭，运动能力也不够强。"看看表中哪些消极品质是你想接纳的，如"我希望自己成为一个具有亲和力的人""我正在努力主动与人交流，面带微笑，至于身材不够高，还是坦然接受吧，这主要靠遗传，不是我主观努力就能改变的"。哪些是你想要改善的，选择一两个你最想改变的品质，并确保这些品质是你能改变的，如每天坚持跑步、锻炼身体，或主动与周围的人打招呼。

真实的我

积极品质、能力和才华	消极品质、缺点和不良习惯	
	想接纳的品质	想改善的品质

现在，考虑一下你未来对自己在品质方面的期望和目标（请注意，不是外在的目标，如考上研究生，买房子，升职之类）。请在下表中简洁、清楚地写出自己的目标，越具体越好。这些目标是出自你的真心，不是受他人所迫。另外，你要写下至少三个自己想实现该目标的理由，说明该目标对你的生活和成长具有积极意义，能够让生活更美好。

我的期望和目标

时间	目标	理由一	理由二	理由三	实现目标的途径和方法
一周					
一月					
一年					
五年					
十年					
二十年					

三、经典案例与热线回答

（一）经典案例

心理健康是完成学业、激发潜能的保障

1. 基本情况

小王，男，南方某高校研究生二年级在读，热爱自己所学的专业，准备申请英美相关专业博士。研究生一年级那年的冬天，因为女朋友提出分手，小王失恋后情绪很低落，一直持续到第二年4月，情况变得更加糟糕，吃不下饭，睡不着觉，什么事情都做不了，认知能力受到严重影响，对外界的反应能力降低，对一些刺激不敏感，体重严重下降，完全没有办法正常生活，时常出现不想活下去的念头，更不要说学习了。实在撑不住了，小王到学校心理咨询中心寻求帮助。

心理咨询中心老师对小王的情况进行评估后觉得他可能是抑郁，建议他立即到专业的精神科医院进行诊断。医院诊断结果显示小王有严重的抑郁和焦虑情绪，确诊为重度抑郁。从此，小王开始了药物治疗配合心理咨询的历程。药物对小王很有效，没有明显的副作用，服用药物后他的睡眠明显改善。经过大概八个月的药物治疗和心理咨询后，小王的抑郁情绪得到了很大的改善，医院检查表明，虽然小王还需要继续服用一段时间的抗抑郁药，但他对外界的反应已经完全正常了，理解能力和认知能力都有了较大的提高，而且心态、情绪稳定，可以正常学习，对生活的信心和期待都得到了很大改善，他已经开始在为申请出国攻读博士学位做准备。又过了三个月，小王到医院复查，基本康复并可以停药，不久后，他顺利拿到了美国著名大学的博士全额奖学金。

2. 咨询过程

（1）诊断的意义

小王失恋后情绪崩溃，因焦虑、抑郁情绪困扰，身心健康受到严重影响，每天陷入自责情绪中，不断地猜想女友为什么要和自己分手，检讨自己做得不好的地方，他想要专心学习、挽回爱情。然而，持续的情绪低落，认知功能受损严重，让小王感到强烈的力不从心，不知道自己究竟怎么了，常常因为自己无法完成学习任务而责怪自己，产生强烈的内疚感和负罪感。实际上，严重的抑郁症患者仅依靠自己的努力是很难康复的，一定要到专业机构寻求治疗和支持。因此，当小王在医院确诊为重度抑郁后，内心反而放松了，知道自己是生病了，可以在医生的帮助下对症治疗。这样，小王放下心中的自责和内疚，看到了继续生活的希望，积极配合医生治疗，并同时坚持到学校心理咨询中心做心理咨询。随着确诊，小王对抑郁症也越来越了解，认识到康复需要比较长的时间，他慢慢接纳自己的现状，打消了尽快康复的想法，放下焦虑和自责，不紧不慢地重新开始正常的学习生活。心态的改变和情绪的稳定，反而帮助小王慢慢地从抑郁症中走了出来。

（2）与抑郁症抗争的生活

抑郁症给小王的生活、学习都造成了严重的影响。开始使用药物后，小王的性情和生活目标发生了较大的变化。患病前，小王有远大的理想，急切地想要在学业、事业和爱情上都获得成功；患病后他感觉自己连吃饭、睡觉这些基本的生活能力都丧失了，每天要吃好多药，这是一个让人很无奈的过程，他感到自己很脆弱很无助，慢慢接受自己生病的事实后，就只希望能够开开心心的正常学习生活。因为服用药物对小王的睡眠和情绪都有明显改善，所以他能够遵医嘱按时服药。

在人际交往方面，小王原来喜欢与人交往，喜欢和周围的很多人接触、沟通。然而，罹患抑郁症期间，他性情大变，一直生活在自己的世界里，与周围的人从疏远发展到基本上不联系；独处的这一年多时光让小王发现了自己的另一面，原来自己的心里本质上是喜欢独处的，这样自己可以安静地思考许多问题，做自己平时想做的事情。从这个意义上来说，生病让小王对自己有了新的认识。

在学习上，在没有开始服用抗抑郁药之前的几个月，小王整个人都是崩溃的，从情绪到身体，理解能力完全丧失，完全不能学习，什么都做不了，甚至不能完整地看半小时电视。药物治疗和心理咨询两个月后，小王可以慢慢阅读一些简单的文字，如每天看一份晚报；又过了一个多月，小王开始强迫自己看看电视。当他用一个晚上刷完一部电视剧时，小王意识到自己的注意力已经开始恢复了，精神状态好的时候，他可以端坐一个上午，旁听本科生的课程；随着抑郁状态的好转，小王可以逐渐开始阅读专业书籍和文献资料。

（3）心理咨询带来的改变

小王在心理咨询老师的帮助下，学习情绪调节的方法，重新认识自己，做自己能做的事，逐步恢复自尊自信，激发认知潜能。下面这些活动是小王与抑郁抗争的日常。

①坚持锻炼。很多研究和实践表明，运动对情绪改善具有积极作用。心理咨询师和导师都经常催小王去锻炼，一开始他很难坚持，游

泳两次就觉得太麻烦而停了下来，后来，小王逼迫自己在健身房办了卡，开始在跑步机上跑步，循序渐进，从每周两次慢慢到每天都去，一周能跑 20 多千米。跑步成了小王热爱的体育运动，每次跑步后他都会觉得神清气爽，觉得自己不再是那个抑郁颓废的“我”了。

②健康饮食。在整个治疗过程中，小王按照心理咨询老师的建议，制订健康饮食计划，从一天只吃一顿饭到一日三餐定时定量，远离垃圾食品，基本不吃太辣或者刺激的东西，不喝酒，不吃方便面，饮料以白水和豆浆、苏打水为主。随着饮食的恢复，小王的体重也逐步恢复正常。

③整理生活空间。每天的生活环境会影响我们的情绪。小王对自己生活的宿舍进行了整理，把书桌清理干净，扔掉不需要的东西，放一些能让自己安心的东西，如父母、导师和好友赠送的台灯、笔记本、书籍等；在墙上贴上自己心仪的海报等；丢掉了几乎所有之前的衣服，穿着舒适的运动鞋、运动服。环境和穿着的改变对小王的心情、心态都有改善作用。

④接纳自己，尝试乐观。抑郁患者很难感受到特别开心，也不愿意与人交往，但是小王认识到情绪低落、不开心、认知能力下降等都是抑郁的正常表现，自己只是生病了，需要的是休息，所以努力让自己不难过，不强迫自己在他人面前强颜欢笑；他觉得这个阶段独处对自己很重要，所以，他就去享受独处的时光，学习冥想，和自己的身体对话；他尝试乐观地面对生活，删掉了电脑里所有除了喜剧之外的电影，不再阅读特别费神费心的小说和专业书籍。

⑤寻找感兴趣的事情。抑郁症的一大特征是兴趣丧失。很多同学平时除了学习外没有什么兴趣爱好，患抑郁症后学习能力降低，可以在生活中寻找一些新的兴趣、乐趣。小王罹患抑郁症后开始学习画画。生活中有不少抑郁症的小伙伴都画画，有人也会做做手工、照顾小动物，养一些植物，阅读一些和专业不相干的书籍，定期出门去想去的地方游玩等。

⑥远离电子产品。小王是一个自制力很强的人，当他的状态有所好转，能够集中注意力做一些事情后，他发现自己刷手机过多，就注销社交平台上面的账号，几乎隔绝了与外界的联系，不看各种纷繁的信息也能减轻焦虑。这样每天多出来很多时间，可以用来做自己喜欢的事情，尽力看纸质书和文献资料，把生活和学习分开，在不同的地方做不同的事情，在实验室和图书馆就认真学习，其他时间就尽情放松、玩耍。

3. 康复后的反思

（1）主动寻求专业帮助

很多罹患抑郁症的同学和小王一样，一开始只是失眠、情绪低落，并不当一回事，拖了很长时间终于发展到不能正常生活学习后，才开始重视起来。小王当时的学业压力不是很大，但是自己什么都不想做，状态特别差，就去心理咨询中心预约了咨询，老师了解情况后，认为可能是抑郁，便立即转介到精神科专科医院做诊断。抑郁症的确诊，可以帮助很多患者放下自责，理解自己的无力感、无助感，正确认识抑郁，树立信心，相信用科学的方法可以战胜抑郁。因此，当我们觉察到自己情绪长期异常时，要及时做出反应，如果感觉自己解决不了，一定要去寻求专业人士或专业机构的帮助。

（2）遵医嘱服药

小王很幸运一开始就遇到合适的咨询中心老师和精神科医生。及时诊断并遵医嘱服药，同时配合心理咨询，对小王的康复具有重要作用。抑郁患者需要定期会见精神科医生，并如实向医生反馈自己的真实状态，以便医生根据实际情况对症下药，或对药物进行适当调整，不能自行随意增减药量或停药。

（3）接纳自己

小王在心理咨询中学到的重要一点就是接纳自己，接纳自己的现状，接纳自己生病的事实。他在认知能力受损严重没有办法学习时，不强迫自己学习专业方面的东西，而是慢慢地刷一些童年时候的读物，如《汤姆索亚历险记》之类的书，完全没有目的地阅读一些科普类的书籍，反而会觉得很有意思，真正体验到阅读带来的快乐。抑郁症的治疗持续时间比较长，很耗费人的心力，接受自己的状态很重要。世界上没有完全相同的两片树叶，我们不仅要认识每个人的生活习惯、性格等和他人的不同，更重要的是认识到每个人都是独特的，其外貌、人格、内在特质都和其他人不同。我们应该接纳自己，多发现自己的优点和长处，努力做好自己当下的事情。

（4）寻找支持系统

在治疗抑郁症期间，小王得到了老师、父母、同学和朋友的大力支持和鼓励。在很长一段时间，小王的情绪波动都非常大，幸运的是，他有一些关系非常稳定的同学、朋友，他们能够接纳和宽容他，陪伴他度过难熬的时光；从导师那里，小王感受到了在生活和学习中非常重要的安全感，在得知小王的状况之后，导师从生活、学习和精神方面都给予了他很多支持；父母也是小王重要的支持系统，一直在背后为他提供温暖和爱的支持，不责怪小王、不强迫他学习，家庭和父母亲人给了小王很多温暖。在所有这些人无条件的支持下，小王也在重新学习如何更好地和外部世界打交道，既不让自己糟糕的情绪状态影响其他人，也能让自己尽量开心、乐观一些。

（二）热线问答

1. 怎样知道自己该去看心理咨询师了？

心理咨询很看重个人的内心体验，在判断自己是否需要去看心理咨询师这件事上也是如此。当你内心感到痛苦，需要借助外力时，就可以向心理咨询师寻求帮助，获得改变和成长。当然，痛苦是个人的内心体验，你比其他任何人都更清楚自己经历的痛苦正处于什么程度，是还能忍受，还是不能忍受？自己能否消化，还是必须求助他人？所以，当你在生活学习中，遇到困难、挫折和困惑，内心感到痛苦，自己经过努力无法解决时，就可以主动寻求心理咨询师的帮助。记住，主动求助是强者的行为，这是改变的开始。

2. 心理咨询可以做什么？

心理咨询能够让来访者觉得被理解、被关注、被肯定等积极情感；在咨询中你是安全的，可以放声哭泣，释放你的情绪；心理咨询能让来访者的内心感到接纳和归属；心理咨询可以帮助来访者学会处理情绪的方法，让自己快乐起来；心理咨询师相信来访者是自己最好的治疗师，可以让来访者开发自己的潜能，寻找自己身上的特长和闪光点，不断地完善自我；心理咨询可以陪伴来访者走过生活的低谷，让他们感觉到自己不是孤单地面对生活的难题；心理咨询不能解决来访者现实的问题，但能够让来访者看到更多解决问题的方法，并寻找或转换成更好的方式生活；心理咨询不能改变已经发生的事情，但能够让来访者从不同角度去分析问题，改变过去的事情对你现在和未来的影响。

3. 医生还是心理咨询师，究竟该找谁？

当我们有心理问题的时候，是找精神科医生，还是心理咨询师呢？心理咨询师和精神科医生是两个不同的职业，他们的服务范围不同、培训背景不同，对来访者的称呼也不同。我们需要根据自己的情况来进行合适的选择。

从服务范围来看，心理咨询师在心理健康教育中心或心理咨询工作室工作，他们能为遇到心理困扰的正常人群以及各种轻度心理障碍者，如神经症、人格障碍、适应障碍等提供咨询服务；而精神科医生在精神专科医院工作，他们主要面向精神分裂症、偏执性精神病、双相情感障碍、躁狂抑郁症、脑器质性精神障碍及酒药依赖等重症精神障碍等患者工作。心理咨询师的知识结构多为心理学和教育学背景，也有少数具有医学背景，不能进行评估和诊断，没有处方权，只能提供心理咨询工作，不能做心理治疗；精神科医生具有医学背景，受过良好的生物医学训练，有处方权，擅长疾病的诊断。心理咨询师把服务对象称为“来访者”或“求助者”；精神科医生把服务对象称为“患者”或“病人”。到心理咨询中心求助的人多为主动求助，他们对自己的心理困扰有着清楚的认知，有较强的寻求改变的动机；而到精神科医院治疗的患者中很大一部分人认为自己没有问题，不需要改变，常常是由家属或监护人送诊。

当你对自己遇到的心理困扰有清晰的认知，痛苦感受持续的时间不是太长时，可以到心理咨询师那里寻求帮助；但如果你长时间悲观绝望，有自杀、伤人倾向等症状，一定要考虑先到精神科医院进行评估和诊断，是否需要使用药物干预。我国最新的精神卫生法规定，心理咨询师是不能对抑郁症等心理疾病进行心理治疗的。在这里，要提醒同学们的是，大家一定要消除所谓的“病耻感”，去精神科医院就医的并非都是精神病患者，抑郁症、焦虑症、强迫症等神经症也是精神科医院的服务范畴。抑郁症等心理疾病仅通过咨询会谈是很难解决的，早发现、早诊断、早治疗对其康复有重要意义，没有诊断处方权的咨询会谈有可能延误病情。

4. 如何正确理解心理健康，让自己保持心理健康？

在现代急剧变化的社会中，不仅成人要承受形形色色的诸多心理压力，而且本该无忧无虑的大学生也要直面来自学习、生活、家庭和社会的种种负担，于是心理健康问题日益凸显并受到广泛关注。

作为新时代的大学生，大家不仅要关心自己的身体状况，心理状态如何更是需要特别关注的。心理健康是一种生活适应良好的状态，凡对一切有益于心理健康的事件或活动做出主动、积极反应的人，其心理便是健康的，反之，便谓之存在心理障碍或心理行为问题。这里包括形成、维持和保护，促进和提高心理健康状态等含义。无论何种说法，一定要避免对心理健康的绝对化、片面化理解，认为有一点缺陷和问题就是心理不健康而乱扣“帽子”，或者认为心理健康的人没有烦恼、没有不良情绪和消极行为。一个人是否心理健康是相对的。

正因为心理健康是相对的，与其说是正常与异常性质上的差异，倒不如说是程度上的差异。心理健康绝对不能用类似于“体温超过38摄氏度就是发烧”的标准来评判。心理健康也不仅是有没有心理疾病，它与大学生的学习、生活和活动中的心理状态密切相关。首先，心理健康的人是能够学习的，在学习中获得智慧和能力，并将获得的智慧和能力用于进一步的学习中；其次，心理健康的人应该有良好的人际关系，在保持个人独立性的同时能乐于与人交往，并建立信任、稳定、和谐和建设性的亲子关系、同伴关系和师生关系；再次，心理健康的人能正确认识自己，接纳自己，能调控自己的情绪，始终保持乐观向上的心态，并形成和维护健全的人格；最后，心理健康的人能面对生活中的问题，正视现实，适应环境，对生活和社会具有良好的适应能力。当然，心理健康的标准可以罗列很多，在衡量一个人心理是否健康时，要把各方面情况综合起来判断，选择正确的坐标系，学会辩证地看问题，这也是大学生在学习生活中如何维持和促进自己心理健康最为关键的。

随着大学生与社会的交往越来越广泛，他们渴望独立的愿望日益变得强烈。因人际关系压力而烦恼的大学生通常表现为自卑、过分注意他人评价、容易受到伤害、虚荣心强、怕丢面子等。唯其如此，大学生必须改变一些不恰当的认知态度，客观分析自己的现状，学会接纳自己，允许自己有缺点、有失败。完美的自我是不存在的，不要过分苛求自己。

良好的学校氛围对大学生的性格和心理健康也有很重要的作用。因此，大学生应重视并维系良好的师生关系、同学关系与异性关系，与他们有充分的思想和情感交流，这种充满民主气氛的校园环境有助于大学生养成开朗、自信、积极的心态。

如果说人生最大的财富是生命，那么，我们要说，人生最大的收入是心理健康！一个乐观、心理健康和对生活充满感恩的人，患病的概率比一般人要小得多。在每810名癌症患者中，约有一例会自行消退，这个幸运者便是性格开朗的心理健康者。因此，衷心希望大学生不仅能够保持心理健康，还能够成为心理健康的推动者、促进者。

拓展性资料——名人名著

【大家小传】

西格蒙德·弗洛伊德（Sigmund Freud，1856—1939），奥地利心理学家、精神病医师，精神分析学派的创始人。弗洛伊德的精神分析理论对心理学、教育学、哲学、人类学、文学艺术、伦理学等领域都产生了重大影响。弗洛伊德的一生卷帙浩繁，论文、著作多达300多种。在1982年由美国心理学史史学家评选的1600年后世界影响最大的已故1040名心理学家中，他排名第1；在2002年由世界心理学界负有盛名的《普通心理学评论》杂志评选的

20 世纪最杰出的 100 名心理学家中他排名第 3。

【生平重大事件】

1856 年 5 月 6 日，出生于奥地利帝国摩拉维亚省弗莱贝格。

1873 年，以优异的成绩毕业于施佩尔中学，考进维也纳大学医学院。

1886 年，与玛莎·伯奈斯结婚。

1895 年，与布洛伊尔合著的《癔病的研究》出版。

1900 年，《梦的解析》问世。

1908 年，第一届“国际精神分析大会”在萨尔茨堡召开。

1909 年，应美国马萨诸塞州伍斯特市克拉克大学校长霍尔的邀请，参加克拉克大学校庆并发表以精神分析为主题的讲演。

1916 年，《精神分析引论》出版。

1923 年，上颚发现肿瘤，做首次手术。发表《自我与伊德》，提出新的人格理论。

1930 年，荣获歌德文学奖。

1935 年，当选为英国皇家学会通讯会员。

1938 年，纳粹入侵奥地利，逃往英国伦敦。

1939 年 9 月 23 日，因癌症不幸在伦敦去世。

【《精神分析引论》简介】

该书是弗洛伊德系统表述精神分析理论的重要代表作。其内容来源于 1915—1917 年两个冬季他在维也纳大学讲授精神分析理论的三部分讲稿，全书分成：过失心理学、梦和神经病通论三编，内容几乎涵盖了精神分析理论所关切与探讨的各个层面，特别是精神分析的三大基本理论：潜意识论、梦论以及性欲论。第一编过失心理学，主要是针对一般正常人在日常生活中的失误动作来分析表面行为下的深层含意，这可视作是某种预兆或信号；第二编阐述作者对梦的假说以及释梦的技术，试图由释梦的技术去探索梦的显意与隐意，并推演出梦的作用；第三编是结合前两篇对失误动作与梦的分析，以确证支配神经症患者的症状与其经历相关，并探索精神分析的治疗方法。前两部分，弗洛伊德假定听者没有精神分析学的知识，因而从入门讲起，到第三部分时，弗洛伊德认为听众通过研究和阅读，已经不再是初学者，因而开始大胆地讨论一些更专业和更复杂的问题，阐述神经病心理治疗的原理，即神经病的精神分析和治疗。

【《梦的解析》简介】

该书运用自由联想法，详细阐述和论证了梦的理论，分析了梦的工作方式、梦的隐意内容，描述了俄狄浦斯情结，解析了梦是愿望的达成的原理，还说明了幼儿生活对成人心理的不可避免的影响。包括梦的材料、来源、本质、功能、表现方法、表现力、象征性、程序、解析方法以及梦的工作方式等内容。这部书是弗洛伊德精神分析理论体系形成初期的一个重要标志。

第二章 发现自我 实现自我

通过本章学习，了解自我意识的发展阶段和大学生现在所处的阶段特点，理解自我意识的变化以及形成过程，学习在实际生活中推动自己走向成熟、成年，担当社会责任。了解自信和自卑的心理机制，区分自卑和自卑情结，学会正确悦纳自己。掌握马斯洛的自我实现理论，了解自我实现预言的神奇力量。健全自己的人格，提高心理健康水平，需要不断地拓展舒适区，增加社会兴趣与合作精神，保持面对生活的勇气和信心，实现自我的健康成长。

一、概念诠释与理论解读

（一）概念诠释

自我意识 自我意识也称自我，属于意识的一种形式，特指个体对作为一个整体自己的意识和体验相对稳定的观念系统。即个体对自己的各种身心状态的认识、体验和愿望，包括对自身机体及其状态的意识，对自己肢体活动状态的意识，对自己的思维、情感、意志等心理活动的意识。它具有复杂的心理结构，是一个多维度、多层次的心理系统。自我意识对人格的形成和发展起着调节、监控和矫正的作用。自我观念、自我知觉、自我评价、自我体验、自我监督和自我调节控制等都是其重要的内涵。我国心理学界视自我概念为自我意识的一种认知活动形式。

成年早期 成年早期通常指18～25岁的人生发展阶段。这一阶段个体在生理上处于最佳状态。身体灵活性、反应速度、肌肉弹性和强度的顶峰年龄皆在这个时期内；心理发展稳定，智力测验水平在上升到25岁后趋向平稳。语言理解和算术技能、思维方式的转换、对视觉材料的组织等智力功能达到最高水平。成年早期是创造性思维最活跃、最丰富的时期。这一阶段的发展任务主要有恋爱、结婚、养儿育女、建立新家庭，形成一定的生活方式和寻求职业、探讨工作经验、深入掌握专业技能等方面。同时，建立亲密的、成熟的人际关系，并检验个人的同一性；学会控制自己的行为，对自己的行为负责，并使自己的行为与成人社会的要求相一致，成为对社会负有责任的独立的个体。

自我同一性 自我同一性是美国精神分析学家埃里克森的人格发展阶段理论中的一个专用术语。这种理论认为，个体能意识到自我与他人相区别而存在，以及自我的连续性和稳定性。他认为，自我同一性是指青少年对自己的本质、信仰和人格中的重要方面前后一致及较完善的意识。如今天的我与昨天的我、甲地的我与乙地的我都属于同一个我。建立自我同一性和防止自我同一性混乱是十二三岁至十七八岁个体发展的主要任务，否则就会妨碍人格的正常发展。

自信 自信是自我意识的重要成分。它是个体由对自己能力、品格和力量等的肯定评价而产生的信任自己的情感。自信本身就是一种积极性，自信就是在自我评价上的积极态度。狭义上，自信是与积极心理品质密切相关的人格特质。自信是对自身力量的确信，深信自己一定能做成某件事，实现所追求的目标。作为一种个人素质，它是个体成长和成才的必要条件，日常学习生活中把许多“我能行”的经历归结起来就是自信。

自卑情结 自卑情结由阿德勒提出，是个体心理学的重要概念，与“优越情结”相对，由沉重的自卑感转变而来。个体潜意识中与软弱无能和无价值感有关的复杂心理倾向和生活风格。尤指一个人面对一个他无法应对和解决的问题时，表示绝对无法解决这个问题，这时出现的就是自卑情结。其核心是己不如人的自卑观念。自卑既是驱使人追求优越的力量，又是反复失败的结果。

自我实现 个体在适宜的社会环境中各种才能和潜能充分发挥，实现个人理想和抱负的过程。它是一种动力和欲望，促使个体充分发挥自己的潜能，或达到一种使自己的潜能得到充分发挥的境界。可以从三个方面来理解自我实现。第一，把个体成长的过程汇总，能使其自身所具备的潜在条件（包括能力与人格等各种特质）得到充分发展的历程。第二，在个体成长过程中，其身心各方面的潜能获得充分发展的一种境界或结果。第三，在个体的成长过程中，其对未来发展最高境界追寻的一种动力或愿望。美国心理学家马斯洛认为，这是个体对追求未来最高成就境界的人格倾向性，是人的最高层次的需要。

自我实现预言 自我实现预言又称“自验预言”。在目的性情境中，个体或他人对自己的预期在自己以后行为结果中成为现实的现象。即自己的行为验证自己或他人的预言。这个概念最早由美国社会学家 W. I. 托马斯 1928 年提出，后经罗伯特·默顿在《自我实现预言》中进一步阐发，并提出由图式引发的自我实现预言，即使自己的预期成真的预言。许多研究已经发现图式越强大、越发达，我们越会把更多的注意力放在与这些图式相符的信息和特征上。同时，我们的心智自动过滤那些与图式不一致的特征和信息，在通过把更多注意力放在符合既定图式的信息上，图式的正确性也得到了确认。

舒适区 舒适区指在温度图上划分出的使人感到舒适的有关温度和其他影响参数的范围。在健康心理学等领域被用来指一个人所表现出来的心理状态和习惯性的行为模式，人会在这种状态或模式中感到舒服、舒畅、舒适。在这个区域里，每个人都会觉得舒服、放松、稳定、有掌控感、有安全感。一旦走出这个区域，人们就会感到不舒服或者不习惯。

自主性 自主性是行为主体按自己意愿行事的动机、能力或特性。尤其是在一定的社会环境中，当个体的价值观与社会规范无法协调一致时，个体表现出来的独立判断和抉择的行为倾向。自主性是人的品格特性，是人的心理素质的基本内核。作为一个社会的人，这种基本素质体现在自身特性与社会特性两个方面。个体自身特性方面有主体性、主动性、上进心、判断力、独创性、自信心等；社会特性方面有自我控制、自律性、责任感等。在自主性发展的过程中，这些特性都融会在自主性态度和自主性行为之中，构成一个人的统一的品格特点。

健全人格 健全人格指人格的生理、心理、道德、社会各要素完美地统一、平衡、协调，使人的才能、潜能得以充分发挥。对于个体自身而言，即对自身的认识是否正确，对自己奋斗的目标是否明确，并能够正视现实，为之努力并实现目标。健全人格表现出以下特征：具有社会适应能力的意向和性格表现；有爱心和同情心；尊重他人，不以自我为中心；责任心强；对情绪情感予以接纳，习惯理性思考和情绪调节；能够不断地获取新知识，带有好奇心探索未知，创造性地面对社会，保持开放的心胸，等等。

（二）理论解读

自我实现的心理健康理论

作为人本主义心理学创始人之一，马斯洛是心理健康理论的积极建设者。他的人本主义心理健康思想包括三个非常重要的组成部分，即需要层次理论、自我实现理论和高峰体验理论。

1. 需要层次理论

对需要的基本看法。需要是有机体内部的一种不平衡状态，反映了某种客观的要求和必要性，是个体活动积极性的源泉或基本动力。这种不平衡状态包括生理和心理两方面，个体需要不断努力才能维护平衡状态。虽然人和动物都有各种各样的需要，但人与动物的需要存在着本质区别，不仅体现在需要的内容上，也体现在满足需要的手段上。特别是人具有意识，因此人类的需要及其满足会受到意识的调节和控制。

需要的种类。马斯洛认为人类的需要可以分为两类，一类是基本需要，由于缺乏而产生，因而也被称作缺失性需要。因为体内缺水而产生渴的需要，缺乏稳定的生活保障而产生安全需要。包括生理需要、安全需要、爱与归属的需要、尊重需要。另一类是心理需要，包括认知需要、审美需要和自我实现需要，这类需要主要是因为个体成长所必需，所以又被称为成长需要。从整体来看，前者属于低层次的需要，后者属于高层次需要，低层次需要在没有得到满足的情况下很难产生高一层次的需要，但这类需要一旦得到满足就不再具有动机作用；心理需要则属于高级需要，具有较大的个体差异，这类需要主要由实现个体的潜能、超越自我所驱使，因此，这类需要得到一定的满足之后，并不会像基本需要那样丧失动机性质，相反会具有更强的动机性质，促使个体不断地去追求满足。

需要的层次。马斯洛认为人类的需要是按照优势出现的先后或力量强弱排列为等级系统。

一是生理需要，指维持个体生存和种族发

展的需要，是人的各种需要中最原始、最基本、最需优先满足的一种。

二是安全需要，对稳定、安全、秩序、保障、免受恐吓、焦虑和混乱的折磨等的需要。安全需要是在生理需要相对满足后出现的，它同样可以支配个体的行为。

三是爱与归属的需要，这是个体对于友情、家庭的需要，对受到组织、团体认同的需要。

四是尊重的需要，指个人对自己尊严和价值的追求。包括两个方面：一是希望得到别人对自己的尊重，二是个体自己对自己的尊重。

五是自我实现的需要，个体实现自己的理想、抱负，充分发挥自己的潜能，成为所期望的人物的动机。

高级需要与低级需要之间的关系。马斯洛认为，不同的需要之间存在着不同的等级关系，低层次需要是高层次需要的基础。一般来说，只有当低层次需要获得一定的满足之后，高层次的需要才会出现，而且各层次需要的产生和个体生长发育密切相关。

2. 自我实现理论

马斯洛从积极的角度定义心理健康，即自我实现的人。马斯洛对于自我实现的人的研究始于满足自己的好奇心，他非常希望了解自己所崇拜的两位著名教授，即韦特海默和本尼迪克特。究竟是什么原因促使这两位教授如此出类拔萃？他收集了这两个人的大量资料并对其个性加以比较研究，结果得出了非常令人振奋的结果，他发现这两位成功者并不是完全不具有可比性的，他们之间存在着很多的相同之处。随后马斯洛又收集更多他认为属于自我实现的个体来对所得到的结果加以确认，最终提出了自我实现理论。

（1）自我实现的概念

究竟什么是自我实现？马斯洛认为，自我实现就是一个人力求变成他能变成的样子，“一位作曲家必须作曲，一位画家必须绘画，一位诗人必须写诗，否则他始终无法安静。一个人能够成为什么，他就必须成为什么，他必须忠实于他自己的本性”。具体来说，自我实现包含两层含义：一是完美人性的实现，即作为人类共性的潜能的自我实现，包括友爱、合作、求知、审美、创造等特性或潜能的充分展现；二是个人潜能的实现，指的是具有个体差异的每个个体的个人潜能的自我实现。

（2）自我实现者的人格特征

马斯洛通过对历史上以及他所处时代的一些著名学者、文学家艺术家和政治领袖进行的大量个案研究，并通过抽样调查对大学生进行了研究，概括出自我实现者 15 种人格特征：对现实更有效的洞察力和更适意的关系；对自我、他人和自然的接受；行为的自然流露；以问题为中心；超然独立的特性，离群独处的需要；意志自由，对于文化与环境的独立性；欣赏的时时常新；神秘体验与海洋感情；社会感情；自我实现者的人际关系；民主的性格结构；区分手段与目的；富有哲理的，善意的幽默感；创造力；对文化适应的抵抗。

他认为，自我实现者并非都能做到上述各种特点。自我实现的人也有缺陷并非十全十美。有时他们会显得顽固，有时又冷静地近于无情冷酷，他们也有罪恶感、焦虑、自责。但他们能够自觉地克服自己的弱点和不足之处，使自己更加接近完善的人性，更加充分地发挥自己的潜能。这些人虽然在人群中是少数，但是自我实现是人类和人性发展所能达到的状态，是人性发展的方向。

（3）自我实现的类型

马斯洛认为自我实现可以区分为两种不同的类型：①健康型自我实现，这一类的自我实现者更加实际、现实、世俗而且更加能干，他们更像是人世者，以非常实用的态度待人接物和处理问题。②超越型自我实现，指更经常意识到内在价值、生活在存在水平或目的水平且具有更丰富超越体验的人。

（4）自我实现的途径

马斯洛提出了八条通往自我实现的途径。

一是充分、忘我、集中全力、全神贯注地体验生活，全身心地献身于事业；在这种时刻，体验者完完全全地成为一个人，这种时刻就是自我实现它自己的时刻，表达这种体验的关键词是“忘我”。

二是生命是一个连续不断的选择过程，每一次选择都有可能前进，也有可能倒退，为了自我实现人们应该做出成长的选择而不是畏缩的选择。

三是承认自我存在，让自我显露出来，马斯洛认为，我们绝大多数人，特别是儿童和青年，他们不是倾听自己的声音，而是倾听父母、权力机构、权威人物的声音，这样做会逐步地丧失自我，更谈不上实现自我。

四是在“拿不准”的时候，要诚实，不要隐瞒、不要装模作样，要有反省自问的责任心，每一次承担责任，都是自我的一次实现。

五是上面提到的不带自我意识的体验、做出成长性的选择、倾听自己内心的声音、诚实并用于承担责任都是迈向自我实现的步骤，从这些细微的小事做起，就会对自己的生活做出更好的选择。

六是自我实现不仅是一种终极状态，而且也是随时随刻、点点滴滴地实现个人潜能的过程，自我实现虽然并不一定是要做大事情，但意味着要发挥自己的聪明才智，需要经历一个艰苦、勤奋的准备过程。

七是高峰体验是自我实现的短暂时刻，这种时刻无法确保一定会出现，也不可能可以寻求，但可以创造条件使得高峰体验发生的可能性提高。

八是放弃去神圣化的防御机制，学会“再神圣化”，重新愿意从“永恒的方面”看待人，能看到神圣的、永恒的、象征的意义，发现自己的天性，使其不断地成长，促进自我实现。

3. 高峰体验理论

（1）高峰体验的概念

这是马斯洛1962年在《存在心理学探索》一书中提出来的一个重要概念，指人在进入自我实现和超越自我状态时所感受到的一种非常豁达与快乐的瞬时体验。自我实现是对人的本性的实现，是人与自然的统一和融合，因此，高峰体验也是个体回归自然与自然彻底融合时的同一性感受和极度快乐的情绪体验。这些体验包括：神秘体验、宇宙意识、海洋体验、审美体验、创作体验、爱情体验、父母情感体验、性体验、顿悟体验等。

马斯洛认为，虽然这些体验都存在着交叉和重叠，具有相当程度的类似性，甚至具有同一性。大多数高峰体验主要是一种情绪体验，但也有少部分的高峰体验除了包含情绪体验之外，还包括存在认知，前者被称为狭义的高峰体验，后者被称为广义的高峰体验，即情绪体验和存在认知（being cognition）的复合状态。高峰体验并不神秘，例如一位家庭主妇在宴会顺利结束，最后一位客人告别离去后，坐在椅子上，想到自己度过了一个非常愉快的夜晚，所体验到的兴奋和幸福。

（2）高峰体验的特点

马斯洛认为高峰体验具有以下特点。

①突然性：高峰体验的出现往往是突然的，无法预料的，所以经常会给个体一种“喜出望外”的感觉。

②强烈性：高峰体验的感受非常强烈，会使得个体有一种欣喜若狂、如痴如醉的感觉，几乎达到一种忘我的境界。

③完美性：高峰体验会使个体进入一种最佳的状态，感觉自己更聪明、更富有智慧、更富有魅力，犹如步入了天堂，达到了完美的状态。

④短暂性：高峰体验虽然完美，但时间却非常短暂，稍纵即逝，但高峰体验给个体带来的影响却可以长期存在。

⑤普遍性：高峰体验不是自我实现者所独有的特征。

（3）高峰体验的价值

高峰体验对于自我实现具有重要的意义。首先，高峰体验是自我实现者的重要特征：一方面，自我实现者能更多地体验到高峰体验；另一方面，高峰体验更为具体地表现了自我实现的时刻。在高峰体验时刻，个体能够成为更真实的自己，能够更完全地实现自己的各种潜能，更加接近他们自己的存在状态，更加充分地表达了他们真实人性。其次，高峰体验也是个体获得自我实现的重要途径。自我实现并不是一个终止的状态，而是一个连续不断的发展过程，在自我实现的过程中每一步都可能出现高峰体验，促使和激励人们不断地追求自我实现，超越自我，达到更多的自我实现。

马斯洛对心理健康理论建构有重要贡献。他的心理健康思想建立在其自我实现理论的基础上。在他看来，心理健康就是人性的丰富实现即自我实现，心理疾病则是人的基本需要或自我实现的受挫与失败。因此，心理咨询与治疗的过程就是帮助患者步入自我实现的轨道。虽然很多研究者把马斯洛的理论大体分为需要层次理论、自我实现理论和高峰体验理论三部分，但从整体上来看，需要层次理论的出发点是自我实现，而且又为自我实现的地位、条件服务，而高峰体验论更是很明显地从属于自我实现理论，因此，马斯洛的理论实际上就是自我实现理论。马斯洛的自我实现理论，改变了心理学长期以来只重视对病人和病态的研究，以对健康人的研究为出发点，着眼于人性美好的一面，开创了以研究人本性、潜能、经验、价值、创造力及自我实现为主要内容的人本主义心理学。马斯洛等人本主义心理学家对人类的这些积极品质的关注不仅对现代心理学的发展产生了重要的影响，使得更多的研究开始关注人类的这些积极品质，而且对积极心理学的兴起产生了非常重要的影响，可以看作积极心理学的一个非常重要的理论渊源。对马斯洛自我实现理论批评的很重要一点就是认为他所采用的研究方法缺乏科学性。但我们不能因为马斯洛所使用的研究方法而质疑其理论的创造性和价值。

二、自测、阅读体验与活动

（一）轻松自测

A. 你能自我悦纳吗？

根据你的实际情况，对下列题目做出“是”或“否”的选择。 是 否

1. 在朋友和家人眼里，你是否显得过于敏感？ □ □
2. 你是否喜欢与别人争论不休？ □ □
3. 你对人对事是否总持批评态度？ □ □
4. 你是否容忍他人有不同观点？ □ □
5. 你是否过于易动肝火？ □ □
6. 你是否容易原谅别人？ □ □
7. 你是否过于爱嫉妒？ □ □
8. 你是否能认真听别人讲话？ □ □
9. 你是否感到很难接受恭维？ □ □

评分

第1、2、3、5、7、9题选择“是”各计1分，选择“否”则不计分；第4、6、8题选择“否”各计1分，选择“是”则不计分。将各题得分相加，得出总分。如果总分在5分以上，说明你自我否定的太多了。

【你的总分】__________

B. 你有自知之明吗？

测验

请你根据实际情况，对下列题目做出“是”或“否”的选择。 是 否

1. 你每天要照3次以上的镜子吗？ □ □
2. 你一点也不在乎别人对你的看法？ □ □
3. 你是否感到你其实并不了解自己？ □ □
4. 你很留意自己的心情变化吗？ □ □
5. 你常把自己与其他人进行比较吗？ □ □
6. 你常常在晚上反思自己一天的行为吗？ □ □
7. 做错事后你常常不明白当时自己为什么要那样做吗？ □ □
8. 你比较注意自己的外表吗？ □ □
9. 你做事情的随意性很大吗？ □ □
10. 在做出一个决定时，你通常清楚这样总的理由吗？ □ □
11. 你总是努力揣摩别人的想法，并按别人的要求与暗示行事吗？ □ □
12. 你是否总是穿着比较得体的衣服？ □ □
13. 你不清楚自己是属于脾气好的人还是脾气坏的人吗？ □ □
14. 你不清楚自己的能力比其他同学强或弱吗？ □ □
15. 你对自己将成为怎样一个人，没一点把握吗？ □ □
16. 你总担心自己能否给其他同学留下好印象吗？ □ □
17. 在遭受一次挫折后，你总是要对自己的行为进行反思吗？ □ □
18. 你常常控制不住自己而愤怒发火吗？ □ □
19. 有时，你不清楚自己为什么有情绪吗？ □ □
20. 考试前，通常你不清楚自己能否顺利过关吗？ □ □
21. 有不少事情，在你开了个头以后，才

发现你是没能力完成的吗？ □ □

22. 当你遇到不快时，你是否总是设法让自己从低沉的情绪中摆脱出来？ □ □

23. 考试完毕，在老师批改完前，你常常弄不清自己是否考得好吗？ □ □

24. 大多数情况下，你知道自己行动的动机吗？ □ □

25. 你觉得别人应该对你留下好印象吗？ □ □

26. 你常感到莫名的烦躁吗？ □ □

27. 你不知道自己与班上哪些同学谈得来吗？ □ □

28. 你清楚自己的长处和短处吗？ □ □

29. 一般而言，你很了解自己吗？ □ □

评分

第 4、5、6、8、10、12、17、18、23、25、26、29 题答“是”计 0 分，答“否”计 1 分。其余各题答“是”计 1 分，答“否”计 0 分。各题得分相加，统计总分。

【你的总分】__________

0~~9 分，有自知之明，对自己的长处和弱点有较清楚的认识。

10~20 分，对自己的了解不够全面。已经较多地注意到了自己的体验，但为了更好地了解自我，还需要掌握一些客观认识自我的方法。

21~30 分，不了解自己。尽管自我与你朝夕相处，但看来仍是“当局者迷”。

（二）阅读体验

1. 什么是健全的人格？

（1）人格

如果我们手拿一个不规则三角形，从不同的角度看，仔细观察发现任何时候都是同一个三角形。人格也是如此，它不会在行为的某一方面完全暴露，但我们能从一个人的各种表现中认出它来。我们可能会说：这话像是他说的。我们也可能根据一个人的人格来预测他可能会怎么做事情。人格是我们的生活模式以及我们对生命的解释，我们如何解释生命就会反映在我们的行为中，一旦我们发现并了解一个人赋予生命的意义，我们就找到了打开他整个人格的钥匙。比如，一个人赋予生命的意义是获取他人的注意和赞美，或者获得优越感，那么，他的所有言行几乎都会折射出这个解释或者信念。

人格可以提升和改变，改进的唯一途径是培养一个人的合作精神和勇敢无畏的生活方式。

（2）健全人格

健全人格指人格的生理、心理、道德、社会各要素完美地统一、平衡、协调，使人的才能得以充分发挥。对于个体自身而言，即对自身的认识是否正确，对自己的奋斗目标是否明确，并能够正视现实，努力实现目标。

一般而言，没有任何人拥有完美健全的人格，每个人都有自己所欠缺的部分，就算自己认识到这一点，想改变也并非易事。关键在于是否可以把握自己做事的尺度和处理问题的态度。事实上，一个人的人格越健全，当他的努力在某一方向受阻时，他越能为自己的努力找到更多的新途径。而神经症患者则通常只会盯着自己设定的目标说：我必须得到这个，否则将一无所有。

人格不健全者把注意力主要指向自己的

得失。

相对而言，人格不健全者，或者缺少社会兴趣和合作的人，如果觉得软弱，他通常会创造使自己觉得强壮的情境，他不是把自己训练得更为强壮，更为能干，而是训练自己在自己的眼中显得更强壮。他努力地欺骗自己，但只会获得部分成功，如果一个人自觉不能胜任工作，他则可能会在家里当一个暴君。企图以此来安慰自己，证明自己是重要人物，不管他怎样用这种方式来欺骗自己，真正的自卑感依然存在，他们依然会在同样的昔日情境下促发同样的昔日自卑感。

比如，如果一名学生只对功课感兴趣，只因为他以为这样老师会喜欢自己。一旦开始曲解对生命意义解释，他们便不再培养自己的责任感和独立感。从此也就无法应付生活中的各种考验和挫折了。

这是一个兴趣和注意指向何处的问题。如果他们朝向身外的一个目标努力，兴趣指向社会而不是自己的得失，他们自然而然会训练、武装自己以实现这一目标。而更可能将困难视为成功路上要扫掉的障碍而已。反之，如果他们的兴趣只在强调自己的障碍，他们与这些障碍抗争也只是想摆脱它们而已。有的同学一旦自己不再成为被关注的中心，便觉得生活欺骗了自己，让自己失望。有的同学是在一种某种程度上人造的温暖氛围中长大，像个被宠坏的孩子，他们仍想继续受到宠爱，但慢慢长大后，发现自己不再是注意力的中心，外面的空气却凛凛刺骨。

个体心理学创立者阿德勒认为，人类的生命离不开三件事，职业、社会感和两性婚姻，而这三件事都需要我们与他人合作，发展社会兴趣，这也是健全人格的应有之义。

许多大学生只关注自我内在的心理状况，觉得自己的问题解决了，然而在面向社会活动中照样有问题，忽略了健全人格最基本的要求其实恰恰是社会适应。

健全人格的核心内涵

①具有社会适应能力的意向和性格表现。

②有爱心和同情心：尊重他人，不以自我为中心，有宜人性。个体在成长的过程中，必然会经历一个自我中心的阶段，然而，随着人格的不断成熟，要逐渐去自我中心，提升社会适应的水平。大学生正处在这样一个阶段，要学习理解他人的需要和情感，善待周围的人。

③责任心强。要求人格特质与人品的统一，有责任感。

④对情绪情感予以接纳，用理性思考进行情绪调节。情绪情感的产生是自然的，也是我们心理重要的一部分，然而，那并不代表可以任性而为，凭情绪思考做事。而要不断加强理性思考，提高心理成熟度，提升社会适应能力。

⑤能够不断地获取新知识，带着好奇心探索未知，创造性地面对社会，保持开放的心态。真正的开放是一种不评价，对未知领域的探索热情，以及富于创造性和建设性工作。它是建立在知识与经验的基础之上。

总之，长大成人和健全人格并非意味着无拘无束。能够为自己的行为负责任，才是长大成人的最重要标志。而这其中必然不能少的还有社会适应能力，对他人的兴趣以及合作精神。

爱你现在的时光

白岩松

没有一代的青春是容易的。青春如果没有了奋斗，没有了挣扎，没有了希望，没有了绝望，还叫什么青春？

爱你现在的时光，过去的已经过去了，较什么劲呢？未来的还没有来，你焦虑什么？你知道什么叫作真正的恐惧吗？真正的恐惧不是血肉横飞的画面，真正的恐惧是调动你的想象力，把你自己吓着了。

生命中有一个很奇妙的逻辑，如果你真的过好了每一天，明天就会还不错。如果你安安稳稳地做好大一学生应该做的事情，你的大四应该不错，可是你大一就开始做大四的事情，我想告诉你，你的大四会很糟糕。

青春该怎么过，校园的时光怎么过？不计后果地过。但是请注意，我说的不计后果，没有让你违法，在法律、各种限制条件内，别那么功利地计后果，为了后果而过。如果我们的大学生涯非常功利的话，你反而得不到你想要的结果。有人说我站着说话不腰痛，他们不知道我们那个时候有属于我们自己的悲惨。我从功利的角度告诉你，你越在乎过程，你越拥有一个完满的过程，你的结局越有可能不错。

2. 实现自我：阳光总在风雨后

如果我们观察一个人的行为会发现，不管他是否意识到，他都在实现着自我，诠释着他对生命意义的理解。一个人所有的观点、态度、行为、表情、礼貌、抱负、习惯及个性等都与这一意义匹配。任何人的举止都表明他似乎只对生命或者某种自我实现的阐释深信无疑。然而，要达到真正意义的实现自我，成长为最好的自己，通常要在经历风雨的洗礼之后，挫折、困难和失败是成长的机会，当然，前提是保持克服困难的勇气和信心。

自我实现论是心理学第三大思潮——人本主义心理学的主要理论之一，在马斯洛需要层次的金字塔上（如右图），自我实现的需要位于塔尖。马斯洛认为自我实现“是人的机体潜能发挥的一种内驱力，是人的本性中的一种创造性倾向”，也就是“一个人能够成为什么，他就必须成为什么，他必须忠实于他自己的本性”。因此，自我实现实质上就是个体充分发挥自身潜能，充分把握和认可自身固有的本性，永无止境地趋向自身的统一、整合或和谐。

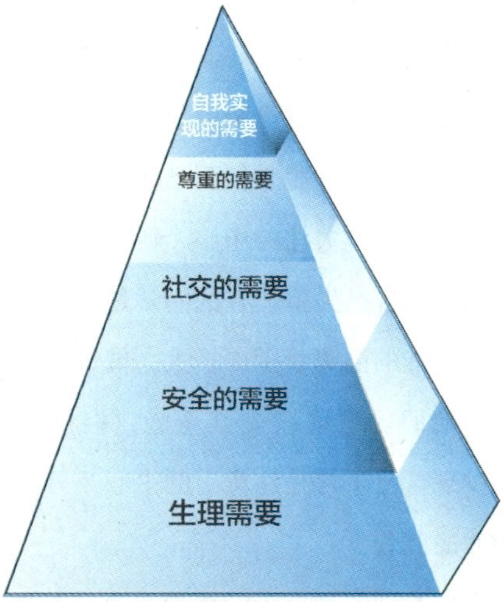

马斯洛需要层次理论图

马斯洛提出自我实现的过程，意味着发展真实的自我，发展现有的或潜在的能力，它不是一种终结状态，而是实现潜能的过程，没有时间和质量的限制。

他从 48 位杰出人士身上提炼出 14 条自我实现者的特征。知道这些自我实现者所具有的特点，可以提供一个自我实现者的框架。其实，我们每一个人身上都多多少少具备这些特点，只是程度不同而已。

（1）比普通人更能准确充分地知觉现实。马斯洛发现他们具有透视虚伪、表面或掩饰之事物的能力。较少受到自己的希求、愿望、恐惧、焦虑、偏见的影响，因而能透视事实的真相。他们不但能忍受模棱两可、暧昧不定的情形，而且喜欢它们。

（2）对自己、他人及大自然表现出较大的宽容；承认任何事物都有两面性。对于自己与他人不可避免的优点与缺点，他们能视为理所当然而不抱怨。对待缺点能够坦然接受，不因未符合文化所界定的理想的美、地位、声誉和其他等，就产生莫须有的罪恶感和羞耻感，因而也不太会受到这些感觉的折磨。尊重每一个人都有成为其“真我”的固有权利。他们接受自然发生的生理变化（如衰老）和生活中的不确定。

（3）自发性、单纯性和自然性，有流露自己真实感情的倾向。他们的内心生活、思想、行为都比较自然、率真，敢于自我流露，不必处处防卫，不惧怕他人的批评，与人交往时不矫揉造作。

（4）他们遇事较以问题为中心，而不以自我为中心。对事不对人，因此比较能够心平气和地处置问题。马斯洛发现健康者的一项显著特征，是热爱一种职业，他感觉他的工作是重要的，他的人生有某种使命待完成，不管它是经营家庭养育小孩或经营大公司。

（5）具有较高的超然于世的品质和独处的需要。许多人发现独处是一个很不愉快的经验，但马斯洛发现健康的人能享受孤独，而且倾向于寻求独处的时刻。

（6）有较强的自主性以及独立于环境与文化的倾向性。健康的人较少受环境的影响，而且不是他们无法控制的环境变迁底下的牺牲者。他们即使面临许多挫折、打击，也能保持相对宁静的心境。他们能自给自足，并依赖自己的潜能和资源来成长并发展。他们不需要他人的好评来慰藉自己。

（7）具有永不衰退的欣赏力。对自我实现的人而言：“任何一次日落都如第一次那么壮丽，任何一朵花都具有令人屏息观赏的可爱性，即使他已见过一百万次花朵，他见到的第一千个婴孩，就像他初次看到的婴儿一样是奥妙的杰作。”因此，没有那么多理所当然和想当然，每一次都是全新的认识、感受和体悟。即便在日常生活中，常人熟视无睹的生活细节，也会使他们感到愉快、惊奇、敬畏，甚至心醉神迷。

（8）周期性的神秘和高峰体验。马斯洛把人进入自我实现所感受到那种发至心灵深处的战栗、欣快、满足、超然的情绪体验，那种犹如站在高山之巅上的兴奋，那种短暂却尤其深刻的欢愉感觉称为高峰体验。这是一个人自我肯定、自我确证的时刻，在这样的时刻，人最接近其真正的自我，达到了自己独一无二的人格或特点的顶点，潜能发挥到最大程度。当然并非只有心理健康的人才有这种体验，大多数人都会体验到情绪的成长，并希望考虑高层次的问题。但是自我实现者的高峰体验强度大，出现得也更多。

(9) 喜欢和所有人打成一片，但仅和为数不多的人产生深厚的个人友谊。虽然他们热爱和关怀的对象只有少数几个，但把友谊看得很重要且诚心培养它，几乎对每一个人都较友善、慈悲、喜爱。他们也会严厉地批评那些罪有应得的人，尤其是那些吹毛求疵，装模作样及狂妄自大的人。但这种批评是情境性的，并不会成为人格特征之一。

(10) 具有民主性。他们为人比较谦虚，尊重差异。坦然与迥然相异的人交往和学习，这是一种不可多见的特性。他们对任何人都存有几分敬意，就只因为对方是个人。

(11) 具有强烈的审美感，但抵制适应社会现存文化，因为他们受内心世界指导。他们有强烈的道德观念、确定的行为原则和清晰的是非善恶观念。不过他们心目中的是与非、善与恶，未必与习俗的观念相同。

(12) 有十分完善的毫无恶意的幽默感。能在生活中寻找到幽默，他们对自己的缺点和独特性也会自我解嘲。

(13) 具有创造性。因为他们的永不衰退的欣赏力，他们的心灵较像小孩子那样纯真自然，对任何事情或游戏，都会因为想出一套新奇方法而兴奋不已。

(14) 能弥合各种分裂和对立从而达到整合、协调的状态。自我实现者在他们的行为中，较能够表现出对立的特性。他们既老成持重又童心未泯，既重视智慧又感情洋溢，既纯真坦率又自我克制，既态度严谨又嬉戏风趣。

需要强调的是，马斯洛认为自我实现的人并不是完美的。他们也容易受到令每个人头疼的事情和问题的困扰。他们也不时感到无聊、愤怒或者沮丧。实际上，自我实现的人和我们其他人是相同的，只是他们不像一般人那样能力受到抑制而已。所以，以上的标准更像是一个完美的框架，我们普通大众大多都在朝向自我实现的路上。

(三) 自动活动

1. 探索自我成长的经历

怎样更好地理解自己，可能是很多人都关心的问题。找一位同学或朋友，互相访问对方下面这些问题，并把你们对每个问题的回答分别记录下来。如果找不到伙伴，你也可以自己问自己这些问题。

①你的名字是？它的意义是什么？

②简单描述一下现在的你。

③说一说你的学习和实习经历。

④你生命的第一、第二年，你是在哪里，和谁一起生活？

⑤你对自己的出生经过了解多少？

⑥你认为你的诞生为你的母亲带来什么意义？

⑦谁在你婴儿时期照顾你？

⑧你对自己第一、第二年的生命了解多少？

⑨当你在那么年幼时，你认为你经常会有什么感觉？

⑩当你在那么年幼时，你认为你如何去体验周围的人？

⑪二岁到七岁时，你在哪里，有谁同住？

⑫简单地描述一下当时的母亲。

⑬简单地描述一下当时的父亲。

⑭简单地描述一下当时对你有重大意义的人。

⑮你小时候最喜欢什么故事？故事中发生了什么事情？

⑯你最喜欢故事中的什么？

⑰小时候，当大人生气或不高兴时，你通常会做些什么？你通常会有什么感觉？

⑱你是否有时会回忆起小时候发生的那些事情？

⑲小时候，你最喜欢父母中的哪一位？为什么？

⑳你认为你父母在你还是小孩时面临的是什么问题？

㉑小时候，你如何去面对你父母的问题？

㉒七岁到十二岁这个阶段，你在哪里？与谁同住？

㉓简单描述当时的自己。

㉔你是否及如何喜欢学校和老师？

㉕你入学第一年时有哪些朋友？你们在一起都做些什么？

㉖当你父亲对你不满意时，他会说些什么、做些什么？

㉗他对你满意时，又会说些什么、做些什么？

㉘当你母亲对你不满意时，她会说些什么、做些什么？

㉙当她对你满意时，又会说些什么、做些什么？

㉚少年时期，你在哪里？与谁同住？

㉛简单描述少年时期的你。

㉜你当时与其他男女生的关系如何？有没有异性朋友？

㉝你父母为少年时期的你带来什么意义？

㉞其他的成人对少年时期的你带来什么意义？

㉟你在少年时期的人生哲学是什么？

㊱你认为你为怎样死去？

㊲人们会在你死后如何评价你？

㊳你最喜欢自己什么？

㊴你最讨厌自己什么？

㊵如果可能改变，你希望小时候你的母亲会有什么不同？

㊶如果可能改变，你希望父亲会有什么不一样？

㊷你生命中所做的最重要决定是什么？

做完这个关于自我成长经历的访谈，你对自己有了哪些新的认识和了解？你在年幼时期做过哪些决定，这些决定如何成为推动你前进的内在动力，成了你生命中的重要信念？你的成长经历中哪些重要的事件和人物是如何影响到你看待世界、与他人相处的？

2. 站在不同视角看童年

站在讲述者的角度，用第三人称的方式，把自己的童年故事写下来，就好像在写别人的故事一样。故事的主人公是一个孩子（从前，有一个小姑娘/小男孩，她/他有一个……样的母亲，……样的父亲，……）。在这个故事中，请具体描述何时、何地发生了什么事情；孩子感受到什么，想了什么，做了什么。

写完这个故事后，请大声地读给自己听，听完故事后，体验自己的感受，让自己的情绪自由流淌。

三、经典案例与热线问答

（一）经典案例

不是你的错——走出童年虐待的创伤

1. 基本情况

英子，女，某高校四年级本科生，五官端正，一米六七的身高，体重还不到九十斤，她给咨询老师的第一印象是“瘦得皮包骨”。英子是独生女，家在南方某省会城市，父亲是普通职员，母亲是工人。英子想要报考研究生，但是因情绪低落、失眠、做噩梦、注意力不能集中，她无法投入紧张的复习迎考任务中，内心十分焦虑，因而到学校心理咨询中心寻求咨询帮助。

心理咨询中心老师首先询问了英子的身体健康状况。英子说她从小就很瘦，看过不少医生，也吃过很多药，但没有检查出身体有任何器质性的问题，家族里也没有遗传性疾病，父母的身体都很正常。心理咨询老师进一步了解到，英子的父母关系一直不好，父亲性格非常暴躁，经常莫名其妙地大发脾气。她形容父亲是家里的“杀手”，自己能够活到现在已经是个奇迹。父亲不仅对母亲家暴，也对英子家暴。英子经常在吃饭时莫名其妙地被父亲揪起来揍一顿。母亲身体不太好，在父亲面前也很软弱无能，多次被父亲打得遍体鳞伤。她不仅不能保护英子，对英子还很冷漠，从不关心英子是否吃饱穿暖，在学校是否快乐。英子多次劝说妈妈离婚算了，但妈妈没有勇气。她经常对英子说：“你必须要表现好，优秀，你爸爸才会对我们好。”然而，不管英子怎么努力表现，听话、乖巧、成绩优秀，父母之间的“战争”还是常常发生。每次爸爸对妈妈实施家暴的时候，英子都非常害怕，经常吓得躲到床底下，不敢发出一点声音。英子常常觉得父母关系不好都是自己的错，是自己表现不好，不够优秀，如果没有自己就好了。尽管英子的学习成绩一直都很好，顺利地考入了一所重点大学，但是，她好像从来都没有感到过快乐，因为难以摆脱的羞耻感，英子不愿意和周围的人交往，没有关系亲近的朋友，更没有交过男朋友。她不相信有人会喜欢自己，更不相信有人会爱自己。英子常常做噩梦，梦到自己躲在床底下瑟瑟发抖，梦醒之后眼泪止不住地往下流。英子寒暑假都不愿意回家，家里的氛围让她很难受；迫不得已回家了，她也尽量把自己关在房间里，不与爸爸碰面，害怕和爸爸发生冲突。为此，英子讨厌妈妈无休止的唠叨，也痛恨自己的无能和软弱。

英子的情绪状态很差，导致学习效率低下，经常觉得一切都没有希望了，考不上研究生，不知道未来该怎么办，每天都处在焦虑、自责、痛苦的消极情绪中无法自拔。

2. 咨询过程

（1）自我理解——认识症状产生的原因

英子从小成长在一个充满暴力和冷漠的家庭中，她在童年经常遭遇父亲的毒打、暴力对待，而且这种虐待常常发生在毫无征兆的情况下，特别是在吃饭的时候经常无缘无故被打骂，英子就像被关在笼子里随时都可能遭遇电击的小白鼠一样，经常处于紧张和恐惧之下，因此，吃饭对她来说不是享受，而是非常恐怖的事情，她的消化系统在这种紧张状态下自然不能正常工作，不能有效吸收各种营养物质，造成营养不良、过度消瘦。母亲在面对父亲家暴时表现出来的态度，让英子深信是自己不够优秀造成了父母关系的不和，都是自己的错，从而产生深深的自责和羞耻感。一方面，经常遭遇父亲的暴力虐待给英子带来了强烈的羞耻感；另一方面，英子又因自己不能保护母亲，没有能力反抗父亲的家暴而产生更深的羞耻感、无力感和无价值感，她认为自己没有用，没有能力，连父母都不爱自己，其他人更不可能爱自己。当英子还是一个孩子时，她完全不知道父亲为什么会打自己，为什么会打母亲，而母亲不仅没有给予她实时的保护和安抚，还不断告诉英子，只有她表现好，足够优秀，父亲才会喜欢她们。因此，英子从小就告诉自己一定要努力，一定要优秀。英子面临大学毕业时，认为只有考上研究生才能算是优秀，只能成功不能失败。英子本身身体瘦弱，在巨大的考研压力之下，出现了各种负面情绪、失眠、焦虑等症状。因为学习效率不高，英子又出现强烈的负罪感和羞耻感。

心理咨询师帮助英子认识到不能将父亲对家人的家暴行为怪罪到自己头上，父亲脾气暴躁并不是她的错，并不是因为她不优秀；作为一个孩子，她面对父亲的疯狂暴力时，找地方躲起来是迫不得已的，孩子没有办法保护母亲不受伤害也是正常的。同时，心理咨询师还让英子认识到，自己目前的行为症状与虐待经历是有关系的。她开始学习理解自己，分析、理解自己的感受和行为的原因。父亲的暴力虐待和母亲的语言伤害等冷漠行为，都给自己带来了巨大的心理创伤。这些创伤不仅影响了英子的自我价值感，自己无论多么努力和优秀，都觉得不够好，害怕失败，害怕别人不喜欢自己，还让她时不时遭受创伤后应激障碍的侵袭，饱受精神和情感上的折磨，常常做噩梦，梦到自己为了躲避父亲的伤害，惊恐地躲在床底下。当英子将自己目前的行为和问题与过往的创伤经历联系起来后，她在看待自己的行为和当下的情绪困扰时就不再那么焦虑、挑剔，对自己也少了一些不满和自责，开始对自己有了心疼的感觉。

（2）自我宽恕——摆脱羞耻感

从很小的时候开始，羞耻感就一直困扰着英子。羞耻感是一种十分折磨人的感受，身体上遭遇父亲的暴力虐待，让她觉得羞耻；无力保护自己和母亲，让她觉得羞耻；对自己的父母不满意，让她觉得羞耻；无法与周围的人建立好的关系，也让她觉得羞耻；不能把事情做到最好，更让她觉得羞耻……可以说羞耻感是英子所有症状背后的原因，她要建立自信，感受到快乐，遇事不再苛责自己，考虑自己的感受和需要，与他人建立亲密关系，首先就需要摆脱羞耻感。自我宽恕是治愈羞耻感的良药，让我们舒缓身体和心灵，远离羞耻感带来的痛苦。

英子在心理咨询师的帮助下，认识到自我宽恕并不是放纵自己，以往她总是用自我评判的方式来敦促自己提高，但是，过多的消极自我评判和自责，反而影响到了她各方面的提升，导致自尊心受挫，反过来又产生更强的羞耻感。英子开始明白，不该把受虐归咎于自己，她只是一个无力的孩子，无力抵抗父亲的暴力，更无力解救母亲，同时又十分相信母亲的说法。但是，现在英子已经长大了，是一个大学四年级的学生，有权利向父亲表达愤怒和不满，有权利告诉母亲要为自己的安全和幸福负责，而不是把责任推到英子身上。一开始英子很难接受最应该爱自己的父母，居然长期虐待自己，认为自己是不值得被爱的人。心理咨询师告诉她，父母这样对待孩子不是孩子的错，要理解父母的行为需要对他们有更多的了解。父亲的暴力和母亲的软弱，都有他们自己原生家庭成长脉络的烙印。

直面被父母虐待的事实会带来巨大的痛苦，英子在心理咨询师的支持下，花了很长的时间，慢慢才有勇气去面对事实：原谅自己不愿意对他人敞开心扉，不能与人建立亲密关系，原谅自己对自己过分苛刻，原谅自己曾被卷入家庭暴力的虐待事件中，自己只是一个无辜的受害者，本不应该被父母虐待的事实。

（3）自我接纳——接受不完美的自己

在对自己成长经历有了一定理解的基础上，英子开始学习原谅自己，羞耻感在慢慢减少，学习接纳不完美的自己。

要做到真正的自我接纳，对英子来说并不容易，她内心的那个“吹毛求疵的自己”经常会跳出来，而英子对此早已习以为常，认为这是合理的、正当的。对此，心理咨询师和英子拟定了一些方法，每天晚上睡觉前用几分钟时间反思当天的行为：

设定的目标是否难以达成、过分完美？

如何对待自己的错误？是否一旦出错就责怪自己？

是否把自己与他人进行比较，总去发现自己不如别人的地方，看不到自己的优点？

过分放大自己的弱点，认为自己什么也做不好？

心理咨询师让英子在觉察到这些评判时，及时提醒自己，这些评判常常是父母强加在自己身上的，并在内心培养一个强大而积极的声音，用“停下，别误导我”“撒谎”“我不相信你”“我妈也这样骗过我”之类的语言，大胆地与内心的评判者进行驳斥，告诉自己“我已经尽力了”“我对现在的自己很满意”“考虑到实际情况，我目前只能做到这一步”。

经过多次这样的练习，英子在慢慢开始改变，她的生活也在悄悄地发生改变。以前她没有完成计划的学习任务时，会非常痛恨自己，情绪极度崩溃，不能入睡，吃不下东西。现在，英子开始重新认识自己：为什么要考研究生，自己未来想要做什么，想要追求什么样的生活。考研究生是因为自己喜欢这个专业，而不是为了证明自己优秀，满足母亲的期待和父亲的虚荣心。这样才不会对自己抱有不合理的期待，不再期望自己成为完人，不要求自己什么事情都要做到最好，因为这本身就是不合理的，没有人能够做到这一点。所以，不用事事都要和别人比较。英子开始学着走出消极的思维模式，学会对自己耐心一些、宽容一些，接受自己有缺点，也可能犯错误，试着去接纳这样的自己。当英子开始重复做这些训练之后，她发现自己的心态平和多了，睡眠开始改善，吃东西比以前有胃口了，体重也开始增长，学习效率也明显提高。

（4）自我关爱——我是值得被爱的

英子从小饱受父亲的暴力虐待和母亲的漠视，她从来没有体会过被关爱的感觉，也不觉得自己值得被爱。在进行心理咨询的过程中，英子与心理咨询师建立了良好的、安全的关系，她感受到了来自老师的无条件接纳、支持和关爱，这种关系让她觉得温暖。咨询师告诉英子，要想与他人建立好的关系，首先应该关爱自己，学习关爱自己，在此基础上，才会相信自己值得拥有他人的关爱，才能获得他人的关爱。英子从咨询师的身上开始学习，用咨询师对待自己的方式对待自己，接纳、包容、关心。

自我关爱不是自我批评，是关爱和抚慰自己，是对自身缺点和不足的容忍，是当“我”痛苦或底气不足时对自己的激励。自我关爱是主动安慰自己，就像对待身处困境的好友那样。在英子的家庭中，父亲经常对她家暴，母亲缺乏爱的能力，她从父母那里没有得到过关爱，心理咨询师和英子一起梳理成长过程中，在什么时候有哪些人对她表达过关爱，如小学的班主任老师、阿姨、大学同学等，回想他们当时是如何对待英子的，他们当时脸上的神情传递出什么信息，他们说过什么话，找出是什么让她觉得被呵护：他们的言语、姿势、神情、动作或眼神，体会自己当时有什么感受，他们的善意带给自己什么感觉。咨询师让英子通过深呼吸的方式，接纳这种被爱和善意包围的感觉，让自己沉浸在这种感觉中。在生活中，尝试用同样的方式对待自己，用同样的语气，对自己说同样的话（如，“你已经很了不起，做得很好”），如果是他们的动作具有安抚作用，就对自己做相同的动作，如抱一抱自己、拍一拍自己的肩膀等。

在心理咨询师的指导下，英子坚持每天进行自我关爱的训练。早上起来，对着镜子里的自己微笑；每天觉察并询问自己的感受，是愤怒、伤心、喜悦、恐惧或羞耻，然后反问自己为什么会有这种感受，是否需要做些什么来应对这种感受；遇到困难和挫折时，鼓励并安慰自己，而不是像过去那样自我批评；照顾好自己的身体，吃好一日三餐，保证充足睡眠，适当运动；了解并满足自己的需求，如想要看一场电影。坚持这样的练习一段时间之后，英子已经养成了关爱自己的习惯，学习成为自己渴望的父母，小时候期待父母怎么爱自己，现在就怎么鼓励和回应自己，经常进行积极的自我暗示，在遇到挫折和失败时，冷静、温和地与自己交谈，对自己多说说充满关爱的话，这些话都是曾经渴望父母对自己说的。这种内在的声音慢慢地变得坚实强大，逐步取代了那个批判、羞耻的声音。

（5）自我鼓励——成为更好的自己

在心理咨询的最后一个阶段，英子开始探索自己究竟是一个什么样的人，有哪些潜能还没有被发现，喜欢什么不喜欢什么，有哪些优点和不足，如何在未来发挥自己的优势，克服不足，未来想成为什么样的人等问题。回顾自己的成长经历，英子发现自己有很强的上进心，心地善良，学习能力也很强。她对自己越来越有信心，相信自己有能力克服自身的弱点，尝试着与周围的人接触，因为此时她的内心已经不担心别人不喜欢自己了，可以敞开心扉。英子的改变让她发现这个世界好像也变了，周围的人也开始变得热情起来。

英子每天的生活从批判自己，变成了关注自己做了什么，而不是没做什么。在心理老师的指导下，英子开始根据自身的能力和性格兴趣等因素，结合所学专业，进行生涯规划，她发现自己喜欢独自一个人思考、写东西，喜欢做研究；她能一路读书走到今天，得到了小学和中学几位老师的关心帮助和鼓励，她未来也想成为这样的人。因此，她修订自己的目标，未来她想成为一名大学老师，从事本专业的科研和教学工作，在这个长期的目标之下，她又制定出中期目标和近期目标，每周完成了任务、有了进步，就对自己进行奖励。当然，英子也做好了考研失败的准备，先找工作，明年再考也是可以接受的。

结束心理咨询时，英子的体重已经达到了100斤，脸上有了青年人才有的神采。未来她的成长道路上一定还会遇到不少困难和挫折，但是，带着自我接纳、欣赏、自我关爱和自我鼓励，她可以开启新的人生，不再为不能满足别人的期待而羞耻，可以温柔地对待自己，满怀信心地与世界接触。

3. 康复后的反思

对于童年遭遇过各种虐待的人来说，自尊心会受到损害，鼓励他们接纳自己、欣赏自己、关爱自己是不容易做到的。因为被虐待或漠视，会让儿童产生强烈的羞耻感，这种羞耻感会一直影响着他们。儿童往往会将受虐待归咎于自己，并为自己的经历感到羞耻，认为是自己不好、不乖、不优秀、不值得被爱。羞耻感会影响到他们生活的方方面面，低自尊、不自信，不喜欢自己的身体，不能建立亲密关系，不相信自己能够胜任工作等。英子的成长经历，让她一直认为自己不值得被爱，自己只有不断努力，做到最优秀才能得到父母的爱，然而，这是一个永远都无法实现的目标。当她在准备考研遇到困难时，对考试没有信心时就非常焦虑，考不上研究生这个结果是她不能承受的，焦虑、失眠、自我否定等情绪困扰着她，使得她无法集中精力复习，因而又更加自责，陷入恶性循环之中。英子害怕别人发现自己不好，因而远离周围的同伴、同学，情绪低落、心情烦躁时也找不到可以倾诉的对象。

面对英子的种种症状，心理咨询师抓住了问题的关键，消除童年虐待带给她的羞耻感，从与英子建立良好的咨询关系开始，帮助英子从自我理解、自我宽恕、自我接纳、自我关爱到自我鼓励，一步一步地走出家庭暴力、虐待和漠视带给她的心理创伤，重新认识自我，接纳自我、欣赏自我，走上完善自我的历程。当英子对自我的认识发生改变之后，她重新思考自己考研究生的动机，并不是为了得到父母的认可，而是自身发展的需要，她不再过度焦虑，身体健康状况得到了改善。英子也从与心理咨询师的关系中学到了如何温柔地对待自己，对待他人。

（二）热线问答

1. 什么是真正的自我接纳？自我接纳会不会让人安于现状，意志消沉？自我接纳与不在意他人看法等同吗？

心理学家马斯洛认为，真正的自我接纳不是自暴自弃，不是让你安于现状、意志消沉，而是对于“真实的自己”各个层面的无条件接受、了解与认同。一个自我接纳的人能接受自己，不会因为自己的缺点所困扰，感到内疚和不安，他们能坦然地接受自己的现状，包括自己的需要、水平和愿望。自我接纳的人，是对于自身全方位、各个层面的接纳，不只看到自己的短板和缺点，也能看到自己的长处和优点。接纳自己现在的样子，也接纳自己的过去以及将要改变的未来。

要真正做到自我接纳并非易事，并不是多夸夸自己，或者早上起来为自己打个气就可以做到的。想要接纳自己，首先就要客观认识自己，了解自己。对大学生来说，对于自己短板，能够改善的努力去改善，无法改变的就坦然接受，更重要的是要看到自己的长处，并能充分发挥自己的长处。如，一位缺乏音乐细胞的同学可能发现自己的科研能力很强，那么，他就不一定要因为不会拉小提琴而自卑，接纳自己不能成为专业的音乐人，而把更多精力用于专业课的学习上，取得优异成绩，为研究生、博士生的学习做好准备。

害怕别人评价的人，尤其是因为怕做不好事情招来别人的负面评价，结果什么也不做，什么也不敢做，往往一事无成，因而变得更加不能接纳自己。自我接纳的人是自信的，有底气的，不会过分在意别人的看法，不会轻易受别人负面评价和否定的影响。但是，自我接纳和不在意别人的看法并不等同。想一想，我们的周围是否还存在着这样一些人，他们不喜欢自己，内心是自卑的，因为害怕别人的负面评价，他们往往表现出过分的自负，在人际交往中完全不考虑别人的感受，以自我为中心。在某种意义上可以说，自我接纳的人不会过分在意别人的看法，但为人处世并不是完全不考虑别人的感受。

2. 如何面对理想自我和现实自我之间的差距？

理想自我和现实自我是美国心理学家罗杰斯提出来的两个概念。现实自我是人们对自己在与环境相互作用中表现出来的综合现实状况和实际行为的意识，即个体在社会存在中的真实形象，现在是什么样的人；理想自我是个体对自己理想化形象的意识，指个体为了满足内心的需要，而在意念中建立起来的有关自己的理想化的形象，也就是个体最希望成为的人。

理想自我和现实自我之间的差距，是我们进步和完善的动力，也是大学生烦恼的重要原因。大学生群体常常具有较高的理想和抱负水平，有的同学可能对自己的期望过高，不考虑自己的现实情况，要求自己在各方面都最优秀，可是再怎么努力都无法实现目标，这时就会产生强烈的挫败感，开始怀疑自己的能力和价值。因此，理想自我要建立在现实自我的基础上，是我们经过努力能够实现的。理想自我与现实自我越接近，当我们经过努力实现了目标时，就越会感觉到幸福和满足；如果现实自我和理想自我差距过大，个体就会感觉到焦虑和沮丧。要缩小理想自我和现实自我之间的差距，一方面，要努力改善现实自我，让自己离理想自我越来越近；另一方面，我们可以把理想自我分为长远的、中期的和近期的不同部分，这样，近期的理想自我和现实自我之间的差距就不会太大，经过努力就有实现可能。当我们实现了一个又一个近期理想自我时，你的现实自我就会更加完善，离远期的理想自我的距离也越来越近了。

3. 如何改变原生家庭对自我的不良影响？

每一个人从出生到长大成人，都会受到原生家庭的影响。由于各种原因，原生家庭环境可能会对我们产生一些消极的影响。作为一名大学生，我们可以如何改善原生家庭带给自我的这些不良影响呢？

意识到原生家庭的负面影响是改善的第一步。我们要觉察到原生家庭对自己的不良影响有哪些。你因为一些小的失败，如因为一次不理想的考试、小伙伴不经意的玩笑、老师的批评就会过度自责，认为自己是糟糕至极的时候，你发现自己无法向朋友甚至是恋人敞开心扉的时候，你内在的感受糟糕程度远远超过现实情况的时候，都是让自己回顾一下成长历程的良机，看看这些负面的感受是不是很多来自以前家庭环境的影响。

意识到原生家庭对自己的负面影响后，你需要很好地理解和认识这些影响，看到这些影响是在成长过程中，抚养者因为各种原因的抚养或者教育缺位产生的消极影响，这不是你的错，所以不必因此而责备自己。你的很多糟糕感受，只是这些经历塑造出来的，你有权利和能力去帮助自己。在觉察和理解的基础之上，作为一个成年人，你就可能帮助自己来改善这些情况。树立这样的信念，相信自己作为成年人，有为自己进行再次选择和决定的权利，有为自己再次选择和决定的能力。在此基础上，你才会有可能进行新的尝试和实践。

行动是改变的开始。你需要通过行为和尝试来改变自己和未来。在这些尝试中做出新的选择。比如你可以像一个成年人一样和父母交流，让他们意识到你的成长和为自己负责的能力，从而改变自己和父母相处的方式；你也可以在大学这个新的环境中，给自己一些新的机会，通过持续探索自己的感受，为自己的需要负责，为自己做决定，为自己说话等更好地了解自己、发展和改变自己。即使由于各种原因，父母不一定能做出相应的调整和改善，但你要知道，这并不意味着原生家庭的负面影响将持续存在，甚至是影响你一辈子。作为大学生，你可以通过建立自己新的伙伴关系，亲密关系，甚至以后属于自己的核心家庭来获得一种新生，一种新的生活。甚至在一些特殊情况下，也有一些人会通过远离家庭，利用工作、学习、移民等方式，来调整自己和原生家庭父母的物理距离，从而改变与原生家庭的心理距离。也有一些人会通过赢得经济上的独立，来获得精神上独立于原生家庭的机会。所以作为成年人，你是拥有很多的选择和可能性，来帮助自己调整和改善曾经所经历的原生家庭负面影响的。

总之，作为一个大学生，一个成年人，我们有权利、也有能力来帮自己打造一个属于自己的幸福未来。

拓展性资料——名人名著

【大家小传】

亚伯拉罕·马斯洛（Abraham Maslow，1908—1970），美国心理学家，其创立的人本主义心理学被称作心理学中的“第三势力”，与精神分析学派（第一势力）和行为主义（第二势力）并驾齐驱，成为心理学中非常重要的理论流派。马斯洛曾经担任美国人格与社会心理学会主席，并于 1967 年当选为美国心理学会主席。马斯洛被认为是 20 世纪最著名的心理学家之一，排名第 10。

【生平重大事件】

1908 年，马斯洛生于纽约布鲁克林区。

1922 年，进入布鲁克林最好的中学之一——男子高中就读，并与表妹贝莎相遇。

1926 年，被纽约市立大学录取，并在布鲁克林法律学院选修法律。

1928 年，与表妹贝莎·古德曼结婚。

1931 年，在威斯康星大学获得心理学硕士学位。

1934 年，在美国威斯康星大学获得心理学博士学位。

1937 年，开始在布鲁克林学院任教，在此期间结识了许多重要的心理学家，包括阿德勒、弗洛姆、戈尔茨坦、韦特海默等。

1943 年，马斯洛发表了《人类动机理论》一文。

1954 年，《动机与人格》发表。

1961 年，参与创办的《人本主义心理学杂志》正式出版，辞去布兰代斯大学心理学系主任职务，到加州新成立的西方行为科学研究所从事短期研究。

1967 年，当选为美国心理学会主席。

1970 年 6 月 8 日，马斯洛因突发心脏病去世，享年 62 岁。

【《动机与人格》简介】

该书是马斯洛重要的奠基性著作，奠定了他的学术地位。该书主要围绕需要层次论和自我实现论来阐述其基本观点。他提出了许多精彩的理论，包括人本心理学科学观的理论、需要层次论、自我实现理论、元动机理论、心理治疗理论、高峰体验理论等。其中，需要层次论是马斯洛心理学中影响力最大的理论之一，至今仍在多个学科领域和实际工作中发挥着重要作用。该书包含了马斯洛对人类心理学的重要发问和早期探索，致力于有关人性的科学事实的搜集，在创建一个积极和全面的关于人性的观点方面，有着巨大的影响力，以使他的人本主义心理学根本有别于古典的人道主义。

【《人的潜能与价值》简介】

该书是人本主义心理学有关“人的潜能和价值”讨论的论文集。主要选录了马斯洛有关人心理学价值观点的文章。作为人本心理学现在的代表人物，著名的心理治疗家和教育改革家罗杰斯的文章也有大量选录。另外还有心理分析社会学派代表人物弗洛姆，机体论或整体论学说的代表人物哥尔德斯坦等人的论文。全书共分三个部分，四十余万字，林方等编译，1987 年由华夏出版社出版。

第三章 学会学习 为成才奠基

进入大学后，我们的学习与中学时代有了巨大的变化。在大学里，有更灵活的学习方式；在大学里，有更多的学习途径；在大学里，有更好的学习环境……大学是我们学习、成长与发展的新起点。在这里，兴趣将为你引航；动机将为你助力；学会有效的管理时间，掌握合适的学习方法，让我们一起来做学习达人。

一、概念诠释与理论解读

（一）概念诠释

兴趣 兴趣是人们力求认识某种事物、从事某项活动的心理倾向。表现为人们对某事物、某项活动的选择性态度和积极的情绪反应。一般地，兴趣具有认知和情绪双重特征。从认知特征来看，兴趣表现在人们对某种事物或从事某项活动表现出来的喜爱和探究的倾向。从情绪特征来看，我们会对感兴趣的事情产生愉悦的情绪体验，有“乐在其中”的感受。兴趣按其指向可以划分为直接兴趣和间接兴趣两种。直接兴趣与认识事物或从事活动的过程有关；间接兴趣对活动本身没有兴趣而是指向于活动的结果。

学习兴趣 学习兴趣是由稳固的学习需要产生的力求探究事物的一种积极的认识倾向与情绪状态。它是一个人倾向于认识、探究获得某种知识的心理特征，是可以推动人们求知的一种内在力量。学习兴趣产生于学习活动，同时又促进学习活动，并提高学习效果。它既是学习的原因，又是学习的结果。学生对某一学科有兴趣，就会持续地、专心致志地钻研它，从而提高学习效果。学习兴趣可以划分为直接兴趣与间接兴趣、个体兴趣与情境兴趣，其发生发展的过程一般经历有趣、兴趣和志趣等阶段。

学习动机 学习动机是指引起学习活动的内部动力。它是引发与维持人们的学习行为，并使之指向一定学业目标的一种动力倾向，是直接推动人们进行学习的内部动力。学习动机不仅对学习行为具有激发、定向和维持的功能，而且还直接影响学习的效果。动机强度与学习效率之间呈倒 U 形关系，同时两者的关系还取决于学习的难易程度。对于中等难度水平的学习任务，中等强度水平的动机会取得最好的学习效果；对于比较容易或简单的学习任务，其最佳的学习效果则为较高的动机强度；对于比较复杂或困难的学习任务，其最佳的学习效果则为较低的动机强度。学习动机可以分为内部动机和外部动机两种。内部动机是指驱动我们学习的动力是学习活动本身，我们不仅对学习感兴趣，也有努力学习的需要，很享受学习的过程；外部动机则是指驱动我们学习的是一些外部因素，如奖励或惩罚。

归因 归因是指人们对他人或自己行为原因的推论过程。即观察者从可能导致行为的多种因素中认定原因并判断其性质。具体而言，就是观察者对他人的行为过程或自己的行为过程所进行的因果解释和推论的过程。通常可划分为内在归因和外在归因，前者将行为归结于行为者本身内部的原因，如人格、情绪、能力、努力程度等；后者把行为归结于外部环境因素，如工作设施、任务难度、机遇、他人影响等。由于多种因素，归因经常会出现偏差。

自我效能感　自我效能感是美国心理学家班杜拉提出来的，他对自我效能感的定义是指"人们对自身能否利用所拥有的技能去完成某项工作行为的自信程度"。即人们对自己的行为能力及行为能否产生预期结果所持有的信念。当我们感到自己有能力达到某个目标或取得某一水平的行为结果时，我们就具有高水平的自我效能感。班杜拉认为除了结果期望外，还有一种效能期望。前者是人们对自己某种行为会导致某一结果的推测；后者是人们预测到某一特定行为将会导致特定的结果，那么这一行为就可能被激活和被选择。

学习策略　学习策略是指人们在学习过程中用来促进知识的获得与保持，以提高学习效率的一切活动。其尤指学习者为了提高学习的效果和效率，有目的、有意识地制定的有关学习过程的复杂方案，如利用记忆术来提高记忆效果。它既可以是一般性策略，也可以是具体策略。

组织策略　组织策略是一个管理心理学的专门概念，应用到教育心理学领域，指建构知识间内在联系的策略。它是整合所学新知识和旧知识之间内在联系，对学习材料进行系统、有序的分类、整理，形成清晰的知识网络，形成新的知识结构的策略。适用于大学生的常用组织策略有归类和列图表的方法。用组织策略可以对学习材料进行深入的加工，进而促进对所学内容的理解和记忆。

元认知策略　元认知是人们对自己的学习、记忆或思维活动的认识和控制，即对认知的认识和监控调节。应用到学习活动中，元认知策略是学生对自己认知过程的认知策略，包括对自己认知过程的了解、监测和控制策略，有助于学生有效地安排和调节学习过程。元认知策略包括计划策略、监控策略和调节策略。

时间管理　时间管理是指通过事先规划和运用一定的技巧、方法与工具，实现对时间的灵活以及有效运用，从而实现个人或组织的既定目标的过程。

合作学习　合作学习是一种互动学习模式，是一种结构化的、系统的学习策略。学生以小组为单位学习，通常由 2~6 名能力各异的学生组成一个小组，成员有明确的责任分工，以合作和互助的方式从事学习活动，共同完成小组学习目标，在完成共同任务的过程中实现自己的理想。一般情况下，教师也会以团体成绩作为最终评定标准。大学生需要掌握一些合作学习的策略。例如，认真倾听他人意见，合理表达自己的想法，积极与同伴进行交流、正确利用他人的信息等。

研究性学习　研究性学习是指学生在教师指导下，以类似科学研究的方式去获取知识和应用知识的学习方式。研究性学习强调以问题为中心，由学生自己主动发现问题、分析问题和解决问题。研究性学习需要学生积极主动参与到整个学习过程中，并根据研究的问题，提炼出研究目的、制订详细的研究计划、采取合适的研究方法、对所获取的资料进行整理、统计和分析，最后还要撰写研究性学习的结题报告。

（二）理论解读

心理健康的积极心理学取向

“积极心理学”（positive psychology）是塞里格曼教授在1998年美国心理学年会上倡议及定位的。2000年，《美国心理学家》杂志刊登的“积极心理学导论”一文提出了这一概念，2002年出版的《积极心理学手册》则正式宣告了积极心理学的诞生。

积极心理学研究涉及多个领域。目前主要集中在研究积极的情绪和主观幸福感体验、积极的个性特征、积极的心理过程对于生理健康的影响，以及积极的心理治疗等方面。

1. 积极的心理情绪和主观幸福感体验

这是积极心理学研究的核心。传统的心理学有关情绪的研究大多有消极的倾向。例如，研究感到恐惧的人为什么常常会先想到逃跑。而积极情绪则具有发展性的特点。这有助于构建和巩固一个人的个人资源，如体力、智力、社会协调性和社会支持系统等，从而让人们达到更好的发展的目的。

目前对积极情绪和体验研究得最多的是关于主观幸福感研究。事实上，主观幸福感的探讨始于近代西方哲学领域关于德与福的讨论，而真正的实证研究始于20世纪早期，但是当时相关的研究并没有形成气候。主观幸福感成为研究热点是近十年的事情，众多的研究者提出了许多理论，做了许多实证研究，使积极情绪尤其是主观幸福感研究呈现欣欣向荣、蓬勃发展的态势。研究者用多种理论来描述主观幸福感的形成和发展，包括实现论、信息加工判断理论、基因或人格特质论等。关于影响主观幸福感因素的分析，也是研究者所热衷探讨的话题，包括二因素说和多因素说。这些相关影响因素的探讨大多离不开对个人客观生活环境（如经济因素、文化模式、身体健康状况、朋友关系等）以及主观的内在心理状态（心理资源或人格因素等）的讨论。

除主观幸福感外，其他的积极情绪，例如快乐/生活满意度等也是积极情绪与体验的研究重点。现有的研究发现，那些感到快乐和不快乐的人在认知、判断、动机和策略上都有所不同，而这种不同往往是内隐的，难以被意识到。许多研究对影响快乐和满意度感受的因素进行了探讨，基于他们的研究，研究者提出，为了提高快乐、幸福的程度，个体至少可以通过以下方式来进行自我调整：建立良好的人际关系并发展亲密友谊；选择价值观、兴趣、人格特征与自己相近的配偶；建立适当的期望值，因为它们的实现会给人欢欣鼓舞。

2. 积极的人格特质与性格力量

塞里格曼等对积极的人格特质（positive-personality）进行了系统研究，创造性地提出了实践价值（Value in Action，VIA）的概念，并对重要的积极品质进行了归纳和分类。他们首先对全世界范围内的各种不同的宗教、文化和法律体系进行了分析和论证，在众多的积极品质中，选出了进入实践价值系统的积极的人格品质（即性格力量），包括六大类核心美德（virtue）和24种性格力量（Character Strength）。性格力量与美德之间是从属关系，每一类美德包含几种性格力量。六类美德具体为：智慧（wisdom）、勇气（courage）、仁爱（humanity）、公正（justice）、克己（temperance）和自我超越（transcendence）。他们认为，这六类美德是人类各个种族共有的，在人类进化过程中对人类生存具有至关重要的作用。性格力量是六类美德的具体表现形式，塞里格曼特指个体在思维、情感和行为中体现出的积极品质，包括创造力（creativity）、好奇（curiosity）、开放思维（open-mindedness）、好学（love of learning）、见地（perspective）、真实（authenticity）、勇敢（bravery）、毅力（persistence）、热情（zest）、仁慈（kindness）、爱（love）、社会智力（social intelligence）、公正（fairness）、领导力（leadership）、团队精神（teamwork）、宽恕（forgiveness）、谦逊（modesty）、谨慎（prudence）、自律（self-egulation）、审美（appreciation of beauty and excellence）、感恩（gratitude）、希望（hope）、幽默（humor）和虔诚（religiousness），它们构成了积极心理学的实践价值系统。

在理论分析的基础上，塞里格曼等对54个国家及美国50个州的117 676名成年被试进行了跨文化研究，结果表明进入实践价值系统的24项性格力量在各个国家的情况和美国各个州的情况吻合。研究者还在其他国家，如克罗地亚、英国、日本、瑞士、肯尼亚和丹麦等进行了跨文化研究，也都认可了这24项性格力量，表明实践价值系统有可能成为全世界通用的描述人的积极品质的分类系统。但人们在关注实践价值系统和性格力量的内容与关系时，更关心这些性格力量是否能够提高人的主观幸福感。

塞里格曼等人2005年进行的一项研究表明，鼓励被试在日常生活中发挥他们所拥有的性格力量可以提升幸福感。国内的一些研究也发现，实践价值系统中所列的性格力量（如乐观、宽恕、幽默、自控等）和生活满意度/幸福感呈正相关。目前，塞里格曼等人将培育个体拥有更多的性格力量，以及鼓励个体表现出更多的性格力量作为研究目标。现有的研究表明，生活环境及事件对个体所拥有的性格力量有显著影响。例如，“9·11”事件发生2个月后，和信仰相关的性格力量有所上升。与青少年相比，成年人中更普遍的性格力量包括：真实、开放思维、见地、领导力、宽恕和虔诚，这些性格力量伴随着认知和情绪系统的成熟而随着年龄的增长而增加。相比而言，在青少年中更普遍的性格力量包括：创造力、团队精神、希望、坚韧、热情和谦逊，这些性格力量似乎在青少年步入成年过程中被消磨而有所减少。这给青少年心理健康教育提出了严峻挑战。

3. 积极心理过程与身体健康

积极的情绪状态（快乐、乐观、幽默等）是否能够充当积极生理状态的心理资源？研究发现，积极的情绪状态对于患者的身心状态有改善的促进作用，同时，良好的情绪状态能够让康复期缩短。

一项元分析研究发现，情绪在压力与疾病之间起到了中介的作用，积极的情绪更有利于提高个体的免疫力从而达到抵抗疾病的目的。而对特定人群的健康状况的研究发现，感染了艾滋病病毒的患者，如果对自己康复能力抱有不切实际的乐观看法，他们在抵抗疾病、康复锻炼中的表现会更好。类似的研究还发现，积极的心理影响能降低糖尿病患者的死亡率。生理心理学的研究也发现，积极和消极情绪都可能引起体内特定抗体分泌的改变，从而改变一个人的免疫系统活动的强度，从而影响身体健康。对心理状态与生理健康关系的许多研究都得出了相似的结论。

4. 积极的心理治疗

长期以来，传统的心理治疗一直存在着一种诊断病理式的治疗思路，把工作重点完全放在对病人问题的评估和治疗上。针对过去的心理治疗方法，塞里格曼指出，为了让患者正视问题而一味地让患者沉浸在消极的心理情绪中，并不利于实现心理治疗的目的，现实中较高的心理治疗退出率印证了他的看法。鉴于这种现状，他提出了用积极心理疗法（positive psychotherapy）来代替传统心理疗法的建议。事实上，采用积极的方式来进行心理治疗已经存在相当长一段时间了，而积极心理学不仅提供了治疗思路与方法论，而且让这种心理治疗方法发扬光大起来。同时，积极心理学也运用了最新的一些研究成果，补充了积极心理治疗的理论基础，使之系统化和可操作化。在这个意义上说，积极心理疗法或许会成为心理咨询师们的首要选择，对提高心理治疗的效果锦上添花。

塞里格曼在吸收了前人有关积极的心理治疗的想法和做法后，在宾夕法尼亚大学心理咨询中心对积极心理疗法进行了实践检验。研究发现，无论对团体还是对个人采用积极心理疗法，都能显著地降低患者的抑郁情绪。相对于一般的心理疗法和接受药物的心理疗法而言，接受积极心理疗法的极度抑郁的个体能够更好地改善抑郁症状并得到恢复。同时，积极心理疗法还能提高一个人的幸福感。而相对于那些没有接受团体积极心理疗法的控制组学生而言，接受积极心理疗法的轻度至中度抑郁症学生能够显著地降低抑郁症状，并且提高生活满意度，特别是这种提高在治疗之后还持续了至少一年的时间。此外，在对门诊患者的研究中，所有指标都具有临床上的显著性，也有力彰显了积极心理疗法的优越性。

二、自测、阅读体验与活动

（一）轻松自测

A. 你的学习有计划性吗？

测验

请对下列题目做出最符合你实际的选择。

	是	有时	否
1. 你是否经常被提醒交作业？	□	□	□
2. 去上学时，你是否常常把书或其他学习用品遗忘在家里？	□	□	□
3. 学习新内容时，你是否常常来不及复习？	□	□	□
4. 你是否因夜里看手机或玩游戏而不按时睡觉？	□	□	□

5. 你是否常常在临考前突击复习而平常从不复习？ □ □ □

6. 在家学习时，你从不计划什么时间学什么课吗？ □ □ □

7. 你是否常因为玩手机或和同学、朋友玩耍而缩减了学习时间？ □ □ □

8. 学习时，你是否不能在规定的时间内完成任务？ □ □ □

9. 老师布置的作业你是否经常忘记做？ □ □ □

10. 假期中，你是否从不利用休息时间进行学习？ □ □ □

11. 学习时，你是否从不考虑学习方法的优点和缺点？ □ □ □

12. 你是否不遵守自己制订的学习计划？ □ □ □

13. 你是否为了学习而不按时吃饭和睡觉？ □ □ □

14. 你是否不能做到在规定时间内努力学习，以致无法心情愉快地去做其他事情？ □ □ □

15. 在家里学习时，你是否常常因没有事先准备好必需的用品，以致学习过程中要花时间去寻找？ □ □ □

评分

每题选“是”计 0 分，选“有时”计 1 分，选“否”计 2 分。将各题得分相加，统计总分。

【你的总分】________

0~10 分，表明学习计划性较差。

11~20 分，表明学习计划性一般。

21~30 分，表明学习计划性较强。

B. **你的学习能力感如何？**

测验

请根据你的实际情况，对下列题目做出“是”或“否”的选择。　是　否

1. 学习很吃力。 □ □

2. 常被别人说笨，自己也这样认为。 □ □

3. 小时候父母就称赞自己很聪明，虽然现在学习成绩在班上并不突出，但并不认为自己学习能力差。 □ □

4. 上课时总是跟不上。 □ □

5. 在考试中遇到难题时总是感到无能为力。 □ □

6. 学习并不困难。 □ □

7. 考试成绩不好，不是因为学习能力差，而是因为考前没用功。 □ □

8. 被同学们认为学习能力不够强，自己并不这样认为；自己比他们的成绩差，只不过是基础比他们差，只要努力，就会赶上他们的。 □ □

9. 上一次考试成绩很好，并不是因为能力强，而是因为侥幸。 □ □

10. 学习能力比一般同学强，平常不用功也跟得上他们。 □ □

11. 在遇到困难问题时总是充满自信，充分相信自己有能力克服，通过积极动脑，多数难题最终都能被自己解出来。 □ □

12. 总觉得作业很难。 □ □

13. 平常学习毫不费力，总感到轻松自如。 □ □

14. 在学习上没有自信心，所以总提不起精神。 □ □

15. 尽管每次考试的成绩都很理想，但并不认为这是因为自己的学习能力比别人强，而是因为自己平时比别人更努力。 □ □

16. 自己的考试成绩从来没好过，从来没有过取得好成绩的愉快体验，因此，感到学习再刻苦也没有用。 □ □

17. 老师提问时从来不举手，即便是很简单的问题也不主动回答，因为总担心自己答不好。 □ □

18. 从来不买课外读物，因为感到自己连教科书都学不好，没有精力和时间去读课外读物。 □ □

19. 考试时，对较难的题目一般不去仔细分析，而是直接跳过。 □ □

20. 深信学习成绩的好坏与努力程度没有直接关系。虽然学习非常努力，但成绩始终不理想。 □ □

评分

第 3、6、7、8、10、11、13 题，答“是”计 0 分，答“否”计 2 分；其他各题，答“是”计 2 分，答“否”计 0 分。将各题得分相加，计算出总分。

【你的总分】__________

13 分及以下，表明你的学习能力感较强，如果能在此基础上克服骄傲和懈怠，你必定会再学习上取得非常优异的成绩。

14~25 分，表明那你的学习能力感为中等水平。

26 分及以上，表明你的学习能力感较弱，你可以向专家咨询或请有经验的老师帮助，否则对你的学习非常不利，甚至还会影响心理的健康发展。

（二）阅读体验

1. 大学学什么

大学是人生的关键阶段，也是人生新的起点。在这里，同学们放下了高考的重担，第一次，开始追逐自己的理想与兴趣，也可能是最后一次接受系统的学校教育。在美好的青春岁月里，在美丽的大学校园里，我们都应该学会什么呢？

（1）学会求知

在大学里，同学们有各种各样的学习机会和学习方式，学会独立自主学习是大家的首要任务。学会求知是指我们知道知识在哪里，知道怎样获取知识，知道怎样利用知识，知道怎样创新知识。在大学期间，掌握专业知识固然重要，然而更重要的是有独立学习和快速学习的能力。学会求知，会让我们在未来瞬息万变的社会中终身受益。微软公司曾做过一个统计，在每一名员工所掌握的知识内容里，大约 10%是进入微软之前学习的，其他的知识都是在加入微软后重新学习的。因此，能否在未来的职业生涯中立足，取决于我们是否具有独立学习和快速学习的能力。

（2）学会做事

学为所用，学以致用，应是我们力求追逐的目标。在大学里，如何利用专业知识解决一些现实问题是值得大家思考的。大学里各种实习和实践活动的机会，给我们提供了理论联系实践的机会。同时，很多学校建立了本科导师制。大家多参与导师课题组的讨论、交流与科研活动，也可以进一步获得宝贵的科学研究经验。此外，参加社团活动，不仅会丰富我们的大学生活，也会使我们的组织能力、合作能力和协调能力得到提升。

（3）学会共处

学会共处，首先要做到了解自己，尊重他人。“己所不欲，勿施于人”，在与他人交往中，我们要学会关心，学会分享，学会合作。建立良好的人际关系也是心理健康的表现之一。一方面，我们要学会与同学、老师友好相处，充分利用各种人才资源，提升自己学习知识的能力。《礼记·学记》上说：“独学而无友，则孤陋而寡闻。”另一方面，我们也要学会将处世之道从家庭关系、师生关系、同学关系中延伸至社会，推而广之于人与人之间的相处、民族与民族之间的相处、国家与国家之间的相处，甚至人与自然之间的相处。

（4）学会做人

在大学里，我们不仅要追求彰显个性，而且也要使自己成为能够适应未来社会发展的有高尚品格的人，成为一个能担当、有使命感的国家栋梁。要实现这一目标，我们要从多方面全面充分地发展自己，提升自己多方面的能力和道德情操。

2. 激发动机：让学习更快乐

兴趣是学习的引路灯，而动机则是学习的原动力。有学习兴趣又有学习动力会让我们的学习更快乐！然而，一些同学在大学里却遇到了学习困扰，如何合理利用动机的作用，让学习变得更加轻松、更加快乐呢？

（1）大学生常见的学习困扰

①没动力，不想学。

在大学生中，常见的第一个学习困扰就是没动力，不想学。这些学生往往或者沉迷于网络游戏，或者忙碌于社团活动。前者往往是由于他们对自己所学的专业不满意，没有明确的目标，对现状感到失望。后者往往是他们对自己的就业前景感觉迷茫，觉得学习没用，希望能够在社团活动中展示自己的能力，整天忙于组织各种活动。

②无毅力，学不成。

虽然，大学的学习相对高中稍轻松一些，但是在学习过程中，我们每个人可能或多或少都会遇到一些困难与挫折。有些同学缺乏毅力，面对困难的时候就会退缩，也不会主动寻求帮助或者战胜困难。还有一些同学在中学时代都是在家长和老师的帮助和指导下学习的，没有养成良好的学习习惯，自我监督和管理能力差，这些同学上了大学也可能会放任自流，过起了“当一天和尚撞一天钟”的生活。

③不得法，不会学。

虽然，高中与大学的学习没有天壤之别，但也有很多不同之处。如果我们不了解大学的学习特点，不能转变题海战术的学习方式，不会合理安排自己的学习时间，在学习中就会遇到很多困难，学习效果也会事倍功半。有些同学平时不及时复习，得过且过，期末考试前才开始挑灯夜战，筋疲力尽地走入考场，自然也不会取得良好的成绩。

④压力大，学不好。

相反，有些同学进入大学之后，目标就十分明确，对自己的期待过高，这往往给他们带来过大的压力。尤其是在难以实现自己目标时，有的同学会有严重的挫败感，进而出现各种身心不健康症状，导致成绩越来越差。

（2）学习的动力系统

没动力是大学生在学习上可能会遇到的最

大阻碍。实际上，学习动机是直接推动学生进行学习的内部动力。我们为什么而学习、喜欢学习什么，以及学习的努力程度、积极性、主动性等都与学习动机有关。

学习动机不仅对学习行为具有激发、定向和维持的功能，而且还直接影响学习的效果。心理学研究表明，学习动机不同，一个人的学习效果也不相同。学习好的同学，往往学习动机水平较高，他们既有近期具体目标又有远期目标，两种目标相结合，使学习更有动力，更容易获得优良成绩。而优良的成绩进一步又会强化他们原来的学习动机，成为进一步努力学习的动力，使他们更加积极进取地学习。而成绩较差的同学，往往学习动机水平较低，只有近期目标，或者只有空泛、没有可执行性的远大目标。成绩不良往往又会进一步使他们丧失学习兴趣和信心，使原有的学习动机减弱，以致出现厌学、自暴自弃等现象。

那么，是不是学习动机越强学习效果越理想呢？其实，动机强度与学习效率之间的关系并不是简单的直线关系。心理学研究发现，学习动机与学习效果之间呈倒U形关系，同时两者的关系还取决于学习的难易程度。对于中等难度水平的学习任务，中等强度水平的动机会取得最好的学习效果；对于比较容易或简单的学习任务，其最佳的学习效果则为较高的动机强度；对于比较复杂或困难的学习任务，其最佳的学习效果则为较低的动机强度。这是因为，如果一个人的动机水平过强，那么他的焦虑水平也会随之升高，这对于解决较难的学习任务来说显然是不利的。有些同学非常重视自己的学业，他们一直坚信“自己付出努力就会成功”，整日像一只陀螺一样忙碌，珍惜大学的分分秒秒用来学习。这类学生的学习动机水平过高，学习强度过大，几乎把所有的心思和时间都花在了功课的学习上。他们不允许自己浪费时间去从事其他与学习无关的活动，外在学习动机和内在学习动机都非常强烈，过分看重分数名次，害怕失败，经常想得到别人的赞扬和认可，总担心自己学业失败被人看不起。一旦考试失败了，他们往往会过分自责。然而，由于这些学生学习动机过强，他们经常长时间超负荷学习，身心健康有时会受到影响。这更容易导致他们出现注意力不集中，记忆力下降以及思维迟钝等问题，时间长了还容易出现头痛、头昏、胃肠功能紊乱、失眠等问题。因此，过强的学习动机对学习无济于事。相反，如果大学生对待学习完全是放任自流，学习动机太弱，也会带来一系列的问题。有些同学对于学习科学知识没有兴趣，整天懒于学习，缺乏求知欲和进取心，经常把主要精力放在娱乐等与学习无关的活动上。这些同学缺乏毅力、害怕吃苦。他们把学习视为苦差事，经常逃课，上网、打游戏或者忙于各种社团活动。对待考试，这些同学也往往是临时抱佛脚，考试中能抄则抄，作弊成癖。很显然，这类学习动机太弱的学生也不可能有真才实学，取得优良的成绩。

学习动机可以分为内部动机和外部动机两种。内部动机是指驱动同学们学习的动力是学习活动本身，大家不仅对学习感兴趣，也有努力学习的需要，很享受学习的过程。外部动机则是指驱动大家学习的是一些外部因素，比如获得奖学金、评上优秀学生干部、获得推免保研的资格，等等。这些无疑也会在一定程度上推动同学们努力学习，但是，当外部的这些因素自己无法控制时，或者没有达到预期的结果时，大家可能就会有很多不满，甚至牢骚满腹。比如，一个学生为了获得奖学金而学习，但是一旦评奖的标准有所改变，他并没有获得奖学金，那么他就很可能会有诸多不满，也可能会减少自己学习的努力程度。可见，如果按照内部动机去行动，你就是自己的主人。如果驱使你的是外部动机，你就会被外部因素所左右，成为它的奴隶。

如果我们做事情的动机水平不同，那么，我们对做这件事情成功或者失败的原因也会有不同的看法。高成就动机的人把成功归因于自己有高能力，并在接下来的新任务中不断探索，期待下次成功的到来；他们把失败归因于自己努力不够，在以后的任务中他们会更加努力，并期望下次能够成功。低成就动机的人则往往把成功归因于外在的因素（如碰到好运气），而将失败归因于稳定的内部因素（如缺乏能力），这会使他们逃避未来的成就任务，并认为自己将来会再次失败。心理学家伯纳德·韦纳对人们的归因方式进行了系统的总结，他发现个体对成功或失败的大多数解释都受到稳定性、内外部和可控性的影响，如下表所示。

韦纳的归因理论

稳定性	稳定		不稳定	
控制点	内部	外部	内部	外部
成功	我很聪明	题目很简单	我很努力	我很走运
失败	我太笨	问题太难	我不够努力	运气不佳

对照韦纳的归因理论，想一想，你在取得好成绩时，会怎么解释？你在考试失败的时候，又有什么想法？这些想法对你后来的学习有什么影响？你将来打算怎么做？

当我取得好成绩时：____________________

当我考试失败时：______________________

（三）自助活动

1. 了解大学学习的特殊性

严密的学习规划是完成学习任务的保证。大学学习仅凭勤奋和刻苦精神是远远不够的。我们需要掌握学习规律，相应地制定出符合自身特点的学习规划和计划，才能逐步完成预定的学习目标。

请设计一份访谈提纲，就你关心的大学学习方法、时间分配、课程选择、学习目标和专业发展前景等话题，分别访问两位本专业的老师和两位高年级的学长。

问题/话题	老师	学长	我的认识
……			

2. 制定科学的学习规划和计划

在访谈的基础上，你对大学四年的学习有了一个大概的方向，现在，请根据自己的实际情况，设想一下大学四年你要达到的目标有哪些，要达到什么样的知识结构，学完哪些科目，培养哪几种能力等。先制定好一年级的整体规划，经过一年的时间，熟悉了大学的特点之后，再完善四年的整体规划。

时间	知识结构	学习科目	能力
四年总目标			
一年级			
二年级			
三年级			
四年级			

3. 制订阶段性具体计划

根据自己的学习情况来制订阶段性具体计划，如一个学期、一个月或一周的安排，内容包括学习的重点、时间的分配、学习方法如何调整、选择和使用什么教科书和参考书，阅读哪些著作等。这种计划要遵照符合实际、切实可行、不断总结、适当调整的原则。具体计划是自己“跳起来可以摘到的苹果”，经过努力能够完成的，不要对自己的要求过高，完不成任务反而会产生自责、自我否定等情绪。

三、经典案例与热线问题

（一）经典案例

停不下来的小雯

1. 基本情况

小雯，女，某211高校大一女生。小雯来自北方省份的一个小县城，是家里的独生女，父母都是普通职员。因为小雯所在的高中在一个小县城，教学水平一般，每年能考上重点高校的学生寥寥无几，所以，周围同学们对自己的期待都不会很高，觉得能考上大学就不错了。小雯有一位远房亲戚在上海工作，她小时候也来过上海，从此，她就向往有一天能到上海读书、工作。好好学习，考进理想的大学，离开生活的地方，改变命运，成了小雯努力学习的动力所在。小雯是个正直、善良的姑娘，她平时喜欢看书学习，不太参与同学们的各种活动，大家聊的话题如时尚、追星之类的，她一点也不懂，也插不上嘴，因而和大家有些格格不入。高三那年对小雯来说极为困难，一方面，因为在学校里发生的一件小事没有处理好，导致她被同学孤立，有的同学甚至对她进行人身威胁。她非常害怕去学校，向父母求助，得到的回应是让她从自己身上找原因，老师也偏向父母有权势的同学。小雯内心十分委屈，又很害怕，还找不到可以倾诉的对象，只能通过记日记的方式来缓解情绪。另一方面，小雯的学习压力很大，她所在的县城根本没有她想学专业方向的辅导机构，也找不到任何复习资料。所以，她一个人请假到上海上了两个月的辅导班。她的这种行为，没有得到老师和同学的理解，大家都觉得她不可能考上心仪的学校和专业，都等着看她的笑话。可以说小雯高三的每一天都是顶着巨大的压力，咬着牙走过来的。功夫不负有心人，小雯以优异的成绩考入了上海某211高校，成为他们高中有史以来的第一人，她的照片也被挂在了高中母校的光荣榜上。

进入大学后，小雯紧绷的神经还是不能放

松下来，第一学期，她就选了15门功课，除了学院开设的专业课和公共必修课外，她还选了其他好几个学院的课。每天小雯都是在奔跑中度过，从教室到图书馆，听课、看书、写作业，早出晚归，经常一天只吃一顿饭，晚上12点回到宿舍，已经累得筋疲力尽的她，本该上床睡觉，但看到宿舍有同学还在赶作业，她就开始自责，觉得自己不应该睡觉。因为总是独来独往，小雯和宿舍同学的关系也没处理好，还是和高中一样与大家格格不入。宿舍同学热衷于化妆打扮，她一窍不通，同学们谈论交男朋友的趣事，她一点也不感兴趣。因此，她常常遭到宿舍同学的欺负、攻击。这样的状态当然不能持续太久，开学两个月后，小雯的情绪就崩溃了，开始出现抑郁的种种症状：注意力减退，精神不能集中，兴趣丧失，失眠，情绪低落，常常一个人躺在床上流泪不止，甚至经常出现自杀念头。老师和家长发现后，带她去精神科医院诊断为重度抑郁和焦虑，开始服用抗抑郁药，同时到学校心理咨询中心进行心理咨询。

2. 咨询过程

（1）药物干预

由于长期的情绪压抑，没有宣泄的渠道，上大学后，小雯没有给自己喘息的时间，选课过多，给自己造成了巨大的学习压力，种种内部和外部因素叠加在一起，终于把她压垮了。小雯的学习能力减退、人际关系紧张，失眠、食欲减退、饮食不规律导致身体状况急剧下降，情绪低落、焦虑、抑郁情绪持续时间超过一个月，并伴有控制不住的自杀念头，这些症状仅靠心理咨询已经很难解决。因此，经过精神科医生诊断确证为抑郁症后，学校心理咨询中心的老师对小雯进行了抑郁症的科普教育，让她认识到抑郁症并不可怕，就像心理上的感冒一样，只要科学对待，在药物治疗的基础上积极配合心理咨询，是可以尽快康复的。由于小雯并没有抑郁症的家族史，她的抑郁和焦虑主要是心理原因造成的。在服用药物缓解了抑郁症状，睡眠有所改善，认知能力恢复之后，需要通过心理咨询来学习调整状态，适应大学的学习和生活。药物治疗和心理咨询对小雯来说，就像西医和中医的作用一样，抗抑郁药物先缓解其症状，通过心理咨询提升自身的免疫力，培养心理弹性，在未来面对更多压力和困难的时候，能够有更多的方法可以去应对。

小雯很听医生和老师的话，在家长的监督下严格遵医嘱服药。因为一开始状态不好时，她还做不到每天按时服药，需要父母提醒。小雯的爸爸妈妈也意识到女儿状态不好，这个阶段更需要的是休息，所以他们也不逼着小雯学习，还经常从老家到学校来看望小雯。

药物对小雯的睡眠稍微有所改善，但她还是很焦虑，因为有太多的作业要完成，有太多的东西需要学习，人际关系也需要改善。

（2）心理咨询过程

①认识焦虑和抑郁的“功能”。

尽管小雯因为焦虑和抑郁情绪而无法正常学习和生活，但是，这些负面情绪并不只给人带来痛苦。实际上，任何负面情绪都是有功能的，小雯只有认识到焦虑和抑郁为什么会伴随自己，其功能是什么，要帮助自己解决什么问题，然后采取正确的方法去解决问题，焦虑和抑郁才会离开。

小雯的焦虑受到当前社会上普遍存在的群体性焦虑的影响，每个人都害怕落后，都想多学习一些东西，想要在同龄群体中脱颖而出，这是焦虑的功能，促使人积极向上，充分利用时间来提高自己。这本来是好事。但是，小雯的焦虑过度了，一方面，因为她来自小县城，基础没有其他同学好，专业上的很多东西她都要从头学起；另一方面，她又想要尽量多地选一些不同学院的课，因为这些课听上去就很有意思。但是，没有人告诉小雯大学的成绩很重要，大学该怎么学习，小雯在选课的时候没有考虑到自己的精力和能力不够，一口气就选了15门课，这对还没有适应大学学习的同学来说是很困难的。她每天都处在高度紧张的状态下，除了睡觉的五六小时在宿舍外，其他时间都在上课和做作业，她觉得去食堂吃饭都是浪费时间，经常一天就只吃一顿饭。尽管如此忘我地学习，小雯发现自己在很多方面都不如别的同学，上课发言老师不喜欢提问自己，论文、作业老师的评价也不高，她再也找不到高中时期那个成绩优秀的自己，她开始怀疑和否定自己，看到别人学习时，就会产生强烈的自责和负罪感。从身体和精神两个方面来看，小雯都没有好好地对待自己，过度透支导致她每天都像电量不够的手机一样，抑郁这时就找上了她。所以，抑郁的功能就是让小雯要好好地对待自己，每天要保证一日三餐，给身体提供足够的营养，保证充足的睡眠，这样大脑才能完成高负荷的工作。

心理咨询老师让小雯认识到，适度的焦虑有助于积极向上，提高学习效率，过度焦虑反而会影响学习效果。小雯需要调整心态，合理安排学习时间，适当减少学习内容，照顾好自己的身体和感受，让身心处于良好的状态，才能实现自己的理想。

②大学如何学习？

小雯说她以后不打算结婚，所以要在年轻的时候努力成为有能力的人，在各方面打好基础，为一个人的晚年生活做好准备。所以，大学学习时光对她来说非常宝贵，她要珍惜每分每秒去汲取知识的营养，考上研究生、博士生，未来在专业领域成为有影响力的人。她的勤奋和积极上进得到了心理老师的肯定和认同，但是，学习是有方法的，成长也需要过程，不能太过着急。老师和小雯一起讨论了大学学习和高中学习的区别、大学学习的内容和方法、科学用脑、劳逸结合等问题。小雯认识到自己选课太多，每天的所有时间段都在上课，晚上做作业都来不及，而且由于同学间的竞争很激烈，老师布置的小论文作业，要求四千字左右，有人写五千字觉得应该不错了，结果还有人写一万字，大家都怕自己写少了成绩不好。在这种情况下，小雯时常有疲于奔命的感觉。大脑没有充足的营养保证，也没有得到很好的休息，出现抑郁就是一个明显的信号，告诉小雯需要停下来，好好调整自己的状态。大学学习和高中不同，需要学生主动学习，有问题主动向老师请教。小雯由于不自信，觉得自己基础不好，在老师和同学面前不太敢去表现自己，鼓足勇气去找老师时，总觉得老师对自己不耐烦，认为老师不喜欢自己。尽管心理老师告诉小雯需要根据自己的情况，适当少选两门课程，但小雯内心的焦虑感一直很强，第二学期她还是忍不住选了十多门课。一年级结束后，学校评奖学金时，小雯才发现，自己的平均成绩远远不如其他只选七八门课的同学，她才意识到问题的严重性。

③处理自责、负罪感。

小雯不能允许自己少选课，不允许自己休息，当她半夜被起来读书的同学吵醒时，第一反应不是生气，而是自责，觉得别人在学习，别人学的东西自己还没学，自己就不能休息。这样的情绪经常困扰着小雯，她晚上总是失眠，白天精神状态不好，难以完成学习任务，内心又更加焦虑和自责，陷入恶性循环当中。心理老师帮小雯看到自己的行为模式之后，一起去寻找自责和内疚背后的原因，重新去发现成长经历带给自己的影响，放下自责，学习欣赏和喜欢自己。

④用积极的眼光看待自己和他人。

小雯由于不够自信，习惯于用消极的眼光去看待自己和他人，总是看到自己的不足和缺点，在与老师和同学相处时，总把注意力放在对方如何否定自己、贬低自己上。心理老师在和小雯一起梳理其人际交往中的点点滴滴时，让小雯站在旁观者的角度去看问题，发现实际上老师和同学有很多时候都在向她表达欣赏和肯定，只是她都选择性地忽视了。有了这个领悟后，小雯开始每天在生活中练习发现和记录自己的优点，自己满意的地方，以及他人对自己的善意和肯定。当这样的练习成为习惯时，小雯对自己的认识发生了巨大的改变，她越来越有自信心，在宿舍也敢于表达自己的意见和想法，当同学半夜再起来读书影响他人休息的时候，她不再自责，而是感受到了自己的不满，并用平静的语言向对方表达了自己的意见。大二学期开始选课时，小雯终于经过仔细斟酌后，选了几门自己最想上的课。她不再需要服用抗抑郁的药物，每天可以按时吃三顿饭，除了学习，她还会去烘焙坊为朋友烤饼干、给流浪猫喂食。她的生活开始有了色彩，同时，她也离自己的梦想更近了。

3. 康复后的反思

（1）心态变了，世界就变了

小雯原来认为自己什么都不好，基础不好，老师和同学看不起自己，所以她不主动和人交流，在人际交往中也只会去注意别人看不起自己的行为。当她认识到自己有很多长处，周围的人也是友善的时候，她的世界就开始发生了改变。

（2）慢下来，其实是更快

在周围环境都很焦虑的时候，每个人都感到随时有鞭子在鞭打着自己往前跑，有学不完的东西，有太多能力需要提高。小雯大一的生活就是在高度紧张的奔跑中度过的，她根本不允许自己有停下来休息的时候。然而，欲速则不达，小雯在深深的焦虑和自责情绪影响下，学习效率降低，成绩并不理想。当她在心理老师的帮助下，了解了大学的学习方法，放下焦虑，允许自己慢一点，状态变得越来越好，人际关系有改善、学习效率和成绩都有所提高。

（3）接纳自己，做好规划，学习才能从容不迫

小雯以前的自我价值感较低，到了大学觉得自己各方面都不如别人，什么都想学，缺乏规划，选课也没有考虑到自己的精力和能力，结果不仅手忙脚乱，还需要服用抗抑郁药物。通过心理咨询，小雯在客观认识自己的基础

上，把自己的理想和现实结合起来，既有人生的长远规划，更有大学阶段的中期目标，然后细分到每学期、每个月、每个周要学些什么，这样，她不再过分焦虑，生活丰富起来，从容不迫地投入大学的学习中。

（二）热线问答

1. 到底应不应该转专业？转专业需要考虑什么？

进入大学后，有的同学因为现在的专业是高考填报志愿调剂过来的，自己不喜欢；有的同学则发现现在所学专业的课程很难，自己对所学的专业一点也不感兴趣，或者觉得自己所学的专业没有什么用，就业前景不好，想要转到自己喜欢的、学习难度不太大或就业形势比较好的热门专业继续学习。同时，有的同学可能又很纠结，怕转到一个新专业后自己也应付不过来，而且要从头重新学习所有专业课程，担心自己的选择是否正确，怕所转的新专业自己依然不喜欢等。

到底应不应该转专业，第一，我们需要对自己有清晰客观的认识，要考虑自己的认知能力、兴趣爱好等因素，还要了解所选专业未来的就业方向、这个行业未来的发展趋势等因素。虽然兴趣是学习的前提，但转专业时还应该考虑是不是适合自己，以及转专业后会面临哪些问题和困难，自己是否有能力克服。例如，转专业后我们可能要离开原来的同学，重新结交朋友，需要跳出舒适区，适应孤独和心的社交圈。第二，想要转专业的同学需要提前做好准备，如了解学校转专业政策和要求，有的学校对转专业类别有限制，不是所有大学和专业都可以转专业，而且转专业需要一定的条件和程序。我们需要了解一下要转专业的教学计划，知道这个专业要学什么，是不是自己喜欢的，对自己以后的就业和发展有没有特别大的帮助等，尽早做出决定。

如果确实无法转专业，大学期间还可以修双学位或辅修不同的专业，这样，我们在修够本专业的学分的同时，还可以学习自己感兴趣的专业。当然，这需要付出更多的时间和精力。

2. 学习压力太大，不知道该侧重哪些，怎么办？

不少同学以为进入大学后没有升学的压力，学习会比高中时期轻松，可以好好地放松一下，多参加一些社团、兴趣小组等。殊不知，大学学习生活和想象的完全不一样，课程多、作业多还不会，每天神经都是紧绷的，想做的事情太多，总感觉时间不够用。同学之间的竞争更加激烈，周围到处是方方面面比自己优秀的同学，而且每个人都非常努力，“内卷”一词成为最近大学生生活学习的一个写照。在这样的环境下，很多同学都感到学习压力太大，什么都想学却什么都学不太好，不知道大学学习该侧重哪些方面。

当代大学生面对的机遇和竞争越来越多，因而需要承担的压力也会越来越大，这是一个无法变更的事实。直面压力，迎接挑战是大学生的必修课。当我们感到压力过大，影响了生活质量和学习效率时，要用恰当的方法给自己减压。先梳理一下自己的压力源，搞清楚自己要做哪些事情。很多时候，让我们晕头转向的，并不是繁重的任务，而是没有搞清楚自己有多少任务，该先做什么。从重要和紧急两个维度去分析自己的任务，哪些事情是既紧急又重要的，哪些是不紧急但重要的，还有些事情是紧急但不重要的，有的事是既不重要也不紧急的。在安排自己的学习和生活计划时，不要“眉毛胡子一把抓”，规划学习内容，有所取舍。先做重要紧急的，重要但不紧急的事情也要安排时间做，不要把时间浪费在紧急但不重要的事情上，同时放弃那些既不重要又不紧急的事。

拓展性资料——名人名著

【大家小传】

马丁·塞里格曼（Martin Seligman，1942— ），美国心理学家，主要从事习得性无助、抑郁、乐观主义、悲观主义等方面的研究。塞里格曼已发表了200多篇文献，并且出版了20余本著作。他的著作已被翻译成超过16种语言的版本。塞里格曼1998年当选为美国心理学会主席。他还获得了美国国家科学院颁发的“杰出工作者”奖项。塞里格曼被认为是20世纪最著名的心理学家之一，排名第31。

【生平重大事件】

1942年8月12日，出生于美国纽约州首府奥尔巴尼的一个中产家庭。

1960年，进入普林斯顿大学读本科。

1964年，获普林斯顿大学哲学学士学位。同年进入宾夕法尼亚大学跟随所罗门攻读实验心理学博士。

1964年，迎娶凯利·米勒。

1965年，设计验证“习得无助”的三元实验。

1969年，开始开展由美国国家精神卫生研究所资助的研究无助和抑郁的研究项目。

1970年，离开康奈尔大学，回到宾夕法尼亚大学心理学系，任助理教授。

1976年，升为宾夕法尼亚大学心理学系教授。

1991年，出版个人专著《活出最乐观的自己》（*Learned Optimism*）。

1998年，以史上最高票数当选为美国心理学会主席，得票比第二名多了三倍。

2002年，出版个人专著《真实的幸福》（*Authentic Happiness*）。

2004年，出版与克里斯托弗·彼得森（*Christopher Peterson*）合著的《积极的精神与美德：分类与手册》（*Character Strengths and Virtues*：*A Handbook and Classification*）。

【《性格力量和美德：分类与手册》简介】

该书与克里斯托弗·彼得森合著，2004年正式出版。作者主张通过鉴别人的美德、力量与长处，并利用这些人格力量来获得积极的心态、实现自我和谐的奋斗旅程。其包括6种核心美德和24种性格力量。①智慧和知识：创造性、好奇心、热爱学习、思想开放、洞察力。②勇气：勇敢、坚持、热情。③人道主义：善良、爱、社会智慧。④公正：正直、领导力、团队合作精神。⑤节制：原谅/怜悯、谦卑/虚心、审慎、自我调节。⑥卓越：对美和优点的欣赏、感激、希望、幽默、虔诚/灵性。这是作者近几年在积极心理学领域的最新研究成果的汇总。目前，塞里格曼已经出版了20余本著作。他的著作已被翻译成超过十六种语言的版本，畅销于美国及其他国家。

【《活出最乐观的自己》简介】

该书最初出版于 1991 年，中文版于 2010 年出版。该书是塞里格曼出版的第一部关于心理健康思想的著作，在书中系统地阐述了他在过去十几年中对于解释风格的研究成果，并且结合实际生活阐释了这些研究的现实意义。该书使用浅显通俗的语言风格，以大量的实证研究以及调查结论为基础，深入浅出地阐述了乐观与悲观的解释风格的定义及影响因素，以及不同的解释风格会对哪些领域产生影响。全书分为三个部分，第一部分名为“什么是乐观，什么是悲观”，通过案例的引入介绍了悲观者与乐观者在面对同一事件时的不同表现，并且进一步阐述了悲观者的无助感源于何处，悲观者如何看待挫折，为什么悲观者容易从悲观滑向抑郁，以及悲观和乐观的态度将会如何影响个体的人生走向。第二部分名为“乐观的人生为什么精彩”，通过大量的案例及研究结果翔实地论述了乐观的心态如何对人生的各个方面产生积极的影响，如乐观奠定成功的事业，乐观的孩子成绩好，乐观造就赛场冠军，乐观的身体不生病，乐观的领袖得民心等，阐述了乐观的心态对于个体而言何等重要。第三部分“如何活出最乐观的自己”，针对读者最为关心的问题做出了解答。他指出乐观是可以培养塑造的，并且是可以有弹性的。在这一部分中，他还简略介绍了其独创的培养乐观心态的方法，即“ABCDE”方法，这一方法在他随后出版的《认识自己，接纳自己》一书中有着更为详尽深入的阐述。

第四章　人际关系让友情亲情更久远

人际交往是人的基本需求，良好的人际关系是一个人获得快乐和取得成功的重要因素。处于由学校向社会逐渐过渡的大学生更需要发展人际交往的能力，掌握人际沟通的智慧来消除人际困扰，以便将来更好地融入社会。通过本章学习，让大学生认识到良好的人际关系对其身心发展的重要意义；熟悉人际交往、人际关系的理论；学会利用人际资源、人际资本，在合作和竞争中实现“双赢”；掌握人际交往与沟通的技巧和方法。

一、概念诠释与理论解读

（一）概念诠释

人际关系　人际关系又称为人际交往，是指在人与人的交往活动中所发生的直接的、可感知到的心理关系。即人与人之间在交往过程中产生和发展的心理关系。它涉及情感、认识和行为三方面，渗透于社会关系的各个方面，并受社会关系的制约；反映了人际交往双方的情感距离和相互吸引与排斥的心理状态，而它的发展变化取决于双方社会需要满足的程度。可通过对人际关系的敏感性训练和角色互换、角色扮演等方法进行改善。

人际冲突　人际冲突是人们在交往中由态度相悖，发展到相互对抗的一种消极社会心理现象，主要表现为人际交往双方由于沟通障碍、需要不同、认知差别、个性差异等引起的，发生在人与人之间的一种对立、紧张甚至敌对的状态。它既可以是隐性的冲突，即表现在心理和情感上的对立；也可以演化为行为上的显性冲突，如对抗和攻击性行为。人际冲突有一个从量变到质变的发展过程，其极端形式是人际决裂，最终导致人际关系解体。

人际吸引　人际吸引与“人际排斥”相对，尤指个人间在感情方面相互喜欢和亲和的现象。人际吸引是人与人之间的相互接纳和喜欢，是个体与他人之间在情感上相互喜欢、相互需要、相互依赖的状态，是人际关系中的一种肯定形式。人际吸引是人与人之间建立感情关系的基础。人际吸引按吸引的程度，可分为亲和、喜欢和爱情。亲和是较低层次的人际吸引，喜欢是中等程度的吸引，爱情是最强烈的人际吸引。它能促进人的社会性发展与身心健康。

竞争　竞争是竞赛的一种特殊形式，它是个体或群体间力图胜过或压倒对方的心理需要和对抗性行为。即每个参与者不惜牺牲他人利益，最大程度地获得个人利益的行为，目的在于追求富有吸引力的目标。竞争有利于激发人们的意志力量，积极向上努力拼搏，提高人们的工作绩效。

合作　合作是个人与个人、群体与群体之间为达到共同目标，彼此相互配合、共同把事情做好的一种联合行动、行为方式。合作的关键在于各方利益一致，其影响因素包括信息沟通的情况、奖励的方式、各方的人格特点和彼此的信任程度等。

首因效应 首因效应指最初的信息对人形成印象具有强烈影响的现象。尤指交往双方形成的第一印象对今后交往关系的影响，也就是“先入为主”带来的效果。这些第一印象是最鲜明、最牢固的，并且决定着以后双方交往的进程。如果一个人在初次见面时给人留下良好的印象，那么别人就愿意和他接近，彼此也能较快地取得相互了解，并会影响人们对他以后一系列行为和表现的解释。反之，对于一个初次见面就引起对方反感的人，即使由于各种原因难以避免与之接触，人们也会对之很冷淡，有时甚至会在心理上和实际行为中与之产生对抗状态。

近因效应 近因效应是系列位置效应的一种。它指当人们在识记一系列事物时对末尾部分项目的记忆效果优于中间部分项目的现象。在多种刺激一并出现的时候，印象的形成主要取决于后来出现的刺激。与短时记忆有关。在人际交往过程中，人们对他人最新的认识占了主体地位，掩盖了以往形成的对他人的评价。有研究者指出，认知者在与熟人交往时，近因效应起较大作用；与陌生人交往时，首因效应起较大作用。

晕轮效应 晕轮效应也被称为光环效应，是指在交往中，我们往往会将他人的某个突出品质泛化到其他特性上，从而忽视了这个人的其他真正特点和品质。多数情况下，晕轮效应常使人出现“以偏概全”“爱屋及乌”的错误。晕轮虽然美丽，但人际交往中更需要我们透过现象看到本质，冷静、客观地面对、选择交往对象。

刻板效应 刻板印象是人们在交往中对某一类人形成的比较固定、概括而笼统的看法。在同一地域或文化背景中人的相似性被概括地反映到人们的认识中并固定化时产生。主要表现为在人际交往过程中，主观、机械地将交往对象归于某一类人，不管对方是否呈现出该类人的特征，都认为他是该类人的代表，而把对该类人的评价强加给他。即戴着有色眼镜去看人。这种“先入为主”的成见，虽然有时会有利于我们快速对陌生人做出判断。但是，也常使人以点带面，固定化地看人，忽视了人与人之间的差异性，容易使我们产生偏见与歧视，阻碍我们与其他人进行深入细致的交流。

登门槛效应 登门槛效应指的是，在提出一个较大要求之前，先提出一个小的要求，从而会增大别人对较大要求接受性的现象。“登门槛”原意是指推销员只要能把脚踏入别人家的大门，最后就能成功地让人家买他的东西。在人际交往中，我们总感觉一些人是“得寸进尺”型的。为什么这些人要求总能不断得到满足呢？社会心理学家通过实验发现，当我们一下子向别人提出一个较大的要求时，他们一般无法接受。而当这些要求是逐步提出的时候，人们往往比较容易接受。这是因为，人们都喜欢在别人面前保持良好形象，不喜欢被看成是一个“喜怒无常”的人，因此，在接受别人的一个个逐渐升级的“小”要求时，我们无形中也就接受了别人的大要求。

投射效应 “投射”原指一种心理测验技术或自我防御机制。在人际关系心理学领域，投射效应是指在交往过程中，把自己具有的某些不讨人喜欢、不为人接受的观念、性格、态度或欲望转移到别人身上，认为别人也是这样的。“以小人之心度君子之腹”就是一种典型的投射效应。如果我们经常用自己的态度、价值观和想法去推测别人，甚至“强加”给别人，很容易引发人际交往的困难与障碍。

（二）理论解读

当事人为中心的心理治疗理论

以当事人为中心的心理治疗理论建立在对人、现象场、自我等基本看法的基础上。罗杰斯认为，人基本上是生活在他个人的和主观的世界之中。在他看来，与其说个体生活在一个客观现实环境中，不如说他生活在自己的主观经验世界之中。这个主观的经验世界被称为“现象场”。罗杰斯的自我理论是其人格理论的核心，也是他关于心理失调理论的基础。

当事人为中心的心理治疗与特点，主要体现在心理治疗的目标、条件及基本过程等方面。

心理治疗的基本目标。在当事人为中心的理论中，心理治疗的目标主要是要与当事人建立一个适当的关系，来协助对方成为一个完全自主的人。一旦去伪存真的工作得以完成，当事人似乎变成了新人，一个“充分发挥机能的人”，罗杰斯常用“变成自己”“从面具后面走出来”来表达这种改变。此时，当事人开放自己、信任自己，懂得按照自己内在的标准来对事物作评估，并在这一过程中不断成长。

心理治疗的基本条件。罗杰斯认为，在治疗过程中治疗者必须要创造一个良好的人际关系，包括真挚、无条件的绝对尊重和正确的共情等，以便当事人善加利用自己所拥有的资源，产生建设性的性格改变。真挚，治疗者应让当事人体验到自己的真挚，在治疗过程中愿意和当事人分享个人的感受，甚至一旦对当事人产生某种独特的感受时，也能坦诚地告诉当事人。无条件的绝对尊重，治疗者要在对当事人没有任何要求和企图的心态中，向对方表示温情和接纳。它包含两个重要因素：第一是治疗者珍视当事人，第二是无条件的接纳和无占有欲的重视。共情，这是整个治疗关系中最重要的成分。要达到正确的共情，治疗者首先要放下自己主观的参照标准，设身处地去从当事人的参照标准来看待事物和感受事物，从当事人的角度，和当事人站在同等的地位，体会当事人的内心世界。

心理治疗的基本过程。罗杰斯在其工作的早期，曾就治疗过程提出过 12 个步骤。但他强调说这些步骤并非截然分开，而是有机地结合在一起的。这些步骤是：当事人前来求助，治疗者向当事人说明咨询或治疗的情况，鼓励当事人情感的自由表现，治疗者要能够接受、认识、澄清对方的消极情感，当事人成长的萌动，治疗者对当事人的积极的情感要加以接受和认识，当事人开始接受真实的自我，帮助当事人澄清可能的决定及应采取的行动，疗效的产生，进一步扩大疗效，当事人的全面成长，治疗结束。

概括当事人为中心心理治疗的特点，表现为以下几个方面：

第一，基本理念的人本主义色彩。即相信人本质上是好的，有“善根”；相信人有向好的、强的、完善的方向发展的强大潜力；相信人能够自我信赖，自主自立；强调恢复和提高人的价值和尊严。

第二，重视当事人的主观经验世界。罗杰斯认为，一个人的主观经验世界是其真正的现实。所以，当事人为中心疗法反对用一些外在的指标、标准来衡量、评估当事人。

第三，反对教育的、行为控制的治疗倾向。当事人为中心治疗的基本假设之一，就是当事人有能力自己发现价值，发现自己的问题，并有潜在的个人资源来获得价值，解决自己的问题。同理，当事人为中心治疗法也不主张采用奖励、惩罚等行为控制手段来“治疗”当事人。

第四，由当事人主导治疗过程。由于治疗者总是不如当事人更了解他自己，所以，会谈的主题和方向应交给当事人掌握，由当事人选择。治疗者信任当事人有能力主导治疗进程，并且相信没有治疗者的指导性的干预，当事人能够更自由地进行自我探索，从而获得对自己最有价值的收益。

在20世纪40年代，人们咒骂罗杰斯“摧毁了精神分析的统一性”。因为当时心理治疗的理论体系是精神分析一家独大，从事心理治疗的都是精神科医生，他们的专业背景是医学而非心理学，心理学家没有资格做治疗；同时，心理治疗实践中则是强调医生的主导性。可是，罗杰斯建立了一种完全不同的方法：非指导性治疗法。这也意味着他向一统天下的权威发起了一场战争——不过他赢了。在今天，人们有很多的方法可供选择。同时，罗杰斯提出了新的伦理道德：对治疗过程进行录音必须得到当事人的同意。他也强调保密。这些伦理道德在今天已经被普遍接受，但在当时它还是新鲜事物。罗杰斯也首创了对心理治疗的过程和疗效进行实证研究，这在当时需要极大的勇气和创新精神。

二、自测、阅读体验与活动

（一）轻松自测

A. 你的人际关系如何？

测验

请对下列题目做出最适合你实际情况的选择。

1. 如果有人邀请你，这次邀请对你来说又很重要，去赴约时你会？

A. 穿着舒适，随便

B. 穿适合这种场合的衣服

2. 你并不赞成朋友新的爱好，当他征求你的意见时你会？

A. 直截了当地表示反对

B. 试图找出一个得体的说法

3. 你由于疏忽，同一天安排了两个约会，那么你将赴哪个约会呢？

A. 赴先定的那个约会

B. 赴更重要的约会

4. 你的朋友因家庭纠纷找你，希望能听一听你的意见，你怎么办呢？

A. 不表示自己的态度

B. 按自己看法评价谁是谁非

5. 有一个朋友滔滔不绝地讲述一个电视节目，而你认为这个节目没有意思，你会说？

A. 这个节目我没有看过，但我想看看

B. 我看过，但不喜欢

6. 你朋友怀疑他自己买的自行车太贵了，而你认为确实买贵时你会？

A. 直接说出你的看法

B. 向他表示祝贺

7. 做客时有人讲了个趣闻，但记不清如何结尾了，而你知道结尾的内容时你会？

A. 你将结尾讲出来

B. 你保持沉默

8. 如果你遇见一个人，但想不起他的名字时，你怎么办呢？

A. 难为情地急于走开

B. 坦率地承认你记不起他的名字了

9. 如果有件小事（如头痛或家务事）使你烦恼时你会？

A. 闷在心里

B. 随便告诉熟人

评分

每答对一题计 1 分，答错不计分。请将各题得分相加，统计总分。

题号	1	2	3	4	5	6	7	8	9
答案	A	B	A	A	A	B	B	B	B

【你的总分】__________

0~3 分，很诚实、坦率。但常常受到周围的人误会。应尽量避免说出自己所有的想法，只有这样，才能减少交往中的麻烦。

4~6 分，人缘不错。但有时会感到很难做个诚实人，要克服爱批评别人的毛病。

7~9 分，很善于观察周围人，很少疏远别人，人际关系很好，有不少真心朋友。

B. 你与朋友相处有困扰吗？

测验

请根据你的实际情况，对下列各题做出“是”或“否”的选择。

题目	是	否
1. 对自己的烦恼有苦难言。	□	□
2. 和陌生人见面感觉不自然。	□	□
3. 过分地羡慕或嫉妒别人。	□	□
4. 与异性交往很少。	□	□
5. 对连续不断的接触、交谈感到困难。	□	□
6. 在社交场合感到紧张。	□	□
7. 时常伤害别人。	□	□
8. 与异性交往感觉不自然。	□	□
9. 与一大群朋友在一起仍感到孤寂或失落。	□	□
10. 极易感到窘迫。	□	□
11. 不能与别人和睦相处。	□	□
12. 与异性相处不知道如何适可而止。	□	□
13. 当陌生人对自己倾诉其遭遇以求同情时，觉得不自在。	□	□
14. 担心别人对自己有什么坏印象。	□	□
15. 总是尽力使别人赏识自己。	□	□
16. 暗自思慕异性。	□	□
17. 常常避免表达自己的感受。	□	□

18. 对自己的仪表（容貌）信心不足。 □ □

19. 讨厌某人或被某人讨厌。 □ □

20. 瞧不起异性。 □ □

21. 不能专注地倾听。 □ □

22. 自己的烦恼无处倾诉。 □ □

23. 受别人排斥或冷落。 □ □

24. 被异性瞧不起。 □ □

25. 不能广泛地听取各种意见、看法。 □ □

26. 自己常因受伤害而暗自伤心。 □ □

27. 常被别人议论、愚弄。 □ □

28. 不知如何更好地与异性相处。 □ □

评分

每题选择“是”计 1 分，选择“否”计 0 分，然后将各题得分相加，得出总分。

【你的总分】__________

0~8 分，说明你与朋友相处的困扰较少。

9~14 分，说明你与朋友相处存在一定程度的困扰。

15~19 分，说明你与朋友相处存在较严重的困扰。

20~28 分，说明你与朋友相处存在十分严重的困扰。

将第 1、5、9、13、17、21、25 题得分相加，表明你在交谈方面的困扰程度。

【你的分数】__________

6 分及以上，不善于交谈。

3~5 分，交谈能力一般。

0~2 分，有较高的交谈能力和技巧。

将第 2、6、10、14、18、22、26 题得分相加，表明你在交际与交友方面的困扰程度。

【你的分数】__________

6 分及以上，在交友方面困扰较大。

3~5 分，在交际与交友方面较为被动。

0~2 分，在交友方面困扰少，为人真诚、热情。

将第 3、7、11、15、19、23、27 题得分相加，表明你在待人接物方面的困扰程度。

【你的分数】__________

6 分及以上，缺乏待人接物的能力与技巧。

3~5 分，可能是多侧面的人。

0~2 分，待人接物能力强。

将第 4、8、12、16、20、24、28 题得分相加，表明你与异性朋友交往的困扰程度。

【你的分数】__________

5 分及以上，存在较严重的困扰。

3~4 分，困扰程度一般。

0~2 分，比较懂得如何正确处理与异性同学、朋友的关系。

（二）阅读体验

1. 增加关系账户上的财富

人际交往既是一门科学，也是一门艺术，它是在一定的知识和经验的基础上形成的交往技能。掌握必要的人际交往艺术，对于大学生建立与维护良好的人际关系具有重要的作用。

下面是获得好的人际关系的 10 个秘诀，当我们遵照这些法则行事的时候，我们就能增加自己的关系账户上的财富。

①要尽可能去赞美别人。称赞他获得的成果——即使是特别微小的成就。称赞如同雨露，缺少它，我们就没有了生长的养分。一个美好的称赞永远都不会多余。

②记住别人的姓或名，主动与人打招呼，称呼要得当，让别人觉得礼貌相待、倍受重

视，给人以平易近人的印象。

③认真倾听。人际关系学者认为，倾听是维持人际关系的有效法宝，客观地替对方着想，听听对方的内心感受，对于了解他人十分必要，即使你不同意他人的意见，也要听他把话讲完。这样对方会感到受到了尊重，也就会更加尊重你。

培养幽默风趣的言行，幽默而不失分寸，风趣而不显轻浮，给人以美的享受。与人交往要谦虚，待人要和气，尊重他人。

④千万不要期望所有人都喜欢你，那是不可能的，让大多数人喜欢就是成功的表现。当然，自己要喜欢自己。

⑤注意礼貌。

⑥对事不对人；或对事无情，对人要有情；或做人第一，做事其次。

⑦不要把别人的好当成是理所当然的，要常怀一颗感恩的心。

⑧仔细观察别人，在心里记住他曾经做过的好事。这样，当你在表达赞许的时候就会很充分，你的称赞也就不会有谄媚之嫌。

⑨可以偶尔的赠送一些小礼物——给他/她一个惊喜，寻找让他人快乐的技巧。在礼物上花费的精力表明了你在他身上花费的时间和心思。

⑩请允许别人偶尔的自我感觉良好。要想有良好的人际关系，自己要谦虚谨慎、戒骄戒躁。但如果你想有更多的朋友，那就要得饶人处且饶人。

2. 化干戈为玉帛——处理人际冲突

每个人都希望自己的友谊能够天长地久，都希望自己的生活每一天都充满阳光。然而，在生活中，我们总会因为种种原因与他人发生矛盾和冲突。如果我们不能及时处理好这些问题，可能就会给友谊蒙上阴影，甚至让友谊破裂。因此，在人际交往中，学会解决冲突是十分必要的。

听的艺术

美国知名主持人林克莱特一天访问一名小朋友他长大后想要当什么？小朋友天真地回答："我要当飞机的驾驶员！"林克莱特接着问："如果有一天，你驾驶飞机飞到太平洋上空时所有引擎都熄火了，你会怎么办？"小朋友想了想："我会先告诉坐在飞机上的人绑好安全带，然后我挂上我的降落伞跳出去。"当现场的观众笑的东倒西歪时，林克莱特继续注视这孩子，想看他是不是自作聪明。没想到，接着，孩子的两行热泪夺眶而出，这才使得林克莱特发觉这孩子的悲悯之情远超自己所想。于是林克莱特问他为什么要这么做？小孩的答案透露出真挚的想法："我要去拿燃料，我还要回来!!"

当我们听到别人说话时，真的听懂他说的意思吗？如果不懂，就请听别人说完吧，这就是"听的艺术"：第一，听话不要听一半；第二，不要把自己的想法投射到别人所说的话上。

（1）客观了解冲突的原因

即使是最好的朋友之间，也会因为每个人的经历、背景、观点不同而产生分歧。在冲突发生时，我们可能都会带有一定的情绪，都会认为冲突的发生是对方的原因。其实，所谓“一个巴掌拍不响”，冲突的发生肯定双方都有原因。我们可以试着从主观和客观、自身和他人等多个视角去认识冲突产生的原因，如果我们能够尽快客观地了解冲突的原因，就能尽快控制和消除冲突。

（2）提出解决冲突的方法

每个人都有自己习惯解决问题的方式，有些人喜欢以理服人，遇到冲突时总会与别人争辩得脸红脖子粗；有些人喜欢用武力让别人屈服，遇到冲突时总会拳脚相加；有些人喜欢冷处理冲突，遇到冲突时总会默默走开……其实，每个冲突的解决不只有一种方法，当问题出现时，我们可以试着考虑提出几种解决的方法，并思考每种解决方案的利弊，这样更有利于我们有效地解决冲突。

（3）学会沟通与批评

在冲突发生过程中，双方有些争执是正常现象。但是，大家都知道争论的结果往往是两败俱伤，让双方心里都觉得不舒服。因此，在冲突发生过程中，我们要学会运用沟通的艺术，不能得理不饶人，也不能对对方的人身进行攻击。尤其是不能一味地指责、抱怨和批评对方，因为这样会让对方的自尊心和自我价值受到贬损。我们可以委婉、客观地提出自己对事情的想法，即对事不对人。在沟通过程中要让对方感受到你是为了解决问题，而不是为了批评或者指责对方，只有这样才有利于问题的解决。

（4）勇于承认自己的错误

在冲突发生时，我们本身或多或少也会有些原因。为了冲突的顺利解决，我们要勇于承认自己的错误。勇于承认错误，不仅是解决冲突的明智之举，也是良好人际关系的润滑剂。因为，承认错误不是自我否认、贬低自己，向对方低头，而是一个自我成长的过程，是能够担当责任的表现。在冲突过程中，如果我们能

心灵天地　快乐的真谛

一位青年人拜访年长的智者。

青年问：“我怎样才能成为一个自己愉快，也能使别人快乐的人呢？”

智者说：“我送你四句话，第一句是：把自己当作别人。即当你感到痛苦、忧伤的时候，就把自己当作别人，这样痛苦自然就减轻了；当你欣喜若狂时，把自己当作别人，那些狂喜也会变得平和些。第二句话是：把别人当作自己，这样就可以真正同情别人的不幸，理解别人的需要，在别人需要帮助的时候给予恰当的帮助。第三句话是：把别人当作别人，要充分尊重每个人的独立性，在任何情形下都不能侵犯他人的核心领地。第四句话是：把自己当作自己。”

青年问道：“如何理解把自己当自己，如何将四句话统一起来？”

智者说：“用一生的时间，用心去理解。”

成长链接　　**鹦鹉与糖袋**

一位商人在印度搞到了一只非常漂亮的鹦鹉。他非常喜欢这只动物，并把业余时间都花在了它的身上。他一会儿把它放在肩膀上，一会儿又放在头上，而且总是用一小块糖来奖赏它。对这只鹦鹉来说，糖成了喜爱它的标志。

有一天晚上，这位商人和自己的鹦鹉单独待在家里。商人说："亲爱的，天晚了，而且我也累了。今晚除了我们俩之外，谁也不在家，如果我们俩都睡不好觉，那样我们就不安全了。所以请你照看点儿家，就当你是个警卫。"鹦鹉聚精会神，竭尽全力地执行这项任务。商人一会儿就进入了香甜的梦乡，整座房子一片沉寂。突然，一只飞爪钉在墙头上，一个窃贼顺着绳索灵巧地攀缘而上。他轻手轻脚地进了这座房子。除了一只装糖的口袋他没有看见外，他把凡是看见的东西都装进了自己的大小口袋。最后，这座空房子里只剩下了那只糖袋和这位熟睡的商人，当然，还有那位长着羽毛的"警卫"。它注意地观察了窃贼所干的一切。

第二天早晨，当商人醒来时，他看到自己周围空荡荡的。地上的地毯和墙上的壁毯都没有了。他徒劳地在空屋子里找来找去。"我所有的财产都不见了，就像烟被风吹跑了一样，我的房子就像我的手掌一样空空如也。我的那些地毯哪儿去了？"商人悲叹着。"你不要着急。"鹦鹉回答道："那只糖袋还在！""我的那些珠宝首饰在哪儿？""你不要激动，那只糖袋还在！""那些让我赏心悦目的宝贝哪儿去了？""请你安静，那只糖袋还在！""昨天夜里谁到我们家来了？"商人绝望地问。"来了一个男人。不过时间不长他就走了"，鹦鹉答道。"请你相信，"鹦鹉郑重地说，"我们连一粒糖渣儿也没丢。你说的那些话我都记在心里了。我昨天一整夜眼睛一直盯着那只糖袋。我的主人，对我们来说，那只糖袋才是最可宝贵的！我怎么知道什么对你是宝贵的"！（根据波斯女诗人艾特萨米的作品改写）。

够做到自己先承认自己的错误，相信冲突很快就会化干戈为玉帛。

在人际关系中，如何让对方知道什么对你来说是重要的？你内心的想法是什么？不要想当然地认为对方是自己的亲人、朋友，就应该知道你的需要和想法。试着清晰、明确地告诉他们你的需要、期待和感受，他们才知道应该如何对待你。

（三）自助活动

1. 探索爱的语言

每个人的内心都有一个情感账户，"存款"行为可以让对方开心，觉得被欣赏、被接纳、被肯定，并感受到爱；"提款"行为会让对方感到痛苦，觉得被指责、被批评、被误解或被伤害。在人际交往中，经常对人进行"存款"，会让你的"存款丰厚"，即使你偶尔犯错，之前丰厚的存款也能遮盖许多过错，使大事化小，小事化了；如果平时在人际交往中不注意爱的存款，造成“债台高筑”，则任何小错都可能变成大错。

①在精心的礼物、服务的行为、身体的接触、珍惜的相处和肯定的语言这五种爱的语言中，如果按照重要性来排序，你会如何排列？你最在乎的、最经常给人的，也是你最需要别人给你的爱的语言是什么？你最不在乎的语言又是什么？

在心中先选择一个关系比较亲近的朋友，你认为他最主要的爱的语言是什么？

在生活中有意识地进行观察，他对你抱怨最多，通常也是他的爱的语言，而你最需要学习表达的爱的语言是哪一种？

②了解了自己和朋友的爱的语言后，单独完成下面两个步骤：

欣赏、赞美他这个人，用最能形容他优点的三个形容词描述一下他，例如，勤奋——“虽然你的学习基础不是太好，但你充分利用每天的时间来学习，成绩很快就在班里名列前茅”。

想一两件你感激朋友所做的“事”，例如，“谢谢你在我生病的时候陪我去医院”“谢谢你在我情绪低落时一直陪伴我”。

③请在生活中刻意练习用话语来表达欣赏、肯定，对朋友进行“存款”练习，真诚地表达你对他的欣赏、肯定与感激。切忌用“不过……”“可是……”之类的话来打折扣。

2. 用“关系修复十步骤”处理人际冲突

在生活中，当你与亲人、朋友发生冲突时，练习用“关系修复十步骤”处理人际关系中的冲突。这个方法不但可以帮助自己了解、疏导情绪，也能增加对方未来愿意与你合作、亲密相处的可能性。

首先，询问对方：“我想和你谈一件关于……的事，现在是合适的时机吗？”对方同意之后，就可以开始对话。请尽量用尊重、不指责的语气，按照下面的十个步骤，把你真正的心声和感受表达出来。

步骤一：“首先，我感谢/欣赏你……”对方如果知道你还感激他的长处，他会更愿意倾听。

步骤二：描述冲突事件的情境：“当……”请注意，你只要描述出所能看到的冲突情境，不要加上你自己的解释，因为加上主观的论断、解释，会让对方不容易听进去，容易引起新的战争。

步骤三：以情感词汇标明冲突发生时自己的感受：“我觉得……那感觉就好像……”

步骤四：“我所需要的是……”

步骤五：把目标专注于你们关系的目标上，而不要被眼前的小事情所干扰。“我希望我们俩的关系能……”

步骤六：“对这件不愉快的事情，我也有些责任，我为我……的部分而道歉。”

步骤七：“我下次可以改进的是……”

第六和第七步是向对方道歉，并承担自己的责任。即使冲突的发生是对方的错，为了帮助对方做得更好，我们仍然可以先为自己的态度、反应或无意中伤害了对方的感觉而道歉。当我们可以承担自己的责任和认错的时候，可以把两人对立的状态转变为两人一起并肩作战的状态。

步骤八："我需要你帮助我或为我做的是……"用这样的表达可以帮助对方成功地满足你的需要，让两人的关系更加安全。

步骤九："如果我们各自改进自己可以做得更好的部分，这能帮助我俩……"这个表达重申了关系目标，提出了实际的改进建议。

步骤十："谢谢你倾听、考虑我的请求和为我们的关系所做的努力。"

以上是个步骤可以帮助我们在人际冲突时避免进入潜意识做主的状态，能够理性地表达真正的心声和感受，对方不仅能听下去，还能增加对方满足我们需求的概率。但要注意的是，我们只是请求，并不强求对方一定要改变，给予对方充分的空间和时间，也给对方不改变的自由。

3. 改变人际冲突中的不合理信念

人际冲突的背后，往往隐藏着支持这种做法的信念。你认为下面这些关于冲突的看法有何不合理的地方，请说一说你的看法。

①因为对方犯错，才会引起冲突。

②为了表示自己比对方行，必须赢得冲突。

③任何妥协都代表自己输了，而且永远比对方矮了一截。

④无论如何，应避免冲突发生。

⑤只有自己提出的解决冲突的办法才是有价值的。

⑥所有的冲突都必须有解决的办法。

⑦妥协最终会导致不好的感觉。

⑧在任何冲突中，一定有一方是对的，一方是错的，而且对的一方必须得到他所要的结果。

三、典型案例与热线回答

（一）典型案例

我不是受虐体质

1. 基本情况

小安，女，某普通高校大三女生。小安的父母都是公务员，有一个大她六岁的哥哥。因为爷爷奶奶和姥姥姥爷家都有重男轻女的传统，所以，小安出生后老人们都不愿帮助她父母带孩子。父母都要上班，经常把小安和哥哥独自放在家里。小安的爸爸妈妈对孩子也很冷漠，从来不关心孩子的感受和情绪。妈妈是一个非常强势的女人，自己想要做的事情就一定要做，她对小安总是严厉要求，必须做这个做那个，从来不会听小安发出的声音。哥哥和妈妈一样强势，父母不在家时经常指挥、欺负小安。小安的情绪很不稳定，从小就容易紧张。哥哥目前已经结婚生子，父母现在把注意力完全放在了孙子身上。小安有什么事在家庭的聊天群里发表一下意见时，从来都得不到任何人的回应。因为从小在家里小安都被妈妈和哥哥欺负，她已经习惯了他人这样对待自己，觉得都是因为自己不好，别人才会这样对待自己。当有人对自己好的时候，小安反而不知道该怎么应对，觉得自己不配。因此，在生活中，小安不愿意与周围的人交往，总是拒绝别人的善意，在学校没有好朋友，比较孤立，总是独来独往。

几个月前，小安的男朋友向她提出分手，原因就是他付出了很多，但感受不到来自小安的回应和爱。小安心里特别委屈和害怕，那种感觉就像小时候被妈妈不停地否定一样。小安的男友温暖热情，小安觉得和他在一起很舒服，但是却不知道如何回应男友的爱。分手后，小安的情绪受到很大影响，每天不停地否定自己、自责，感到羞耻，这些负面情绪严重影响了饮食和睡眠，对生活失去信心和目标，兴趣丧失，长期失眠导致白天精力不济，情绪不好就经常暴食。不能和周围的人建立稍微亲近一点的关系，小安内心的孤独感、不被爱的感受非常强烈，为了缓解内心的痛苦，小安又发展出不健康、危险的关系，和一个陌生的“网友”成了性伴侣。在这个关系里面，小安重复着童年与妈妈的相处模式，对方对她毫不在意，只考虑自己的感受，对小安非常冷漠，招之即来，挥之则去。小安一方面觉得这种关系给自己的身心都带来了伤害，另一方面又觉得离不开这种关系。纠结和痛苦让小安走进了学校心理咨询中心的大门。她希望通过咨询能够恢复正常的饮食和睡眠，正确处理人际关系，回到正常的学习生活中，并可以建立正常的亲密关系。

2. 心理咨询过程

（1）评估和咨询目标设定

小安失恋后情绪受到影响，出现失眠、暴食等症状，不愿与人交往，认为别人对自己冷漠是应该的，别人对自己友好反而不正常，担心被抛弃，凡事都从自己身上找原因，认为是自己不好，自己是受虐体质，不相信有人会喜欢自己。这些行为和感受的背后都是羞耻感在作祟。小安的自知力正常，痛苦情绪的背后有现实的人际关系问题。小安的认知、情绪和行为在一定程度上都受到了影响，其痛苦程度甚至影响到了正常的学习和生活。在精神科医院排除精神障碍和神经症之后，开始在学校进行心理咨询。

在了解小安的症状、咨询诉求和成长经历后，咨询师与小安一起设定了咨询的目标。首先，从梳理其成长经历的过程中，了解自己心理行为问题产生的原因，接纳自己，消除羞耻感；接着在学习接纳自己的过程中，逐渐察觉自己现在人际关系模式与童年时期自己与母亲之间关系模式之间的相似之处；然后学习处理情绪，学习爱自己，做自己心目中理想的父母；并在改变的过程中学习欣赏自己，在现实生活中练习处理与周围人的关系；最后提升自我价值感，相信自己不是受虐体质，而是值得被爱的，完全能够建立恰当的人际关系和真正的亲密关系。

（2）心理咨询

①不是我的错

小安从小就不被父母重视和喜爱，自己的感受、想法和意见也从来不被倾听和采纳。造成这种情形并不是小安表现不好，小安也小心翼翼尽量不犯错，其根本原因一是父母本身的原生家庭就对孩子比较冷漠，不会有情感上的关照和互动，父母因此觉得养育孩子理所当然就是这样，给孩子吃饱、穿暖就行；二是因为父母本身就是重男轻女观念的受害者，一方面要忙于工作，老人们又不帮忙带孩子，条件所限，只能把小安和哥哥一起留在家中，让哥哥照看小安，而哥哥和妈妈一样是一个比较强势的人，在照看小安的过程中，经常命令、支配小安做各种事情。作为一个任人摆布的孩子，小安没有表达自己需要和感受的机会，自己的声音从不被家人重视，这不是自己的过错，不是自己不够好、不够可爱、不够优秀。在有限的条件下，父母亲没有关注到女儿的情感需要，他们在无意中忽略了小安，在一定程度上可以说是父母的失职。

②我可以生气

在小安的成长过程中，她经常遭受妈妈的冷漠对待、冷嘲热讽、强势无理的命令和无由头的语言暴力等，让小安一直生活在战战兢兢中，生怕自己做得不好惹妈妈生气；哥哥对待小安的态度和行为与妈妈一样，爸爸对妈妈和哥哥的行为不发表任何意见，慢慢地，小安习惯了家人对自己的冷漠，认为别人这样对待自己是正常的。当周围有人对自己好一点时，小安反而觉得不正常，不知道如何应对，只能远远地逃避，把自己的内心封闭起来。小安一直以来都在做各种努力，想要得到妈妈的重视和爱。可是，无论她怎样努力都无济于事，尽管她在学业上取得不错的成绩，想要做成功的事情都会锲而不舍地坚持，但是，妈妈依然毫不在意她的所作所为。通过咨询，小安意识到妈妈这样对待自己的女儿是不对的，当自己遭遇不公平的对待、无端的指责和冷暴力时，自己是可以对妈妈生气的，也可以去表达自己的愤怒。遭遇各种冷漠、漠视、语言暴力等，并不是自己的错，不应该感到羞耻和自责。因为作为家里最小的成员，理应得到的是呵护和关爱，弱小的孩子在面对成人的羞辱和暴力时，是没有能力反抗的，小安对妈妈的讨好行为在当时是正常的反应，可以帮助她生存下来。但是，对已经成年的小安来说，童年时代的讨好、自责、回避冲突等行为，却妨碍了她现在与人建立正常的人际关系和亲密关系。

③站在第三者的视角看自己的成长经历

小安对于家人冷漠的态度已经习以为常，认为所有人都应该这样对待自己，自己不值得拥有他人的喜欢和真正的爱，自己是不好的、糟糕的。而这些认识和感受正是童年被不公正对待的结果。咨询师引导小安站在第三者的视角，重新去看待自己的成长经历，用第三人称的方式，写下自己成长过程中发生的重要事件，再去阅读一遍。在这个过程中，小安产生了丰富的情感体验，她深深地感受到，自己内心的那个受伤的小姑娘是多么的无助、悲伤和愤怒，妈妈、爸爸和哥哥都不应该这样对待她。站在第三者的视角去看自己的成长经历，让小安对自己有了更多的心疼，她试着去拥抱那个受伤的自己，去安抚那个渴望得到爱的自己，决定今后要好好对待自己。她意识到，如果自己不改变，不学习爱自己，不相信自己值得被爱，那么，未来的自己一定会非常悲惨。因为当遇到懂得爱自己的人时，她不相信别人会爱自己，会把对方推开，自己会逃跑；而受虐的倾向让她习惯于和像妈妈这样的人交往，在亲密关系中不断重复与妈妈的关系，不被重视，不被尊重，被对方呼来喝去、任意摆布。因为害怕失去，就无原则地满足对方的一切要求，然后不断地强化自己不好、不重要的感觉。认识到这一点后，小安产生了想要改变自己的强烈动机。

④记情绪日记，叫停自我责备

小安的日常生活被自我否定和自我责备所充斥，无论发生什么事情，她的头脑中就会立刻出现自我否定和自我责备的声音，认为是自己能力不够、行为不当、认识有缺陷等，随之出现消极的情绪体验和讨好或退缩的行为。当小安看到自己的行为模式并下决心要改变后，她开始觉察自己的情绪感受，当意识到自己又产生自动化的自我否定思维时，立即叫停，然后站在第三者的角度来看当下发生的事情和自己的表现，用理想的父母角色与自己对话，欣赏和鼓励自己，看到自己付出的努力、具备的能力、内在的动机等。当小安开始对自己做这样的工作之后，神奇的事情发生了，每一天她对自己的感觉都会更好一些，她开始可以慢慢地看到自己做得还不错的地方，开始可以欣赏自己。在咨询期间的某个周末，小安回了一趟家，因为一件小事，她和妈妈吵了一架，虽然她觉得自己并没有吵赢，因为妈妈还是一如既往的强势，但是，小安充分表达了自己的感受和需要，并淋漓尽致地大哭了一场，随着眼泪的流淌，多年来压抑在她心中的委屈、悲伤和愤怒都宣泄而出，回到学校后，自己感觉情绪好多了。

⑤爱自己是一切人际关系的开始

随着咨询的深入，小安逐步摆脱了“我是受虐体质”的认识，消除了羞耻感，开始接纳自己，心态也在随之发生变化。要想建立良好的人际关系和亲密关系，小安首先要懂得如何爱自己，这是她成长的一个重要功课。学习爱自己，从健康的作息时间开始，吃好三顿饭、睡好觉，觉察自己的需要和感受，并向周围的人表达自己的需要和感受。对小安来说，这些都太陌生了，是全新的学习和体验。但是，行动是改变的开始，当她开始学习爱自己，她发现周围的人好像也变了，他们会主动接近小安，帮助小安，小安也开始可以把心扉打开一点点，试着去享受被人接纳和靠近的感觉。

小安要真正做到爱自己，发展出建立健康亲密关系的能力，可能还需要一个较长的过程，所幸的是，她已经走在改变的路上了。

3. 康复后的反思

(1) 童年创伤不用一生去疗愈

小安成年后的人际关系，特别是亲密关系，都是在重复与母亲的关系。吸引她的人都是像母亲一样对自己冷漠、刻薄的人，在这种关系中，她不断地体验到被妈妈虐待的感觉，这种感觉对她来说太熟悉了。为了获得对方的认可和爱，她会自然而然地讨好对方，委屈自己、贬低自己，羞辱自己，明明知道自己很痛苦，但又戒不掉这段关系。也许在潜意识中，小安渴望的是获得妈妈的爱和关心。但是，用这样的方式，小安永远都不能疗愈童年被母亲虐待带来的创伤，反而在不断加深这种创伤带来的痛苦。当小安可以放下羞耻感，允许自己表达情绪和感受，接受自己可以对妈妈有愤怒的情绪后，她开始可以慢慢强大起来，可以在与同龄人的关系中去发展出新的人际关系或亲密关系。找对方法，童年创伤不用花一生的时间就可以在觉察、理解和新的选择、行动中得到疗愈。

(2) 人际交往的学习有多种渠道

对大学生来说，人际交往是生活中的重要内容之一，人人都需要与人交往。如何与人交往是需要学习的。我们除了在原生家庭中发展出来的与人交往能力外，还有很多渠道可以学习。读书、心理咨询，阅读影视作品、文学作品，与现实中的同龄人交往等，都可以帮助我们完善自我，学习到积极、健康的交往技能和沟通技能。求助是强者的行为，行动是改变的开始。

（二）热线问答

1. 如何不违心地赞美别人？

“人人需要赞美”，在人际交往中，学会发现别人的优点，真诚地表达赞美，已成为与人沟通的桥梁，是建立深厚情谊和亲密关系的重要一步。然而，有人认为赞美别人，有刻意为之的感觉。如何不违心地赞美别人呢？

答案当然是真诚。真诚是人际交往中最重要的原则。赞美别人也要发自内心，为了赞美而赞美，违心的赞美是虚伪的表现，而虚伪是最令人反感的品质。要做到真诚的赞美，我们要真的在意和关心周围的人，仔细观察别人，善于发现他们的优点和闪光点。这样，当你赞美别人的时候才会言之有物，你的称赞才不会有谄媚之嫌。

赞美别人时，多赞美他们的行为或性格。赞美切忌夸大其词、虚伪做作。举例来说，如果对方是厨师，千万不要说：你真是了不起的厨师。因为他心里清楚知道有更多厨师比自己还优秀。但如果你告诉他，你经常会到他的餐厅吃饭，这就是非常高明的赞美。而“哇，你真的像天仙一样”，“你简直就是学霸学神”这样的赞美就比较空洞。

赞美要具体，要有细节。好的赞美开始于细节，有细节说明你用心、仔细，真正的关注他人。例如，室友穿了一件新衣服，你说：“颜色搭配得真好，红色很衬你的肤色，看起来气色很好”，“领口设计很有个性哦，好品味”，就比“好漂亮啊”要真诚很多。与其说：“某某师兄，你真厉害。”不如说：“某某师兄，你从法律学科直接转物理学专业，真佩服。能分享一些心得吗？”

通过做比较来赞美。没有比较，哪有伤害。一方面，可以通过将对方与自己进行比较来进行的赞美，当“他有你没有”，“你真心很羡慕”这两种情况同时具备的时候，就自然显得很真诚，比如说，你胖他瘦，你又真心很羡慕。那你就可以说：“你身材真好，怎么吃都不会胖，简直让我羡慕死了。”请注意，你如果不是真心羡慕，是不能随便夸人的。有同学对主持晚会的学姐说：“学姐，你主持得实在太好了，嗓子都哑了。”听到这样的赞美，学姐心里会是什么感觉？另一方面，可以将对方的现在和过去比较进行赞美。例如，与其说“你这个方案做得不错”，不如说“你这个方案考虑得很周全，把温度的变化都考虑进去了，比上次那个方案进步了很多”。

通过询问细节、讨经验的方式进行赞美。询问说明在意，在意本身就是最高层次的赞美。如问同学“这些资料很难找，你是怎么找到的？”

真诚的赞美重点在于要赞到别人的心里去。这就需要我们能够体会对方的感受和想法，能站在对方的角度去思考和处理问题。

2. 如何与合不来的舍友相处？

在学习和生活中，我们总能遇到和自己合不来的人，该怎么办呢？可能你的第一反应就是远离他，这是一个选择，但并不一定在所有情况下，这都是最好的选择。无论是否合得来，我们都要与舍友相处四年，怎么与合不来的舍友友好相处、和平共处，并在这个过程中发展和完善自己，是很多大学生需要学习的新课题。

转变观念。如果我们只是想着要与自己合不来的人和谐相处，那么随之而来你可能会想："我为什么要和自己讨厌的人相处？""合不来，远离就是了"，这样你就会缺少"与合不来的人相处"的动力。但是，如果我们转变观念，换个角度想：如果学会与自己合不来的舍友相处，不仅能够拥有和谐的人际关系，还能够发展和完善自己，今后更能适应社会生活。你会如何抉择？正如家庭治疗师萨提亚女士所说："我们因为相同而相遇，因为不同而成长"。往往那些不同的部分，正是我们需要成长的部分。

如果你是一个性格沉稳，做事不喜欢张扬，属于做了 10 分可能只会说 6 分的人，而舍友中有人刚好相反，做事很高调，喜欢到处宣扬自己的各种"成就"，属于做了 6 分能说出 10 分的类型。你的内心可能会很讨厌他，尤其是和他合作时，明明自己做了很多事，但似乎功劳都是对方的，也许你还有点嫉妒他。遇到这种情况，你可以怎么做呢？试试下面的方法：

第一，列出你讨厌对方的特质：正是这些特质让你与对方合不来，比如舍友的张扬和高调。

第二，列出你对这种特质的看法。比如，你认为做人太高调了不好，人不应该太张扬，张扬的人太浮躁了等。这些看法往往都是比较负面的。

第三，对这种特质进行积极再定义。比如，张扬和高调，如果换一个角度来看，张扬的人能够直接表达自己内心的想法，这会让他在人际交往中"不吃亏"，也能更好地展现自己，让别人更好地了解自己。这样看来，这些特质在人际交往中都是好的特质。

第四，找到自己可以从对方身上学习和改进的部分。当你看到舍友张扬的品质在人际交往中有一定的优势后，你可以向他学习自我表达，让别人更好地认识和了解自己。

这样一来，和舍友的相处过程，就成了你发展和完善自己的过程，在和他相处的过程中，向他"讨教"经验。你的心态变了，就会发现，原来学会和合不来的人相处，也并非一定是痛苦的。那些人身上让你特别讨厌的特质，但往往是你需要成长的部分。

当然，你不一定非要强迫自己与所有合不来的人相处或向他们学习，有时候远离也是一种明智的做法，尊重彼此的差异，"君子和而不同"也是一种相处之道。

3. 如何在不影响关系的情况下，恰当地拒绝别人不恰当的要求？

要恰当地拒绝他人的请求或需要，首先即使是出于礼貌，也需要耐心倾听别人的请求和需要，懂得这些需要具体是什么。这么做，有助于我们做出接受或者拒绝的正确判断，也为后面的拒绝过程提供了良好的基础，因为对方从这个过程里，能够感受到你的真诚，更容易接受你的拒绝决定。

当你意识到，对方的请求或需要是自己无法满足时，请尽量平静地、清晰地予以拒绝。请记住：你只是在拒绝一个请求，只要清楚地告诉对方你的决定就好，不必犹豫和闪烁其词。你只要清楚地告诉他，你可能帮不上忙或达不到他的需要。请注意，表达拒绝的过程并不需要刻意地提高音量，更不用表现出不满，甚至是指责。你只要把自己的意图说清楚，并简单地说明你拒绝这一请求的原因。比如，你可以告诉对方，“那个时间，我有一个重要的安排，无法陪你”，“虽然我想帮你，但可能能力不够”。你只要把这些理由简单说清楚就好，不需要刻意地详细解释或在细节上过多纠结，这么做容易使得对方感觉你在找借口，反而让对方感到不愉快。

面对被拒绝，对方可能会感到不高兴，甚至有些生气。这时更需要你的耐心和宽容，因为被拒绝是一种不愉快的体验，对方有消极的感受是难免的。即使对方对你的拒绝表示不满，也不需要对此再进行更多的解释。此时，也许换一个话题继续或者礼貌的告别，是不错的选择。如果你已经做出了拒绝的决定，需要表现出一种坚决的态度，表明你已经做出决定，不会再行更改。

每个人的能力有大小，时间有限，并不是别人的所有需求你都必须无条件地满足，你有决定是否接受对方要求或请求的权利。就事论事，你是在拒绝一个自己无法满足的要求，而不是在拒绝这个人。

拓展性资料——名人名著

【大家小传】

卡尔·罗杰斯（Carl Rogers，1902—1987），美国心理学家，是人本主义心理学的创始人之一。罗杰斯最为世人所知的，是他作为心理治疗研究的创始人之一，并因其开创性的研究而于1956年获得美国心理学会授予的“杰出科学贡献奖”。罗杰斯也因其专业工作而于1972年被美国心理学会颁授“心理学杰出专业贡献奖”。罗杰斯被认为是20世纪最著名的心理学家之一，排名第6，在临床心理学家中排名第2，仅次于西格蒙德·弗洛伊德。

【生平重大事件】

1902年1月8日，出生于美国伊利诺伊州。

1924年6月23日，获威斯康星大学文学学士学位。

1924年8月28日，与海伦（Helen Elliot）结婚。

1931年3月20日，获得哥伦比亚大学师范学院的哲学博士学位。同年，《儿童人格调适的测量》（*Measuring Personality Adjustment in Children*）一书出版。

1940年，受聘成为俄亥俄州立大学心理学教授。同年12月11日罗杰斯在明尼苏达大学演讲时第一次公开提出“以当事人为中心治疗法”。

1944年，创立美国应用心理学会并担任第一任主席。

1951年，《当事人中心治疗》一书（*Client-Centered Therapy*）出版。

1956年，成为“美国心理治疗家学会”第一任主席。荣获美国心理学会颁授的第一届“杰出科学贡献奖”。

1969年，《学习的自由》（*Freedom to Learn: a View of What Education Might Become*）一书出版。

1987年1月28日，获诺贝尔和平奖提名。

1987年2月4日，逝世于美国加利福尼亚州的拉荷亚，享年85岁。

【《当事人中心治疗》简介】

这是当事人中心疗法创始人罗杰斯对临床心理学界最具影响力的著作。该书分为十一章，从三个部分描述了当事人中心疗法，即当事人中心疗法的实践与理论、当事人中心疗法的运用、心理学理论的启示。该书详细介绍了当事人中心疗法的产生、发展和前景，并通过案例记录的重现向读者展示了该理论运用的特点及原则，直观易懂。同时，书中对该疗法在社会生活如教育、公司管理中的运用的实例分析也颇具现实意义，像在游戏治疗、以集体为中心的治疗、以集体为中心的领导及管理、以学生为中心的教学等。除了配有大量丰富的案例以外，专业水准高也是该书特色之一。最鲜明的特点是在治疗过程中要依靠当事人自己，从而使当事人达到更加有效的人格调整。

第五章　恋爱生活让爱情婚姻更美满

通过本章的学习，知道爱情的内涵和意义，了解大学生恋爱心理的特点；理解爱情的真谛，端正恋爱动机；提升爱的能力，增强爱的责任感，坚守爱情承诺，收获健康美满的爱情，并为走进婚姻和为人父母做好准备。

一、概念诠释与理论解读

（一）概念诠释

爱情　爱情是人际吸引最强烈的形式。它是现实生活中，两个个体基于一定的客观物质基础和共同理想，在各自内心形成真挚、相互倾慕，并渴望拥有对方的强烈、持久的感情。通常是情与欲的写照。爱情由情爱和性爱两个部分组成，情爱是爱情的灵魂，性爱是爱情的附加属性，并不是必要存在的，情爱才是爱情的根本与核心。爱情具有自主性、平等性、互爱性、持久性、专一性和排他性。恋爱双方是否幸福，并不取决于他们之间具有哪种爱情，而是取决于他们对爱情的理解是否一致。

喜欢　喜欢是对人或事物有好感或感兴趣。喜欢是一种感觉，属于认知范畴，包含欣赏、仰慕、钦佩、倾心爱慕、爱和崇拜等内涵。

友情　友情是指人与人在交往过程中建立起来的一种独特的情谊，互相拥有友情的人被称作“朋友”。友情可以是多方面的，人们可以因不同的兴趣，或在不同的情境中建立友情，友情不具有排他性。

恋爱　恋爱是双方在生理、心理和客观环境因素的共同作用下，相互爱慕和培养爱情的过程，是以爱情为核心的社会心理行为。其直接目的和最终归宿是爱情。其包括审美、激情等心理因素，生理唤起和共同生活愿望在内，是一种强烈的情感状态。社会心理学家认为，爱情以人与人之间相互吸引为基础，继而建立友情，萌发爱情，最后确立恋爱关系，是人与人之间感情纵向发展的过程。恋爱成功，双方发展成夫妻关系；恋爱失败，则恋爱关系解体。

激情　激情是一种强烈的情绪状态。它是爱情过程中萌发的“强烈渴望与对方结合的状态”。也就是说，见了对方会有一种怦然心动的感觉。性的需要是引起激情的主要方式，其他诸如照顾、归属、自尊与服从等也是唤起激情体验的重要因素，属于爱情中的动机成分。

亲密　亲密是指亲人间、密友间、伴侣间互相亲近与温暖的体验，相互契合与归属的感觉，属于爱情中的情感成分。亲密感则是人们与知己者融洽相处时的情感体验，包括与父母、兄弟姐妹之间的亲情、男女之间的爱情和朋友之间的友情等。有此情感体验者感到自己能与他人进行有效的接触和交流，感到他人对自己的关注和爱护，也感到自己是被人需要的、有价值的，生活是美好且幸福的。

承诺　承诺是指与对方维持爱情关系的意愿与决定，属于爱情中的认知部分。承诺由短期承诺和长期承诺两部分组成：短期承诺是作出是否爱一个人的决定；长期承诺是对伴侣间的亲密关系做出持久性的承诺。

恋爱动机 恋爱动机是恋爱行为产生的内部动力，由恋爱需要引起，并直接朝向恋爱目标。

爱的能力 著名心理学家、哲学家艾里希·弗洛姆在《爱的艺术》一书中指出，爱是一种发自内心去关怀和尊重对方的能力；爱是一种责任心，一种对对方需求愿意积极回应的愿望；爱是了解对方帮助对方成长的过程。爱是需要持续不断地学习和练习之后才能掌握的，一种需要踏踏实实锻炼和培养的能力。人们要维持一个稳定长久的爱情和亲密关系，需要具备爱的能力。

爱的责任 爱情中的责任是相爱的两个人内心自觉的意识，是爱的愿望与行动。真正的爱情是情感与责任的统一体，不仅有与爱人共度漫漫人生的决心，还有遇到挫折和困境时的勇敢面对；有双方同甘共苦、不离不弃的努力，也有为对方的幸福而甘于奉献的情怀。

和谐婚姻 心理学家阿德勒认为，“婚姻的意义是两个人共同结合以谋求相互间的幸福，他们孩子的幸福，以及社会的幸福”。所谓“和谐婚姻”，就是夫妻之间能够相互尊重，和谐共处。和谐的婚姻是父母送给孩子的最好礼物，能为孩子提供良好的生活和学习环境，塑造孩子良好的道德品质，使孩子形成活泼、好学、诚实、合群、信任等良好性格特征。

（二）理论解读

从母爱剥夺到依恋理论

约翰·鲍尔比（John Bowlby，1907—1990）是英国心理学家、精神病学家和精神分析学家。1907年2月26日出生在伦敦一个中上阶层家庭。父亲是一名著名的外科大夫。四岁前的鲍尔比一直有保姆陪伴，保姆的离开后来被他描述为如同失去母亲一般。1914年，鲍尔比被送往寄宿学校。1918年，约翰和哥哥被送往另一所寄宿学校。大概正是这样的成长经历，成为其日后研究依恋与分离问题的前提和基础。

1. 鲍尔比的母爱剥夺研究

鲍尔比对母爱剥夺（Maternal deprivation）的关注，是从失调儿童、不良少年的案例开始的。在他看来，这些孩子的心理发展问题与其从小生活在母爱缺失或家庭关系糟糕的环境中有直接关系。正是这些个案的触动，再加上自己童年经历的影响，鲍尔比将儿童精神病学确立为自己的事业方向，并将关注的重点具体到了母爱丧失或剥夺给儿童造成的影响问题。

鲍尔比认为，婴幼儿时期的儿童处于一个必须依赖母亲的阶段，只有母亲能够给予其所需要的一切，因此，与母亲的关系对婴幼儿来说至关重要，而对这种关系的破坏，则意味着有可能对其后来的心理健康造成巨大的不可逆的创伤。这一观点后来在其1951年发表的

《母爱关怀与心理健康》中进行了充分阐释。他通过对美国和欧洲战争儿童案例的研究，提出了母爱剥夺的危害，也指出了大型机构养育方式存在的问题。针对患病儿童的照顾问题，鲍尔比和詹姆斯·罗伯逊（James Robertson）合作，进行了跟踪观察和研究。他们合作拍摄了纪录片《两岁孩子去医院》（*A Two-Year-Old Goes To Hospital*），呈现了患病儿童在前往医院治疗时被迫与家人短暂分离的情形，证实了鲍尔比的观点，即患病儿童不应当与家人分离，由母亲来陪伴和照料的方式最有利于儿童的康复，更重要的是，这样的方式不会在儿童的心理发展中造成伤害。

鲍尔比的母爱剥夺研究，最受关注的问题是其对于母亲角色的定位。他对母亲角色重要性的强调，既成为让人耳目一新的亮点，也成为后来被争议甚至被质疑的焦点。在理论层面，鲍尔比明确地提出了儿童的人际关系经验是他们心理发展的关键这一鲜明的观点，而儿童与母亲的关系，正是这一发展时期中最重要的人际关系经验。这成为后来鲍尔比依恋理论研究的基础，也成为心理学关注儿童心理发展的全新视角，对儿童人际关系（亲子关系）的关注成为儿童心理健康的重要分析视角，对于儿童心理健康的理论研究和治疗干预工作，都具有重要的理论价值。由于母亲在儿童的人际关系中居于主动地位，鲍尔比的理论在干预角度，则体现为可以通过对母亲的帮助来实现对儿童心理发展的帮助。根据他的主张，如果给予母亲适当的干预和调整，比如说通过对母亲童年生活的回溯，使其重新体验小时候的经历并感受到被接纳，会非常有助于母亲与自己孩子相处中的共情与接纳，有助于良好的亲子关系的建立，从而实现对儿童心理发展的积极影响。在实践层面，鲍尔比对母爱的关注显然有利于整个社会对母亲角色的重视与关爱，并直接影响着寄养儿童和患病儿童处境的改善，使他们的心理健康问题和心理发展状况成为关注的重点。但同时这一理论也被一些政治组织所引用，成为其反对女性将孩子放入机构养育而投身工作的重要论据，这又不利于女性社会地位的平等实现。

2. 鲍尔比的依恋理论研究

习性学视角的理论框架。在鲍尔比对其所关注的母亲与其孩子分离对孩子所造成的创伤性影响进行研究时，习性学的理论框架进入了他的视野，特别是洛伦茨（Lorenz）对小鹅的印刻现象的描述引起了他极大的兴趣。鲍尔比正式阐释其构建于习性学和发展心理学基础之上的依恋理论框架，是通过他提交给英国精神分析学会的三篇文章，分别是《儿童连接母亲的本能》（*The Nature of the Child's Tie to His Mother*）（1958），《分离焦虑》（*Separation Anxiety*）（1959）和《婴幼儿的悲伤与痛苦》（*Grief and Mourning in Infancy and Early Childhood*）（1960）。应该说，这些文章共同构成了鲍尔比依恋理论的基础理论框架，描绘了他基于习性学概念的依恋理论的图景。

在《儿童连接母亲的本能》一文中，鲍尔比回顾了当时流行的精神分析理论对于儿童与母亲连接的解读。鲍尔比并不认同传统精神分析理论用满足需要的内驱力来解释母婴之间的连接，在他看来，2 个月龄的婴儿具有明显的依恋行为，而这些行为是由大量的本能反应构成的，这些本能的反应，将母亲与孩子，孩子与母亲连接了起来。为了支撑上述观点，他研究了同时期其他学者对婴儿的认知和社会性发展所进行的观察研究数据，比如，皮亚杰还整理了自己多年以来在伦敦参与的一个对年轻母亲进行支持的组织里所获得的经验。在对婴儿的发展进行了充分的研究之后，鲍尔比引入了廷伯根（Tinbergen）等人的行为学概念，包括符号刺激、社会性释放等。其中源于行为学理论的“刺激可能是来自内部也可能是来自外部”的观点是招致传统精神分析学者批评的重要原因，因为他们认为这样的行为主义取向的研究忽视了心理现象本身。

在《分离焦虑》中鲍尔比认为，只要情境发生变化，婴儿的分离焦虑就会随之出现，不一定是由于依恋对象不存在。在这篇文章里，鲍尔比还讨论了泛滥的或者不真实的母爱对婴儿的危险问题。在鲍尔比看来，不真实的和过度保护的母爱是源于一种补偿心理。事实上，婴儿如果出现过度的分离焦虑，往往与其不愉快的家庭经历相关，比如说被父母反复用抛弃来威胁或拒绝，抑或在失去兄弟姐妹的经历中承受了特殊的家庭责任等。此外，鲍尔比还在文章中讨论了另外一类案例，就是分离焦虑水平低于常态甚至缺失的情况。在他看来，这是一种处于防御状态的伪独立水平，并非真实的成熟状态。事实上，得到充分关爱的儿童会用抗议的方式来应对父母的分离，但是他们也会很快发展出很好的自我依赖。

在《婴幼儿的悲伤与痛苦》一文中，鲍尔比的观点与安娜·弗洛伊德的观点产生了分歧，即婴幼儿是否会感到悲伤？安娜认为，婴幼儿尚未获得足够的自我发展，所以在发生丧亲事件时，如果有替代的照顾者给予相应的满足，那么婴幼儿是无法体会其中的差异性的，因而不会因为丧失亲人而感到悲伤和痛苦。但鲍尔比的研究质疑了这种观点。他认为，只要依恋行为被启动，无论是婴儿还是成人，都会感到悲伤和痛苦。

至此，鲍尔比构建的依恋理论框架基本形成。基于习性学和生物进化论的观点，他特别强调了依恋的生物功能。鲍尔比认为，依恋行为的生物功能具体体现为保护儿童不受进化环境中有害因素的伤害，因为在客观上，弱小的婴儿需要与照顾者保持一种特定的亲近以保证自身的安全感。所以，婴儿与母亲（主要照料者）之间密切的依恋关系，是婴儿适应生存需求的一种本能。正是这种亲密关系提供的安全感，向儿童提供了他所需要的勇气，使他开始摆脱对母亲的依恋，转而向外部世界进发。依恋理论的核心主张，就是形成密切的依恋关系（安全依恋），并基于此关系摆脱依恋。

依恋三部曲是多学科研究平台的整合成果。尽管没有得到当时主流精神分析学家的认同，但鲍尔比仍然坚持着自己的研究理想。在这段时间里，鲍尔比遇到了很多让他感兴趣的大学者，如皮亚杰、埃里克森、赫胥黎、洛伦茨和米德等。这些学者的研究思路和方法进一步丰富了鲍尔比的研究视野，鲍尔比也开始将他们的研究成果运用于自己的研究工作中，验证自己的研究设想，深化自己的多学科研究框架，获得了具有创新价值的研究成果。

作为自己关于依恋问题研究的总结性成果，从 1969 年开始，鲍尔比陆续出版了他的

"依恋三部曲"。在1969年的第一部《依恋》中，鲍尔比阐释了他关于婴儿对母亲的依恋行为的研究视角，提出了动机理论与行为调节的观念，并应用这些观念来解释婴儿与母亲特定的依恋行为，从而界定依恋行为的概念是一种寻求接近依恋对象的行为，是婴儿避免自己处于危险之中的自我保护行为。在1973年的第二部《分离》中，鲍尔比重新回顾了弗洛伊德内在世界的概念，认为在个人的内部工作模式中自我及依恋对象是非常重要的，因而提供让婴儿自由探索的机会，并发展出相应的自我是非常有价值的。如果父母经常拒绝婴幼儿的要求使他们无法得到满足，婴幼儿会在内部工作模式中认为自己是没有价值的、没有能力的；而由于个人内部工作模式的作用，会使婴幼儿能预期依恋对象的行为，然后在内心计划自己的反应，因而建立起两者的依恋关系。在1980年的第三部《丧失》中，鲍尔比使用了信息处理系统理论，来解释内部工作模式稳定性的逐步增加以及防御性的扭曲。这一观点基于以下两点：一是互动模式逐渐成为习惯并且自动化，二是亲子间的互动性已经逐渐习惯，并反对改变目前的状态。

根据对鲍尔比的研究框架的回溯，人们看到，鲍尔比一生的研究都集中在儿童与母亲的依恋关系及其对心理发展带来的不可逆的影响。他执着于自己的研究理想，敏感地捕捉到了最新的科学研究成果和研究范式，应用于自己的研究，从而创造了多学科平台的研究范式，取得了具有创新价值研究工作。鲍尔比对研究工作的专注、对科学精神的执着、对新知识和新理论孜孜不倦的吸收，以及在研究工作中的创新精神，获得了人们的高度认可，即使在当时不能认同他的理论主张的一些学者，也在后来对他的研究工作表达了充分尊重。

当然，对于鲍尔比理论的争议，从其理论产生开始，从来都没有停止过，从一开始精神分析学者的强烈反对，到后来对鲍尔比行为主义取向的质疑，到具体的研究证据的怀疑。在这些争议中，有一些被证明是观念的固守所致，而有一些则属于研究方法问题，在鲍尔比自己和后来的继承者的努力下，不断地进行着修正和深化。虽然有这些批评和争议，但是鲍尔比的依恋理论仍然是20世纪心理学值得关注和尊重的研究成果，它的许多预言一直在充分的检验中，更多关于依恋行为不同类别的研究，比如关于父爱、兄弟依恋和祖父母看护的研究，以及成人依恋的研究，不断带来对依恋理论的发展和完善。

二、自测、阅读体验与活动

（一）阅读体验

维持爱的能力　让爱历久弥新

当热恋的激情逐渐褪去，爱情的新鲜感逐渐消失，恋人之间因差异而产生的争吵越来越多，很多人陷入"相爱简单、相处太难"的困惑当中。为什么恋人会"相爱相杀"？如何才能让爱情历久弥新？

1. 爱在志同道合

爱情是一场志同道合的旅行。志同道合指的是人与人之间志向、兴趣相同，理想与信念相契合。历史上有很多志同道合的爱情典范，例如，周恩来和邓颖超的爱情就是建立在志同道合的基础上的，他们共同投入伟大的革命事业中，为世人留下了一段举世传颂的红色爱情故事。只有建立在志同道合基础上的爱情之花才能经久不谢，而建立在容貌、权力、经济等基础上的爱情，经不起风浪的考验。

2. 接纳彼此差异

著名家庭治疗心理学家萨提亚曾指出："人们因为相同而联结，因为不同而成长。"这句话运用到爱情当中，"相同"可以理解为志同道合，"不同"可以理解为除此之外的人与人之间的差异性。每个人都有自己的独特性，无论与谁相恋，我们都要学会的是：承认并尊重彼此之间的差异。否则，即使我们结束一段恋情，进入新的恋爱关系后，如果不改变自己，旧有的相处模式依然会困扰着我们的爱情。例如，一对恋人的兴趣不同，男生喜欢足球，女生喜欢音乐。热恋的时候，男生总是陪着女生听音乐会，参加各种演唱活动。但是，时间久了男生无法忍受这种生活，开始联络以前的球友们踢球、看球。女生认为男生不再爱他，经常发脾气指责男生，两个人的关系陷入僵局。其实，人与人之间的差异不是隔离彼此的障碍，而是相互学习成长的机会。重要的是，要带着好奇及欣赏的眼光去看待彼此的不同，尊重对方，从而在差异中获益。这一对恋人在心理咨询师的辅导下，通过沟通，了解到音乐和足球是两个人在生活中与其他人联结、减缓压力的重要方式，从而选择尊重并支持对方的爱好。就这样，两人重新恢复了以往的亲密，不仅有了自己的自由空间，而且愿意参与对方的活动，并从中认识了很多新的朋友，丰富了自己的生活。

3. 理性化解冲突

在爱情生活中，恋爱双方出现矛盾和摩擦是在所难免的事情。但是，有的人被情绪控制了头脑，或通过"大吵大闹"的方式解决，或以冷漠抗拒应对，这些都是不成熟的表现，只能将爱情推向深渊。矛盾和冲突不是问题，问题是恋爱双方如何去面对矛盾和冲突，理性化解矛盾，在解决问题的过程中增进感情。

第一，认识冲突。恋人之间的冲突包含以下几个含义。首先，彼此很在意对方，重视对方，想让对方改变；其次，冲突是想解决问题，让感情继续；最后，冲突是一种沟通方式，只是不那么令人舒服。冲突中，每个人都在表达自己的观点，从某种程度上可以促进两个人的相互理解。

第二，调整情绪。情绪是信使，提醒我们关注一些信息。恋人之间发生冲突时，如果对方有激烈的负性情绪，说明他/她被爱、被理解、被尊重等内心需求没有得到满足。你可以根据对方的需要做出反馈，先让对方的情绪恢复平静，再平心静气地沟通。例如，对方感觉你不在乎、不爱他/她了，你可以真诚地表达对他/她的爱，或者用拥抱表达你的爱，满足其内心的需要。如果恋爱的双方情绪都很强烈，那么两个人需要先冷静下来，再进行沟通。

第三，真诚有效地沟通。沟通是人与人相处的艺术，爱情中的沟通也是如此。在大学校园里我们经常听到恋爱中的男生抱怨："我也不知道自己做错什么，女朋友就莫名其妙地生气了。"而女生往往会说："他根本不喜欢我，一点都不了解我。"看来，女生的心思最难猜，男生经常发现自己费尽心思却不讨好，恋爱中因沟通不畅而发生冲突的事情很常见。因此，大学生要学会真诚有效的沟通，如果对方不明白你的心意，何不直截了当地向他表明？沟通时要真诚，目的是达成两人的相互理解，而不是为了羞辱、指责对方。

4. 设立爱情账户

让我们来想象一下：从两个人确定恋爱关系开始，相当于每个人在对方心里设立了一个“爱情账户”。如何向对方的爱情账户存钱呢？很重要的原则，就是对方要感受到爱，即用他/她的爱的语言去爱。

每一次你让对方开心、感受到爱，就是在对方心中的爱情账户中存钱；每一次你让对方痛苦，就是在对方的账户里取钱。两个人在相恋的过程中，如果他/她一直在你心中存钱，而你却一直从他/她心中取钱，直到有那么一天，你在他/她心中的爱情账户余额为零，他/她便会离开你。而你的心中都是他/她留下的美好回忆，这会让你悔不当初。

想一想，在你与恋人的相处中，你会有哪些存钱的行为？哪些取钱的行为？将你的行为和同学分享。

（二）自助活动

存钱的行为	取钱的行为

1. 爱的行动和计划

“恩情仪式”是保护亲密关系，不让外界的压力渗入亲密关系之中，让“爱”保鲜的秘诀之一。

小贴士

牵手的10大理由

心理学家认为，判断男女两个人是否适合“牵手”，应考虑以下10个因素：

第一，彼此是朋友，无条件地喜欢与对方在一起。

第二，沟通顺畅，彼此之间可以真诚、敞开自己的内心。

第三，有共同的理念和价值观。

第四，双方都愿意拥有长久的婚恋关系。

第五，共同面对差异和冲突，不压抑，不逃避。

第六，彼此快乐相处，以乐观、幽默的态度对待生活。

第七，彼此非常了解并且接纳对方，同时也确信自己得到对方的接纳。

第八，彼此之间相互了解，相互信任，相互支持。

第九，与对方相处感到自由自在。

第十，相处方式较理性和成熟，双方在很多层面上感觉很相配。

每天给对方一个微笑；早上出门前，询问今天会发生在对方身上的事情，给对方一个拥抱和祝福；白天给对方一个问候、鼓励的电话或信息；晚上见面时，给对方一个拥抱；同时问对方今天发生了什么事情，有什么感受；问对方有什么需求；表达对对方的欣赏或感谢；晚上互道晚安等“恩情仪式”，可以让我们打开心扉，感受到爱，帮助我们关系更加亲密。

（1）写下在你和恋人的生活中，能够维系、增进亲密关系的五个“恩情仪式”。除了现在生活中已有的“恩情仪式”外，也可以回顾过去一些很久没做、让你感到温馨的“恩情仪式”，或者从别人身上学到的，可以加入你们目前生活的“恩情仪式”。

（2）写下可以增进你们俩亲密关系的活动。例如，一起编辑专属你们俩的纪念册、创作音乐、参加音乐会、看电影等。如果想不到好主意，可以回顾你们俩刚开始交往时最爱做的一些事，如一起骑车去郊外、一起运动等。越有创意越好。

（3）请与你的恋人分别写下三件做了会让自己很开心的事，三件做了会让对方感觉开心的事，三件你认为做了会让你们俩都很开心的事。

（4）与恋人一起分享上面几个问题的答案，增进对彼此的了解。和恋人一起讨论，列出一份清单，把双方都喜欢的“恩情仪式”以及有趣的活动都列举出来，越多越好。在生活中经常去实践、践行清单上的活动。

2. 制作爱的纪念视频

找机会为你所爱的人制作一份珍贵的“爱的纪念视频”。内容可以包括你最欣赏TA、爱TA的特质（如容貌、个性、品格、才华等）是什么；你们俩共处的时光里，你最珍惜、怀念的是什么；有哪些事是你感激对方，要感谢对方的；有哪些事是你想要对方原谅的；你想对对方说哪些正面的感受与体验，表达心中的爱，让所爱的人真的知道你爱TA；告诉对方你对TA的祝福和鼓励等。

3. 理解和沟通

在恋爱中两个人之间有差异是一定的，你是如何理解彼此之间存在的问题的？你怎么看待下面这些现象？试着就这些问题和你的另一半沟通一下，看看对方的想法和你的理解有何不同。

引发事件	你的理解	对方的理解
对方经常忘记曾经答应你要做的事情		
对方似乎不再热情，你也不在乎		
埋怨自己在这段关系里付出更多		
你觉得很难向对方开口求助		
对方常因小事发脾气，却有意躲闪真正的问题		
对方总想改变你		
对方从来不考虑两个人的未来		
……		

三、经典案例与热线问答

（一）经典案例

走出失恋的伤痛

1. 基本情况

小李是某高校大四年级女生，中学毕业于某省全国著名的高中。小李身材匀称，肤白貌美，举止得体大方。她的父母均为农民，高中学历，家里还有一个姐姐。小李于一年前与相处了六年的男友分手，之后一直心情不好，没有胃口，不想吃东西，失眠严重，影响到正常的学习和生活。小李到咨询中心求助希望疏导情绪，尽快调整好状态，快乐起来，能够投入研究生入学考试的准备工作中去。

小李从小学开始就在学校寄宿，和父母关系不是很融洽、亲近，她一直没有什么朋友，更没有异性朋友。中考前小李和男友开始谈恋爱。男友学习成绩不好，没有考上重点中学，进了一所职业高中，小李则考上了全省最好的高中。高中阶段，小李的学校每周只给学生放半天假，在这样的环境中，小李觉得压力很大，也很压抑。高中三年，男友对小李都特别温暖、体贴，每个周末他都来校门口等小李一起出去吃饭，陪小李度过珍贵的半天假期；他还经常偷偷翻墙进学校来看望小李，给她带来许多她喜欢的零食等，这段关系让小李觉得又温暖又刺激。由于在学校里小李一直没什么朋友，慢慢地，她越来越依赖男友，遇到什么事情都和男友说。男友的陪伴让小李顺利度过了艰难的高中三年时光，并顺利考上了一所知名高校。谈恋爱后，男友一直在努力追赶小李，然而，不同的学校环境有不同的学习氛围，职业高中里绝大多数学生都是毕业后就找工作，学习劲头不足，男友尽管很想追上小李的脚步，但一方面是学习基础不好，另一方面受环境影响，不够努力勤奋，职高毕业后只考上本地的一所三本院校。从此，两人开始了异地恋。

异地恋的日子完全没有了往日的美好，小李不善于与周围的人交往，唯一的朋友就是男朋友，到大学后又遇到学习适应、环境适应、学习压力等问题，随时都想找男友倾诉。因为不在一个城市，两人只能通过微信、电话等方式联络，但两人的学习安排、作息方式等都不一样，小李特别羡慕周围的女同学能够天天和男朋友一起吃饭、学习，而自己的男友连回复信息都不如以往积极了，有时候甚至能感觉到明显的敷衍。小李越来越感到不安、害怕，感觉男友不像以前那样爱自己了。从大二开始，两人开始经常吵架，争吵后也不容易和好，男友开始指责小李乱发脾气、无理取闹，小李觉得男友不爱自己了，怀疑男友有了新欢。小李开始不断向男友道歉，觉得是自己脾气不好，太小气了。和好后不久两人又会继续争吵。这段关系让小李和男友都十分痛苦。大三下学期，男友提出分手，小李就陷入了失眠，不停地哭泣，情绪低落，兴趣丧失状态中。之后两人反反复复，一会儿是小李想和对方复合，对方态度不清晰，一会儿对方想复合，一会儿又犹豫不决。

2. 咨询过程

（1）客观认识失恋的原因

小李和相恋六年的男友分手后，出现情绪崩溃、悲伤、痛苦等情绪都是正常的，说明她在这段恋爱中投入了真感情。小李在对自己的情绪有了认识和理解的基础上，心理咨询老师带领她反思这段恋爱经历，看一看这段经历给她带来了哪些影响，她从中学到了什么，对自己、对前男友，以及什么是爱情有哪些新的认识。从吵架、分手到现在一年多时间以来，小李都认为是自己脾气不好，要求过多等原因，导致男友要和自己分手，都是自己的错。她不停地向男友道歉，可是，都于事无补。小李头脑中的这种想法越来越强烈，严重影响到自己的生活和学习，她陷入了不断的自责中，自我价值感明显降低，认为自己不值得被爱，再也不会有人爱自己了。正因为失恋给小李带来了强烈的自我否定，她才很长时间都不能从失恋的悲伤、自责中走出来。那么，小李应该如何看待这段感情经历，以及失恋的原因呢？

高中阶段，小李和男友基本上每周至少能见一面，男友的学习相对轻松，有时间、精力陪伴和照顾小李，小李的需要能够得到及时满足。上大学之后，两个人之间的差距进一步拉大，生活和学习环境完全不同，特别是空间距离又加大了两人心理上的距离。小李对未来有比较清晰的期待，希望自己能继续念研究生，在专业上有所建树。男友尽管主观上努力想追上小李的脚步，无奈现实和理想间的差距越来越大。小李周围的同学、亲人都在劝说她，觉得男友和她不合适。两个人也对未来越来越迷茫，小李不知道未来要在哪里生活，也没有考虑过要过什么样的生活，两个人如果要在一起，未来能过什么样的生活，这些问题都让小李头痛。小李适应大学生活后，越来越喜欢这座大城市，想要留在这里，但男友目前的学历和能力，可能很难在大城市找到合适的工作。男友当然也意识到了横在他们爱情中间的现实问题，两个人要想长久在一起，自己必须加倍努力，争取能够考上重点院校的研究生，但这个目标对他来说太难了。两个人的理想和追求的差距越来越大，共同语言越来越少，而小李对男友的心理依赖又越来越强，不安全感让她抓狂。小李经常向男友发脾气的背后是对未来的迷茫和担心，是对这段感情的担忧。在这样的感情纠缠和痛苦中，男友对自己没有信心，对两个人的未来没有信心，因而选择了分手。分手并不是因为小李不好，不值得被爱，而是两个人没有共同的理想和追求，在面对差异的时候没有进行很好的沟通。认识到这一点后，小李慢慢减轻了自责，情绪状态得到了显著的改善。

（2）什么是真正的爱情

真正的爱情是两情相悦，是志同道合；真爱是两个人细水长流后发展出来的深厚友情。

激情很难持久，真爱需要承诺才能持久。每个人的心理需求都在不断改变，小李在高中阶段想要的是男友对她的照顾和疼惜，进大学后，小李想要的更多，希望男友可以和自己有共同语言和追求。小李和男友在相爱的过程中，两个人在理想和追求上的差异越来越大，加上缺乏有效的沟通，矛盾和差异与日俱增。心理咨询老师在和小李一起梳理恋爱经历的过程中，小李认识到自己和前男友都还需要培养爱的能力。失恋正好让自己可以去反思，去成长，而不是一味地自责和痛苦。首先，小李要学会爱自己，学习欣赏自己，尊重自己，不要将男友的认可作为自己价值的唯一标准。小李还需要学习为自己负责。热恋中的人往往会有强烈的情感体验以及对性的渴求，这是正常的心理和生理反应。但是，不能幻想用性的方法拴住恋人的心。小李的前男友多次对她提出性的要求，但小李对性比较保守，认为不应该有婚前性行为。在与前男友恋爱的前四五年都坚持不同意发生性关系，认为性是不好的，害怕性行为。但在两人关系出现矛盾，闹分手的时候，小李觉得发生性关系会对改善关系有好处，认为两个人未来会在一起，就和男友发生了关系，有讨好的意图，自己觉得不好，不敢告诉父母。她讨厌性行为，也更加讨厌这样的自己，在这段关系中迷失了自己。和男友分手后，小李更加觉得自己不好了，认为自己不纯洁了，不会有人再爱自己。咨询师帮助小李认识到，如果我们相信自己值得被爱，不会将亲密关系中的安全感过度寄托在性上面。但是，发生了性关系并不意味着自己不好，小李逐渐减轻了自责、内疚和羞耻感，开始重新认识自己，建立自信心。自己有上进心，学习能力强，对人友善，真诚善良……是值得被爱的。

3. 反思

(1) 年纪尚小时，应避免让爱情关系进展过快

小李在高中阶段就和男友关系非常密切，男友成了她唯一的朋友。高中生的自我价值感、个性、价值观等都还处在发展过程中，还不够稳定，对“我是谁”“我要成为什么样的人”等问题都还没有清楚的认识。在这个阶段，如果恋爱关系进展迅速，一开始就如胶似漆，等到彼此在人生观、价值观等方面出现重大差距，不能调和，爱情走不下去时，恋爱双方都会受伤。成熟的恋爱要经过相识相知—接纳信任—相互支持—承诺—性爱等阶段，关系进展过快会减少双方彼此信任、相互了解、建立亲密的机会，并最终降低你的吸引力。

(2) 接纳彼此差异，理性化解冲突

正如世界上没有两片完全相同的树叶，恋爱双方存在差异也是非常正常的事情。“人们因为相同而联结，因为不同而成长。”这句话运用到爱情当中，“相同”可以理解为志同道合，“不同”可以理解为除此之外的人与人之间的差异性。两人相爱的基础首先是志同道合。小李和前男友在面临上大学后的差异时，需要讨论如何规划两个人的未来，彼此支持和鼓励，发现对方身上的潜能，尊重和欣赏对方，朝着共同的理想前进。人与人之间的差异不是隔离彼此的障碍，而是相互学习成长的机会。重要的是，要带着好奇及欣赏的眼光看待彼此的不同，尊重对方，让对方感受到自己的价值，满怀自信地面对生活中的困难和挑战。小李在上大学后，如果能够感受到男友的自卑和对未来的担忧，多给予男友鼓励和欣赏，帮助他减轻压力，也许两人能够走得长远。小李在面对差异和冲突时，被焦虑和恐惧情绪控制了头脑，常常通过发脾气、大吵大闹的方式去解决，这是不成熟的表现，结果把爱情推向了深渊。

(3) 真诚有效地沟通

沟通是人与人相处的艺术，爱情中的沟通也是如此。进入大学后，小李和男友的生活学习环境发生了很大改变，与之相应，两人的理想、追求和心理需要也和高中时期不同。面对未来的不确定，他们的内心都有很多不安和迷茫。这时，他们更需要真诚而有效的沟通，了

解彼此的内心感受，给予对方相应的支持和爱，共同规划和设计未来，并向着梦想努力，而不是互相猜忌。

（二）热线问答

1. 父母不喜欢的我的男/女朋友，怎么办？

不少大学生在恋爱时可能会遇到父母不喜欢自己交往对象的问题。一方是爱自己的父母，另一方是自己的所爱，我们该如何面对这一困境呢？

把恋人介绍给父母要讲究一定的技巧。当你决定要把男朋友或者女朋友介绍给父母的时候，可以告诉他们，你找到一个自己觉得比较适合的人，正在学习如何恋爱和相处，并向父母详细介绍你眼中的他，你欣赏他哪些品质，你和他相处时有什么感受等，请他们帮忙出出主意、把把关，这会让父母提前对你的恋人有所了解，也愿意给你更多自由探索的空间。不要等到你已经决定了哪怕赴汤蹈火都要跟这个人共度一生时，才通知父母，让他们措手不及，自然会产生一种抵触情绪，不喜欢你的恋人。

了解父母“不喜欢”的原因。处于热恋阶段的你和作为过来人的父母，选择伴侣的标准可能不一样，你可能更在意彼此的感情是否浪漫和甜蜜，父母则会考虑你选择的对象是否适合“过日子”，能否给你带来安稳和幸福。所以，当他们表达不喜欢时，请带着好奇，听他们讲讲“不喜欢的道理”，听听他们担忧背后他们听到、看到、经历过的故事，从中或许你可以学到不少解决问题的能力。

让父母看到你们解决问题的能力。了解父母不喜欢的原因及背后的担心后，你和恋人要一起努力，让父母通过日常小事看到你们的成长和担当，看到你们为了抵御可能的风险所做的具体的努力，让他们相信你选人的眼光，慢慢相信你和他在一起一定会幸福。

2. 恋人一再提出性要求，怎么办？

恋爱中的大学生可能很多都遇到过恋人提出性要求的情况。这对 20 岁左右的青年人来说，是很正常的事。

婚前性需要是青年人生理和心理发展的需要。就个体而言，是否发生婚前性行为，应以自愿为前提。面对恋人一再的性要求，第一，你要问问自己，这是你的需要吗？你能接受婚前性行为吗？不要因为害怕对方离开而逼迫自己发生婚前性行为。第二，大学生还没有做好进入婚姻的准备，在与恋人发生性行为时，一定要做好保护措施，避免未婚先孕或感染疾病。

3. 如何才能觅得适合自己的另一半？

无论从生理还是心理发展的特点来看，大学生都进入了发展亲密关系的阶段。如何才能在茫茫人海中找到适合自己的另一半呢？

首先，你需要扩大交往范围，与不同的人相处。你对不同类型的人越了解，就越能了解自己是谁，自己要什么，自己和哪种类型的人在一起最舒服，这样你就越有可能找到最适合自己的另一半。大学生在找到一生配偶前，首先需要与身边的人培养健康的友谊，这种友谊会告诉你，你从恋人身上真正需要的是什么。

要找到适合自己的恋人，你需要先提升自己的修养和能力，成为一个令自己满意的人，独立自信的人。大学阶段最重要的任务是学业，这是未来事业的基础，也是一个人安身立命之本，能让你成为一个经济和人格独立的人。把幸福抓在自己手里，而不是交给别人，找到除了爱情之外，可以让你坚强地站在大地上的东西。

在人际交往中学习沟通。良好沟通的基础是信任，当你在与人交往的时候，对自己诚实一点，问问自己的感觉，确定你在交往的对象是你在感情上觉得安全的。不要企图去改变对方，遇到对方缺点或不喜欢的地方，不要想如何让对方改，而要想想这样一辈子你能不能忍受，如果觉得可以接受，那才可以。

拓展性资料——名人名著

【大家小传】

约翰·鲍尔比（John Bowlby，1907—1990），英国心理学家、精神病学家和精神分析学家，其因在儿童发展和依恋理论方面的贡献而闻名于世。他将精神分析、认知心理学和进化生物学等学科统合在一起，纠正了弗洛伊德精神分析理论对童年经历的过分强调和对真正创伤的忽视。因其卓有成效的研究工作，鲍尔比于 1989 年获得了美国心理学会授予的“杰出科学贡献奖”。鲍尔比被认为是 20 世纪最著名的心理学家之一，排名第 49。

【生平重大事件】

1907 年 2 月 26 日，鲍尔比出生在伦敦一个中上阶层家庭。

1911 年，保姆的离开对鲍尔比的童年来说是一件影响重大的事情，被他描述为如同失去母亲一般。七岁的时候，被送往寄宿学校。

1921 年，就读于达特茅斯的皇家海军学院。第一次接触到了弗洛伊德的著作。

1925 年，进入剑桥大学，两年后转向精神科的学习。21 岁时获得硕士学位。

1933 年，鲍尔比去西里尔·伯特（Cyril Burt）爵士门下就读博士，实际带他的导师则是苏珊·艾萨克斯（Susan Isaacs）。

1937 年，获得精神分析师资格证书，正式成为一名精神分析师。

1938 年，鲍尔比与外科医生的女儿乌苏拉·朗斯塔夫（Ursula Longstaff）结婚。

1951 年，《母爱与心理健康》（*Maternal Care and Mental Health*）出版。这份报告被翻译成 14 种语言，英文版的销量达到了 40 万册。

1957 年，鲍尔比在美国进修并接触到哈洛的恒河猴母爱剥夺实验研究。

1959 年，发表《分离焦虑》（*Separation Anxiety*）。

1969 年，“依恋三部曲”：第一部《依恋》（*Attachment*）出版。

1973 年，第二部《分离：焦虑和愤怒》（*Separation*：*Anxiety and Anger*）出版。

1980 年，第三部《丧失、悲伤及抑郁》（*Loss*，*Sadness and Depression*）出版。

1990 年，鲍尔比在苏格兰斯凯岛的度假屋中逝世，享年 83 岁。

《母爱与心理健康》英文版图书封面

【《母爱与心理健康》简介】

1951 年，鲍尔比发表了《母爱与心理健康》（Maternal Care and Mental Health）。在这部著作中，鲍尔比通过对美国和欧洲案例的研究，得出了他的主要结论，即“婴幼儿应该经历一段与母亲（或永久替代母亲）的温暖、亲密和连续的关系，并在其中得到满足和享受”，如果婴幼儿缺失这样一种关系，可能会造成重大和不可逆的心理健康后果。自 1955 年至 1986 年，该书已经被引用至少 405 次，并被翻译成 12 种语言。1965 年，《母爱与心理健康》的第二版《关爱孩子与爱的成长》(Child Care and Growth of Love) 出版，尤其是该书的第一部分，运用大量翔实生动的案例和研究数据，非常有力地证明了母爱在儿童成长中不可或缺的地位，以及由于母爱剥夺而对儿童身心所产生的严重后果。

【“依恋三部曲”简介】

从 20 世纪 50 年代开始，鲍尔比综合进化生物学、习性学、发展心理学、认知心理学和控制论等领域的最新研究成果，开始构建新的研究框架。他从进化和人类学的角度来看待儿童的心理发展，认为只有考虑人类行为的适当环境即进化的基本环境，才能对人类行为有正确认知。在他看来，在人类进化的进程中，为保护弱小者免受威胁，婴儿需要和父母保持接近，而这种依恋行为正是促进和维持与养育者亲近的姿态和信号，比如婴儿的啼哭和微笑，就是最明显的依恋信号。而依恋行为是婴儿与生俱来的本能。鲍尔比的这些研究成果，集中地体现在其后来于 1969 年、1973 年和 1980 年出版的重要著作“依恋三部曲”中。

第一卷：《依恋》

本卷鲍尔比重点对依恋行为的本质进行了系统论述。其由三部分构成。第一部分，鲍尔比阐述了依恋理论的产生背景及研究支持，论述了其观点同精神分析学派，尤其是弗洛伊德的区别。第二部分，鲍尔比详细阐述了本能行为，并以此为切入点，在探讨动物不同行为模式的基础上，阐述了他关于行为控制系统的观点。第三部分，鲍尔比详细论述了另外一个他非常关注的概念，内部工作模型 (internal working models)。所谓内部工作模型，其实就是头脑表征 (mental representation)，由三个成分构成，个体对自我、重要他人以及两者间关系的期望。

第二卷：《分离》

本卷主要论述了婴儿的分离焦虑。全书由三部分构成：第一部分阐述了儿童的“安全、焦虑和悲伤”；在第二部分，鲍尔比从动物行为学的角度，论述了人类的恐惧行为；第三部分介绍了恐惧感的个体差异，详细论述了焦虑型依恋模式。

第三卷：《丧失、悲伤及抑郁》

本卷主要探讨个体的悲伤和哀悼行为，以及焦虑和丧失所引发的防御机制。在本书中，鲍尔比从行为观察、概念解读和现存争议三个角度入手，论述了儿童的丧失和哀悼行为。与前两卷不同的是，在第三卷中，鲍尔比运用认知心理学和人类信息加工的最新成果来解释内个体的防御机制。

鲍尔比工作照

第六章 调适情绪 应对压力

情绪像一个多棱镜，让我们的生活变得五颜六色、丰富多彩；情绪又像一个调味瓶，让我们的生活中有了酸甜苦辣咸。通过本章学习了解和认识情绪，做情绪的主人；学会应对压力，提升抗逆力和耐挫力。让积极情绪为我们引航，我们会一路向着快乐出发。当拥有一个良好的心态时，我们终将收获幸福的人生！

一、概念诠释与理论解读

（一）概念诠释

情绪 情绪是指有机体反映客观事物与主体需要之间的关系的态度体验。即主体伴随着认知和意识过程产生的对外界事物的态度，是对客观事物和主体需求之间关系的反应，是以个体的愿望和需要为中介的一种心理活动。情绪是一种内部的主观体验，但在情绪发生时，又总是伴随着某种外部表现。这种外部表现也就是可以观察到的某些行为特征，如面部表情、姿态表情和语调等。情绪具有以下特点：（1）独特的主观体验；（2）明显的机体变化和生理唤醒状态；（3）独特的生理机制。最基本的情绪形式是喜怒哀惧。不同性质、不同程度的基本情绪可组成各种复合情绪。

情商 情商是由哈佛大学的心理学博士丹尼尔·戈尔曼提出的概念。情商是情绪智力商数（Emotional Intelligence Quotient）的简称，也就是EQ。它是衡量个体情绪调节能力和社会适应能力高低的一个指标。情商通常包括五类能力：①了解自己的情绪，能及时察觉自己的情绪，了解产生情绪的原因。②控制自己的情绪，掌握情绪调节的各种方法，善于摆脱消极情绪。③自我激励，懂得整理情绪，确定切实可行的目标，并朝着一定的目标努力，培养克服困难的信心和能力，善于自我鼓励、自我监督、自我教育。④善于了解他人情绪。理解他人的感觉，觉察他人的真正需要，具有同情心。⑤维系融洽的人际关系。能够理解并适应他人的情绪，包容、大度，积极处理人际交往中的问题，主动与人沟通。

积极情绪 积极情绪是指个体由于体内外刺激、事件满足个体需要而产生的伴有愉悦感受的情绪。积极情绪是一种能够反映与环境相关的愉快情感，包括高兴、喜悦、兴奋、愉快、满足、轻松等。积极情绪能够激活一般的行动倾向，对于认知具有启动和扩展效应，能够建设个体的资源，撤销消极情绪产生的激活水平，能够促进组织绩效。积极情绪是心理健康的重要组成部分，同时对身体健康具有促进作用。积极情绪对于个体的适应具有广泛的功能与意义。

消极情绪 消极意味个体对人、事、物等所持的一种被动、消沉、不求进取、易受他人支配从而被动适应环境的态度。消极情绪是指在某种具体行为中，由外因或内因影响而产生的不利于个体继续完成工作或者正常的思考的情绪。即由妨碍与干扰需要得到满足的东西所引起的情绪，包括：忧愁、悲伤、愤怒、紧张、焦虑、痛苦、恐惧、憎恨等。

压力 压力即应激（stress）。它是指在适应生活的过程中，当环境的需求和我们自身的应对能力不匹配时，人们感受到的一种身心紧张状态。压力是一种感觉，当你觉得要承担的要求超出了你所能够掌握的各种资源时，压力就来了。

抗逆力 抗逆力又称心理弹性、韧性。抗逆力是指一个人面对危机或困难的适应能力，即当个体遭遇挫折时，能积极自主地摆脱困境并使自己的心理和行为免于失常的能力。抗逆力的核心因素在于复原，即重新回到压力事件之前具有的适应的、胜任的行为模式，具有较强抗逆力的个体通常具有较高的耐挫力。

幸福感 幸福感就是人们根据内化了的社会标准对自己生活质量的整体性、肯定性的评估，是人们对生活的满意度及其各个方面的全面评价，并由此而产生的积极性情感占优势的心理状态。幸福感具有主观性、整体性和相对稳定性等特点，通常用幸福感指数（Index of Well-Being）进行量化。

积极心态 积极心态主要是指积极的心理态度或状态，是个体对待自身、他人或事物的积极、正向、稳定的心理倾向，它是一种良性的、建设性的心理准备状态。拥有积极心态的人在面对工作、问题、困难、挫折、挑战和责任时，从正面去想，从积极的一面去想，从可能成功的一面去想，积极采取行动，努力去做，把生活中的一切当作一种享受的过程。

（二）理论解读

情绪与应对理论研究的翘楚

理查德·拉扎鲁斯是著名的美国心理学家。他一生共有150多篇学术论文和20多部著作。1966年的《心理应激与应对过程》（*Psychological Stress and the Coping Process*），作为行为科学中的经典著作，对社会学、人类学、生理学和医学等都有深远的影响。1984年出版的《应激、评价和应对》（*Stress, Appraisal, and Coping*）和1999年的续集《应激和情绪：一种新的结合》（*Stress and Emotion: A New Synthesis*），在心理学界中被广泛阅读和引用。1991年的《情绪与适应》被誉为近代历史上情绪研究最重要的著作之一。

1. 拉扎鲁斯的情绪观

拉扎鲁斯对情绪的研究有重要影响。拉扎鲁斯曾说："我难以相信，在研究心理现象或人与动物的适应行为时，能够避而不谈情绪的重要作用。那些忽视了这一点的理论和实践心理学是落伍的，应该被淘汰。"在早年行为主义盛行的时候，拉扎鲁斯就能够认识到情绪的重要性，这是难能可贵的。

（1）对情绪的理解

首先，拉扎鲁斯认为情绪是一种“反应综合征”（Response Syndrome），不能将情绪单纯地归结为生理激活这个单一变量。情绪应该包括生理、认知和行为的成分，每种情绪都有它自身所独有的反应模式。其次，他认为，情绪也不是一种动机或驱力。如果把情绪看作动机，将只会引导人们从动机去推测行为的适应或不适应性的情绪模式，而不去注意情绪反应的独特性质。拉扎鲁斯认为个体对自身的遭遇或生活本身的评价是情绪体验的基础，认知评价在情绪产生中发挥着重要作用。

（2）情绪的定义

拉扎鲁斯认为情绪是对意义的反应，这个反应是通过认知评价决定和完成的。他指出：情绪的发展不但来自环境信息，而且依赖于短时的或持续的评价。因此，情绪是一种生理心理反应的组织。拉扎鲁斯也考虑到了生物学因素和文化因素对情绪的重要意义。他认为文化可以通过如下四条途径影响情绪：第一，通过人们知觉情绪刺激的方式；第二，通过直接改变情绪表达；第三，通过决定社会关系和判断；第四，通过高度仪式化的行为（如悲痛）。同时，拉扎鲁斯也强调，人们在对情绪进行解释时，完全可以从个体认知的角度来解决问题，不必去强调情绪是受了生物因素的影响还是文化因素的影响。按照情绪的定义，拉扎鲁斯列出了15种具体情绪及其“核心相关主题”（见表6-1）。

表 6-1 情绪与其核心主题

情绪	核心相关主题
发怒	对我及我的所有物的贬低或攻击
焦虑	面对不确定的存在条件
害怕	一种直接的、真实的、巨大的危险
内疚	道德上的违反
害羞	过错归结到自己
悲伤	体验到不可挽回的丧失
羡慕	想要别人所有的东西
嫉妒	憎恨他人得到别人的爱，希望他不再进步
厌恶	从事或接近令人讨厌的物体、人或思想
高兴	向着一个真正的目标
骄傲	由于自己的成就得到别人承认或认同而使自我增强
放松	沮丧的心情得到改善
希望	怕坏的结果，想要更好的结果
爱	经常渴望的情感而不要回报
同情	被他人的遭遇所感动而愿帮助他

（3）情绪的认知—评价理论

这一理论着重强调了认知评价在应对和情绪产生中的作用。因此，在情绪研究领域，拉扎鲁斯的理论也得到了众多心理学家的关注和支持，他的理论也被认为是情绪产生的认知理论的代表之一。他认为，情绪是人与环境相互作用的产物。在情绪活动中，人不仅接受环境中的刺激事件对自己的影响，同时要调节自己对于刺激的反应。也就是说，情绪活动必须有认知活动的指导，只有这样，个体才可以了解环境中刺激事件的意义，才可能选择适当的、有价值的动作反应。按照拉扎鲁斯的观点，情绪是个体对环境事件知觉到有害或有益的反应。因此，在情绪活动中，个体需要不断地评价刺激事件与自身的关系。这种评价有三个层次：初评价、次评价和再评价。初评价是指个体确认刺激事件与自己是否有利害关系及其程度，这种评价是人生存适应的一个重要方面，只要人处于清醒状态，随时随地都会发生。次评价是指人对自己反应行为的调节和控制，它是一种控制判断，主要涉及个体能否控制刺激事件及其控制的程度。当个体要对刺激事件做出行为反应时，必须根据主观条件和客观社会规范来考虑行为的后果，从而选择有效的措施和方法。在这种控制判断的过程中，经验发挥着重要的作用。再评价是指人对自己的情绪和行为反应的有效性和适宜性的评价，实际上是一种反馈性行为。如果再评价结果表明行为是无效的或不适宜的，个体就会调整自己对刺激事件的次评，甚至初评，并相应地调整自己的情绪和行为反应。

2. 拉扎鲁斯的应对观

拉扎鲁斯等开拓性地对应对开展了系统研究。他认为，应对不仅可以作为特质来看待，更应该关注应对的过程研究取向，在此基础上，才能对应激有正确的认识与理解。

（1）过程取向的应激和应对概念

人们每个人都会遇到来自外界环境或个人内部的多种干扰，这种干扰有时超过了人们的负荷，或者人们没有足够的资源和能量去适应的时候，就使人们处在一种应激的状态中。对于应激的概念有三种取向：第一种取向将应激视为挑战性的事件或环境，第二种取向将应激视为反应，第三种则将应激视为一个过程。过程取向主要以拉扎鲁斯为代表，他认为应激是一个过程，人是一个积极的行动者，能够通过行为、认知和情绪状态来改变应激物的影响。在这一概念中，拉扎鲁斯认为应激的两个基本要素是“需要”和“适应”能力。其中“需要”又分为环境需要和内部需要。环境需要是指需要适应的外部环境，内部需要是指个体的计划、任务或目标、价值观和信念。如果这两种需要未满足，就会产生消极的结果。适应能力是指可以满足需要，避免因失败而带来消极后果的潜在能力。需要与适应能力之间的平衡与否，决定了人们是否会产生应激。可见，拉扎鲁斯认为，心理应激与人和环境之间的特殊关系有关。

根据拉扎鲁斯的观点，与应激相对应，应对是指个体不断改变着的认知和行为的努力，这种努力控制着（包括容忍、降低、回避等）那些被评价为超出个体适应能力的内部的或外部的需要。这个定义同样将应对也视为一个过程，强调在应激事件中人们的认知和行为随时间和事件发展而发生变化。同时，“控制”这个词在应对的定义中非常重要。它表明应对的结果可能是各种各样的，不一定必然导致问题的解决。应对的结果可能会，也应该力求做到纠正或控制发生的问题。但是，它们也可能仅仅是帮助个体改变了人们对威胁情境的认知，使人们容忍或接受带来的伤害或威胁，或者逃避这一应激性情境。应对过程不是一个单一的事件，因而拉扎鲁斯将其视为一个不断的评价和再评价以转变个体和环境之间关系的动态的连续过程。

（2）过程应对的研究方法

拉扎鲁斯对应激与应对的研究方法提出了自己的见解。综合来看，他主要强调了如下四个方面的问题。

第一，强调自然性。他们认为，实验室研

究有很大局限性。首先，实验室研究不可能研究整个的应对过程，只能研究一个或几个过程。其次，适应的结果需要经过一定的时间才能出现，如对身体健康和精神状态的影响，就需要相隔一段时间，才能显现出来，但是，在实验室中可以支配被试的时间没有那么长。最后，由于道德方面的原因，也不能让被试经受日常生活中同样内容和强度的紧张刺激。

第二，强调过程。即强调在应激性事件中实际发生些什么，以及发生的事情是如何变化的。

第三，强调多水平的分析，即从社会、心理、生理这三个有关联的因素着手，进行研究。

第四，强调个体内与个体间相结合的研究方法。所谓个体内就是一个人的不同侧面，或同一个人在不同场合与环境下是如何活动的。而个体间的研究方法是指研究许多人的一般规律，即寻找适合于任何人的共同规律。

拉扎鲁斯在其 50 多年的职业生涯中，都是围绕应激、情绪和应对过程这一研究主题展开研究。早期的传统心理学和哲学把情绪和理智看成是绝对对立和互相排斥的，但是，拉扎鲁斯的一系列实验研究纠正了这一错误观念。拉扎鲁斯认为情绪与认知是互倚与整合的关系，近年来这得到了情绪神经科学研究的有力支持。例如，前额皮层被认为是产生认知使心理活动得以表征的神经回路的重要组成部分。因此，拉扎鲁斯的研究成果对心理学发展产生了重要影响，他本人也被认为是这一研究领域的佼佼者、领导者。

拉扎鲁斯的认知——评价情绪理论，既承认情绪的生物因素、具有进化适应的价值，也承认情绪受社会文化情境的制约、受个体经验和人格特征的制约，而这一切又随时发生在对任何事物的认知评价中。这一理论把现象学的研究、认知理论和情绪生理学的研究结合起来考虑，是较为合理的，有助于推进情绪和认知关系的相关研究。无论是对应对领域还是情绪领域，这个理论都是迄今为止最为著名的认知理论之一。拉扎鲁斯以过程取向来看待应激和应对以及情绪，将环境事件、认知、评价、情绪、应对看作人的社会行为的连续过程，实际上这更能充分体现心理发展的变化性和动态性。

虽然如此，拉扎鲁斯的理论也并不是完美无缺的。比如，拉扎鲁斯把情绪看作认知评价的功能或结果，情绪是由认知决定的。这是正确的，但又不可避免地忽略了情绪对认知和行动的意义和作用而走向了现象论。同时，评价这一概念过于广泛而且含糊，因而要评定个体的评价就显得更加困难。但这并不影响拉扎鲁斯作为情绪与应对研究领域翘楚的历史地位而名垂青史。

二、自测、阅读体验与活动

（一）轻松自测

A. 你的情绪稳定吗？

测验

请根据你的实际情况，对下列题目做出“是”或“否”的回答。　　是　否

1. 尽管发生了不愉快的事，你仍能毫不在乎地思考别的事情。　　□　□

2. 不计前嫌，保持坦率诚恳的态度。　　□　□

3. 习惯把担心的事情写在纸上并进行整理。　　□　□

4. 做事情时，往往设定有可能实现的具体目标。 □ □

5. 失败后会仔细思考，反省原因，而不会愁眉不展，闷闷不乐。 □ □

6. 具有休闲自娱的爱好。 □ □

7. 常常听取众人的意见。 □ □

8. 做事有计划地积极进行，遇到挫折也不气馁。 □ □

9. 遭遇变故时，能够改变生活方式和节奏，以适应生活。 □ □

10. 在学业上，尽管别人比自己强，但仍保持“我走自己的路”的信条。 □ □

11. 对自己的进步，哪怕只是一点点，都会有高兴的表示。 □ □

12. 乐于一点一滴地集聚有益的东西。 □ □

13. 很少感情用事。 □ □

14. 尽管很想做某一件事，但自己估量后认为不可能实现时也会打消念头。 □ □

15. 总是周密地思考和理智地判断，不拘泥于细枝末节。 □ □

评分

每题选择“是”计1分，选择“否”计0分。然后将各题得分相加，算出总分。

【你的总分】__________

0~6分，你的情绪不是很稳定，经常患得患失，不能很好地生活；常拘泥于一些小事，容易对事情过分认真，总是忙忙碌碌，耗费心神；难以做出重大的决策，虽然一丝不苟，但有时会感觉迟钝。

7~9分，情绪稳定性一般。

10~15分，你的情绪很稳定，擅长思考及判断处理事务，不拘泥于细枝末节，能积极果断地处理事情，在各种困难面前毫不退缩。

B. 你的心理压力大吗？

测验

请根据实际情况，对下列各题做出“是”或“否”的选择。 是 否

1. 因为发生了某些没有预料的事，你感到心烦意乱。 □ □

2. 你感到不能控制自己生活中的重要事情。 □ □

3. 你常常感到紧张和有压力。 □ □

4. 你常不能有效地应付生活中所发生的重要变化。 □ □

5. 你对驾驭自己的个人问题没有信心。 □ □

6. 你感到事情不是按你的意愿发展。 □ □

7. 你发现你不能应付你必须去做的所有事情。 □ □

8. 你不能控制生活中的一切烦恼。 □ □

9. 你觉得在所有方面自己都是失败的。 □ □

10. 因为事情发生在你能控制的范围之外，你会因此而烦恼。 □ □

11. 你发现自己常在考虑自己必须完成的那些事情。 □ □

12. 你不能控制消磨时间的方式。 □ □

13. 你感到积累的大量困难不能克服。 □ □

14. 朋友同学的生日，免不了花钱，你往往不想在这类场合出现。 □ □

15. 如果你的自行车与别人的车相撞，你

不得不与对方约个时间解决这个问题，这件事引起的焦虑和不安会使你失眠。 □ □

16. 如果你刚买的新鞋穿一天就裂口了，你会很气愤、痛苦地抱怨。 □ □

17. 你由于某件生活小事与好朋友发生了争执，大家互不相让，结果你会回家自己一个人生闷气，想忘掉这件事，却总是不能。

□ □

18. 当父母因为学习而责怪你，而使你感到压力很大时，你不会与他们争执，而是自己压抑情感。 □ □

19. 你的一个非常要好的知心朋友因父母工作调动转学走了，这让你很难过，你常会逃避现实，使自己相信这不是事实。 □ □

20. 如果有一天，你的能力被人们认识并赋予了一项重要的工作，你会考虑放弃这次机会，因为工作量太大了。 □ □

21. 与你非常亲近的人在一场事故中受了重伤，你从电话里得知这个消息后会去医务室向医生要一些镇静剂，帮助你度过之后的几个小时。 □ □

22. 有一天你突然感到不舒服，你会拖着不去看病，认为自己最终会好起来。 □ □

23. 考试结束后你担心自己考不好，又不愿与人说，心里总是放心不下。 □ □

24. 你常为自己的外貌长相不好而苦恼。

□ □

25. 如果转学，不能适应那个环境，你会觉得很心烦。 □ □

26. 你习惯睡懒觉，学校突然规定要求出早操，你会为早起而烦恼。 □ □

27. 班上改选班干部时，你落选了，你会为此而感到沮丧，很久无法摆脱。 □ □

28. 如果有一天你在路上看到一个病弱老人，周围没人，你当时却没去帮助他，事后你会为此长时间感到内疚。 □ □

29. 当你找不到适当的学习方法来提高学习效率时，你既不愿求人，又为此而烦恼。

□ □

评分

每题回答“是”计 1 分，回答“否”计 0 分。各题得分相加，统计总分。

【你的总分】__________

0~9 分，能够应付生活中的许多事件，但有时也会有些烦恼，这是正常的。

10~19 分，有轻度的心理压力，虽然常会体验到不必要的烦恼，但基本能处理生活中的问题。应学会调节自己的心情，保持轻松愉快的心境。

20~29 分，已经在承受巨大的心理压力，不能处理生活中的很多问题，影响身心健康。应尽快改变这种状况。

（二）阅读体验

1. 不经历风雨，怎能见彩虹——提升心理弹性和耐挫力

“不经历风雨，怎能见彩虹。”在人生的道路上，每个人都可能会遇到困难和挫折。如果我们能够战胜它，我们就成了生活的强者。

抗逆力又称心理弹性、韧性，是指一个人面对危机或困难的适应能力，即当个体遭遇挫折时，能积极自主地摆脱困境并使自己的心理和行为免于失常的能力。抗逆力的核心因素在于复原，即重新回到压力事件之前具有的适应的、胜任的行为模式，具有较强抗逆力的个体

通常具有较高的耐挫力。抗逆力不是天才独有的特质，也不像某种心理高峰体验那样可望而不可即。每个人天生就具有一定的抗逆力潜能。人在顺境中，抗逆力得不到激发，而是以一种潜伏的状态存在着；当危机和困难袭来的时候，个体内外保护性因素会自然抵制危险性因素的伤害，此时，抗逆力被激活，帮助个体面对危难、聚集力量、渡过难关。

每个人的生活中都会不同程度地受到挫折，注重心理弹性的培养对大学生应对压力，保持身心健康意义重大。多数大学生的成长经历都是一帆风顺的，他们在百般呵护中成长，所经历的挫折较少。英国著名的心理学家布朗（J. Brown）曾说过："一个人如果没有任何障碍，则将永远保持其满足和平庸状态，既愚蠢又糊涂，像母牛一样怡然自得。"因此，没有逆境也是一种"逆境"，他们被剥夺了成长的机会和尝试的可能性。这些大学生一旦遇到一些困难和挫折，很难及时排解自己的情绪，容易产生自卑心理。比如，认为自己不如别人，认为自己一无是处，自己非常没用等。这些对自我认知的偏差和消极的心态将严重影响其生活。同时，挫折容易使人产生负面情绪，人在受到挫折后，情绪反应是非常复杂的，比如有些大学生遭受挫折后，变得焦虑不安，困惑不已，情绪极不稳定，生理上也出现头昏、冒冷汗、心悸和脸色苍白等反应。如果不及时地排解这些负面情绪，严重的会导致心理疾病，甚至还有可能发展成焦虑症、抑郁症。

2. 换个角度看挫折，提升抗逆力

孟子曰："故天将降大任于斯人也，必先苦其心志，劳其筋骨，饿其体肤，空乏其身，

抗逆力从何而来

科学家们认为，当遇到一些重大灾难时，大部分人都会暂时出现一些心理创伤，如失眠、噩梦、抑郁等。但是，人们慢慢会减少创伤带来的不良反应，一段时间之后，大部分人都能回复到正常的身心状态。这就好像一根弹簧被挤压变形之后，随后就能恢复原状，人的心理也是一样，在遇到变故或逆境后，具备良好抗逆力的人会迅速恢复，回到正常状态。

通过功能性核磁共振，科学家发现具有良好抗逆力性的大脑能够更加迅速地除掉对于压力的反应，回到正常。也就是说，抗逆力好的人似乎更善于调节或关掉大脑皮层中产生忧虑和恐惧的活动。美国威斯康星州立大学的科学家找到了一条与"抗逆力"密切相关的通路。这条通路起始于大脑的前额叶皮层（大脑中主管认知能力和计划的区域），终点在杏仁核（大脑中与威胁、管理情绪相关的区域）。大脑前额叶皮层和杏仁核之间的连接越流畅，就意味着面对压力时，前额叶皮层能够越快地让杏仁核平静下来。美国加州大学圣地亚哥分校的科学家们用实验证实了这一理论。

行拂乱其所为，所以动心忍性，增益其所不能。”因此，经历挫折和逆境并非坏事，只要积极自主地摆脱困境，提升抗逆力，就会减轻它们带给我们的困扰。可从以下两个方面培养大学生的抗逆力。

(1) 减少危险因素

有关抗逆力的研究发现，一些危险因素可能会降低个体的抗逆力。比如，单亲、贫穷、学业成就低、结交不良朋友、居无定所、父母亲的犯罪背景、不良的早年生活经验等。因此，要想提高抗逆力，首先要减少这些危险性因素，比如结交良好的朋友，提高学业成绩等。需要注意的是，当遭遇逆境和危机时，我们都会有一些应激反应，比如紧张、焦虑、恐惧、封闭，初期的这些反应都是正常的，绝大多数人都有能力通过个人与环境的积极互动，找到克服困难、战胜危机的资源与办法，保证我们依然积极生存，健康发展。当有些危险性因素是我们无法避免的时候，我们要注意挖掘问题背后的意义，这对于提高抗逆力是非常重要的。比如，对于家庭贫穷或者父母离异，我们无法改变，但是，我们可以把这些因素当作磨炼我们毅力的机会。同时，我们可以用建设性的方式参与家庭因素的改变、重构生活。比如，家庭贫穷的大学生可以通过自己打工赚钱来改善家庭经济状况。在这个过程中，打工不仅是为了赚钱，实际上，也是提高个人实践能力的机会。

(2) 增加保护因素

近年来的研究发现，一些个体虽然暴露在危险的环境中，但是，他们却有良好的适应。这些适应良好的个体，具有某种抗压能力，从而使得他们能够在压力或者挫折的环境下免除身心障碍的危机。能够增强抗逆力的保护性因素主要来自三个方面：①积极人格特质的建构。首先，要提高个体的社会胜任力。社会胜任力是指有效与人交流的能力，在与人交往中对他人表示关心、回应和灵活解决问题的能力。其次，提高自尊心和自主性，即个体有良好的自我认同感和较高的自我效能感。最后，个体具有目标感和意义感，即个体有独立的生活目标，并追寻生命的价值和意义。②家庭支持系统的建立。家庭是个体抗逆力建构中重要的外在保护性因素。大学生虽然已经离开了自己的家庭，开始了大学校园生活，但是与家庭的联结依然存在，主动与父母进行沟通和互动，获得父母的关心和支持，都会提高大学生的抗逆力水平。③社会支持系统和外在资源的建构。除了家庭之外，个体也可以从其他的亲朋好友那里获得互动与支持，这不仅会使个体获得安全感和归属感，也会使个体获得应对挫折的其他资源，如信息资源、情感资源、物质资源等。

你在上大学后，遇到了哪些困难和挫折，想一想，你如何才能够更好地战胜这些挫折，让挫折经历成为人生中的一笔宝贵财富？

小贴士

巴尔扎克曾说："世界上的事情永远不是绝对的，结果完全因人而异。挫折对于天才是一块垫脚石，对于能干的人是一笔财富，对于弱者是一个万丈深渊。"应对挫折我们可以采用如下技巧。

①正确认识挫折。我们既要看到挫折的必然性，也要看到挫折的双重性。把挫折不当成绊脚石，而是当成垫脚石，让我们站得更高。

②不必责备自己，也不必逃避，积极地应对挫折。虽然没有办法改变已经发生的事情，但是我们可以采取行动，避免类似的事情再次发生。

③调整自己的期望值，重新设定符合自己实际的目标。考试分数只是衡量我们学习效果的一个外在指标，考试分数低不能说明我们能力低，也不能说明我们永远考不了高分。理解、掌握知识才是我们学习的最终目的。

④适当宣泄不良的情绪。不要总沉浸在消极心境中，要学会积极调适自己的情绪，走出挫折困境。

（三）自动活动

1. 画一画你的情绪

情绪并不是脆弱的表现，不同情绪有不同的功能。愤怒让我们有采取行动的力量，恐惧提醒我们保护好自己，悲伤帮助我们与他人建立联结，快乐让我们享受当下……对每个人来说，不同的情绪可能有不同的色彩和形状，用你手中的彩笔，每天画一画自己的情绪，和情绪对话，听一听这些情绪想要怎样帮助你活得更好。

项目	周一	周二	周三	周四	周五	周六	周日
情绪							
情绪的功能							
情绪							
情绪的功能							

2. 安全着陆——活在当下练习

· 受压力困扰时，如何“投入”当下生活。

· 在情绪风暴的影响下，如何“着陆”。想改善这个情况，我们就要先学习如何更好地专注、投入和关注当下。

“投入”某件事意味着你要全神贯注地参与其中。但当你被某些想法和感受所困扰时，你是“不够专注”或“心不在焉”的。

而当我们无法专注的时候，常会将事情弄得一团糟，或者因无法享受当下的活动而不高兴。

你将会拥有更满意的人际关系，而且将能更好地完成重要的事情。

有时候我们的感受与心情会特别强烈，以至于变成“情绪风暴”。当一场情绪风暴来袭时，我们必须学会如何“让自己着陆”。

想象一下，当暴风雨来临时，你正在爬树。你想继续留在树枝上吗？当你在树枝上时，你摇摇欲坠、处于极大的危险当中！

你需要尽快下来，回到地面上！

地面上你会更加安全。

在地面上，你还可以帮助他人。比如，你可以在暴风雨肆虐时安慰他人。

如果有一个安全的地方可以让你躲起来，那么你只有在回到地面之后才能到达那里。因此，当情绪风暴出现时，我们需要“让自己着陆”。

①首先，注意自己当下的感受和想法。

②其次，让自己慢下来，并与自己的身体连接。减慢呼吸频率，彻底呼出肺部的空气，再尽可能慢地吸入。

③最后，重新关注周围的世界。带着好奇心望向周围，我们可以看到、听到、尝到、闻到、触摸到什么？

我们会注意到，除了正困扰我们的想法和感受之外，周围同时还有一个可以看到、听到、触摸到和品尝到的世界。这是我们能“着陆”的一个方法。

我们需要通过练习来掌握这些技能，练习随时随地都可以开始，就算只是每天 1 ~ 2 分钟。

这些练习并非是为了帮助我们摆脱困扰我们的情绪，而是为了帮我们更好地“投入”生活，并更靠近自己的价值观，让我们的行为更贴近我们想成为的自己。

安全着陆练习：

（1）找一个安静的、不被打扰的地方。

（2）坐在椅子或沙发上，双脚着地。如果穿高跟鞋，请脱掉，将双脚平放在地面上。

（3）保持双眼睁开，做几次深呼吸。注意感受脚下的地面。在整个练习中，不断地呼吸，不断地感受脚下的地面。

（4）现在，在呼吸的同时，环视房间，慢慢地扫视，注意看清楚周围的物体。注意观察房间里物体的颜色、形状和材料。如果你愿意，也可以扭头以便开阔自己的视野。

（5）当注意力分散时，请将其重新拉回到对脚下地面的感受上。在这个过程中，你仍需要不断地深呼吸，不断地观察房间里物体的颜色、形状和材料。

每天做一做上面的练习，可以帮助你把意识聚焦在自己的身体上，不再受外界因素的干扰，也不再把自己的情绪和身体隔离开来。特别是当你因一个刺激性的事件，触发了过去的痛苦经历，被情绪所吞噬的时候，这个练习可以帮你回到当下。

3. 生气时的自我觉察练习

你在什么时候会很生气？当你生气时，你常常会有哪些感受？当你生气时，你常常会做些什么来平息内心的怒火？问一问你周围的人，他们常常选择哪些情绪宣泄方式。把这些方式归类填入下表中。

适当的选择	中性的选择	不当的选择
听音乐 找朋友倾诉 哭 运动 ……	购物 打游戏 吃东西 ……	打架 骂人 摔东西 ……

三、经典案例与热线回答

（一）经典案例

走出情绪低谷

1. 基本情况

小雨，某高校大四女生，22 岁，有一哥哥。家庭在偏远农村，经济状况极差，父母关系十分糟糕，从她记事起，父亲脾气暴躁，动不动就打骂母亲和孩子，小雨和妈妈整天都胆战心惊，害怕家庭随时都可能爆发的战争。为了逃避在家庭中的恐惧和痛苦，小雨学习努力，尽量待在学校。然而，因为家庭贫困，父母交不起学费，不愿意让她上学。小学五年级的学杂费都是老师资助的。小雨大学期间为照顾生病的母亲休学一年。大四复学回校后，因为要补修的学分较多，学习压力大，又担心母亲的身体，小雨既焦虑又抑郁，不愿意与同学交流，同学反映她经常不吃饭，晚上睡不着觉，没有力气做事情，精神科医生诊断其为抑郁症，建议服药。小雨以前没有患过精神疾病，无家族精神病史。小雨与父亲关系不好，害怕父亲；母亲没有文化，和母亲也无法沟通。她觉得在这个世界上没有人可以依靠，也不想给老师和同学增加麻烦，她一个人扛着所有压力，感觉看不到任何希望。

小雨到学校心理咨询中心求助原因是自己在实习期间，银行卡上多了一笔钱，不知道是从哪里来的，她猜测是学院老师为她申请的困难补助。为此，她感到非常不安，从小学五年级班主任为其垫付学杂费开始，小雨就特别害怕欠别人钱，不愿意接受别人经济上的资助。因为卡内多出来的这点钱，小雨焦虑了好多天，又不敢去问辅导员。

2. 咨询过程

（1）求助是强者的行为

第一次咨询，小雨向咨询师倾诉了自己当下的生活、学习、情绪和想法等。她当下最焦虑的事情——卡上的钱从哪里来的，要如何处理这一具体问题出发，讨论解决问题的方法。小雨表示要主动找老师问一问，如果是学院给的资助，她要捐出来给自己实习学校的贫困孩子。咨询师向她介绍了学校的资助政策，告诉她真正困难的社会成员接受资助并不是可耻的。由此，小雨讲述了她的成长经历，当她还是一个小学生时，父母很严肃地告诉她，欠老师的钱要她自己去还，父母不会帮她还，之后，她对欠别人钱这件事情就感到特别的恐惧。后来，她在学校发烧，同学带她去学校医务室打针，又欠了两元钱，她回家又不敢找父母要，小小的心灵从此背上了重重的负担，欠的这几块钱一直像山一样压着她。小雨坦言，她活着的意义就是还债，等她把欠下的债还完后，她就不活了。小雨上大学后家里发生的变故，母亲生重病无人照料，小雨试图退学，老师们觉得太可惜，曾想过让她带着母亲在学校学习，但又担心如果其母亲在学校如果身体出点什么问题，无法向她的家人交代，只好作罢，于是劝小雨先办理休学。目前小雨是刚休学回来，有好多学分需要重修才能毕业，可是她的精神状态很差，经常都不去上课，老师们也比较担心，学院曾多次想给她办理资助都被小雨拒绝了。据小雨宿舍的同学反映，小雨在实习期间情绪就比较低落，实习过程中也出了一些差错，最近情绪很沉闷，基本不和同学交流，经常不按时吃饭，晚上失眠，早上起不来。而且她父母从不和她联系，她经常唉声叹气，以泪洗面。

从多方面收集到的信息来看，小雨从小成长环境糟糕，缺少父母的爱，自我价值感较低，加上目前母亲生病，生活压力大，学习困难，而自己又缺乏社会支持，不与同学交流，与父母关系不好，导致情绪低落，兴趣丧失，对生活充满绝望感，有自杀的想法。目前小雨的欠债还没有还清，母亲尚未去世，这是她还需要活着的两个理由。因此，尽管小雨的状态很差，但她还没有立即要自杀的想法。虽然活得很累、很痛苦，但自己还不能死，还要活下去，正是带着要活下去的想法，小雨勇敢地走进了咨询中心的大门。咨询师充分肯定了小雨的求助行为。咨询师评估小雨当前的情绪状态和生活能力，发现她长期情绪低落、兴趣丧失、失眠、生活无意义感，不愿与人交流，上欠债很多，很难完成学业，也打不起精神学习，经常不吃饭等。咨询师初步判断小雨可能有抑郁倾向，建议其立即到精神科医院做诊断。

（2）营造有爱的支持环境

虽然小雨暂时没有自杀的计划，但一旦其成绩太差不能毕业，或者母亲近期去世，都可能成为引发危机的导火索。因此，咨询中心和学院辅导员、小雨宿舍同学一起讨论，商定帮助小雨的方案。同学们在生活上主动关心小雨，定时叫她服药，一起吃饭，上自习，在学习上给予辅导和支持，关心她家里的情况，并常常给她出主意，询问服药后的感受等，形成一种正确对待抑郁症的氛围，让小雨消除病耻感，看到希望。辅导员联系相关学科老师，主动询问小雨在学习上的进展，并让小雨到学院办公室做勤工助学，让她通过自己的劳动获得相应的经济报酬。考虑到小雨的家庭情况，其父母和哥哥都完全指望不上，把她的情况告知家长反而对她是新的压力，因此，尽管小雨被诊断为重度抑郁，咨询中心和学院仍然商定不把情况告诉她的家长，小雨也承诺不单方面做任何伤害自己的行为，有任何不好的想法都会及时和老师联系。在这样一个充满爱的集体中，小雨慢慢地放下了防御，试着去接受老师、同学的帮助，消除病耻感。

（3）在倾诉中疗愈

第二次咨询时，小雨告诉咨询师，医院诊断她为重度抑郁，需要服用抗抑郁药物，同时接受心理咨询。她找了老师，搞清楚了卡上多出来的钱并非学院给的困难补助，而是每位同学都有的一个经费，所以，她稍微安心了些。咨询师对小雨普及了抑郁症知识，告知坚持遵医嘱服用药物的重要性，帮助其正确认识自己现在的状态，灌注希望，表达真诚的关心。这次咨询小雨对咨询师有了更多的信任，讲述了更多成长过程中发生的事情。咨询师从这些经历中找出很多小雨的资源，帮助其看到自己的力量，并一起制定咨询目标。

之后，小雨坚持每周到咨询中心做一次心理咨询，同时配合药物治疗。在后续的咨询中，咨询师采用家庭治疗和认知行为治疗相结合的方式，不断地帮小雨找资源，看到自己生长、向上的力量，帮助她增强自我价值感，处理创伤。小雨也在向咨询师倾诉自己成长经历的过程中，逐渐理解了家庭中每个成员的行为，并慢慢放下对父亲的恐惧、悲伤和愤怒；学习新的处理亲密关系的方法，学习与父亲和解，向父亲表达关心等，学习获得爱和表达爱。经过将近二十次咨询，小雨内心的伤痛得到了疗愈，她的状况有明显改善，睡眠好转，不再做噩梦，学习效果明显提高，修完所有学分，在老师和同学的帮助、推荐下，顺利找到自己喜欢的工作。她说："以前到食堂去，看着那么多菜不知道买哪种，就什么菜都不吃了；现在，我想每次买一种，一学期下来，不就每种都吃过了，就知道哪种好吃了，我真为自己高兴。""童年时很长一段时间，我最能想到最幸福的事情就是站在太阳下，伸出手就能捧到阳光；现在，我能感受到周围很多美好的事物，同学和老师的爱，还有亲人的爱。我要把这种爱传递给我今后的学生，他们会需要我。我要好好工作和生活，回报那些曾经关心和爱我的人们。"我们也由衷地为小雨高兴，相信她的明天一定会美好。

3. 反思

小雨能够顺利毕业，走出情绪低谷，消除自杀念头，展现出健康的自我，总结起来，主要有以下几个方面的经验。

①学校有较好的心理健康氛围，学生能够主动求助。

学生心理危机事件的发生，往往是学生不求助，认为让他人发现自己心理不健康是羞耻的事情，所以，他们在生活中常常表现得特别阳光、上进，老师和同学完全觉察不到他们有心理异常表现。学校需要加强心理健康宣传教育，普及心理健康知识，营建积极健康的心理氛围，让学生树立关注自身和他人心理健康的意识，遇到心理问题有主动资助的意识。这在很大程度上避免了危机事件的发生。本案例中的小雨就是因为焦虑情绪主动到心理咨询中心求助，从而获得了一系列的帮助和成长。

②药物治疗和心理治疗相结合，疗效显著。

小雨由于成长经历和长期的现实压力，最终发展成为重度抑郁，此时，心理咨询中心及时建议其到专科医院诊断治疗，进行心理健康教育，告知治疗抑郁症的科学方法，学生积极配合，严格遵医嘱服药，积极配合心理治疗是此案例成功的关键。很多学生对抑郁症没有正确的认识，有很强的病耻感，不愿意服药，担心产生药物依赖和副作用等，有的学生害怕周围的人知道自己患了抑郁症，千方百计地遮掩，虽然内心十分痛苦，表面还要装出一副开朗乐观的样子，更不会主动求助或找人倾诉自己的烦恼。这样不仅耽误了治疗，更难从负面情绪中走出来。因此，大力加强抑郁症等心理疾病的科普工作势在必行。

③积极寻找资源，用爱驱散抑郁的迷雾。

心理咨询中心多次和院系辅导员沟通、交流小雨的情况，院系高度重视，并积极配合咨询中心开展相应的帮扶和支持，发动宿舍和班级同学关心小雨的学习和生活，任课教师及同学从学业上进行指导和帮助，让小雨在最困难的阶段不觉得孤单，感受到浓浓的爱和支持，逐渐发展出积极向上的力量。

鉴于小雨与家长关系一直不好，当学院得知她严重抑郁，需要药物治疗时，耐心地和小雨讨论，一切以她的健康和尽快康复为中心，尊重她的感受和想法，决定不通知家长，虽然学校要承担一定的风险，但出于以学生为本的理念，学校并没有简单粗暴地把她的家长叫到学校来，而是通过心理咨询的过程，逐步帮助小雨重新去发掘家庭中的爱和支持，最终通过小雨的改变去改善家庭关系。在这个过程中，小雨感受到了学校和老师对自己的关心和爱护，这是她能够顺利毕业，走出情绪低谷的重要因素。学校是否一旦发现学生患有抑郁症，有自杀风险时，就一定要立刻通知家长？这个问题值得思考，具体问题需要具体分析。

（二）热线问答

1. 遭遇挫折，应该怎么应对？

人生不如意事十之八九。在遭遇挫折的时候，我们首先要做的就是去接受这样的现实，因为每个人都会遭遇挫折，这是很正常的事情。首先去接受它，然后才是立志去战胜挫折，寻找方法，去寻求周围人的支持和帮助。

当然，我们一方面要重视挫折，另一方面也要懂得去释怀挫折。遭遇挫折的时候，不要耿耿于怀，不要因为一次小小的失败就全面地否定自己，不要被挫折影响了自己的人生。

在遭遇挫折的时候，每个人可能都会出现一些负面的情绪，需要好好地发泄一下。这个时候同学们可以去找一个没有人的地方尽情地发泄，也可以去找老师、同学甚至家人，还有心理咨询中心的老师，跟他们倾诉一下自己内心的苦闷，在生活当中再去积极地寻求支持的力量，寻求他人的帮助，去战胜困难，战胜挫折。相信自己，一切都可以从头再来，自己有的是学习成长的机会。

2. 如何表达生气和愤怒？

很多人似乎觉得生气、愤怒等情绪是糟糕的、不合理的，不能表现出来。然而，任何情绪都是有功能的。生气、愤怒情绪是要保护我们免受伤害，尽管愤怒常常会导致身体暴力，但恰当地表达愤怒可以减少暴力的发生，有益于人际关系，促使人变得乐观。如果一个人不知道愤怒，或者不敢于愤怒，就会导致许多问题。因此，愤怒不一定完全是坏事，他有着自己独特的作用。德国伟大作家叔本华对此说得很有道理："愤怒一点都不是绝对有害的，如果能恰如其分地发泄这怒气，那对不少正因此而本能地要找机会发泄怒气的人带来不少益处，尤其是这种发泄怒会在同一的时间有助于宣泄胆汁。"①

人难免都有脾气，但感觉压不住火的时候，一定要提醒自己，盲目的冲动并不能解决任何问题，反而还会带来更大的烦恼。当我们感到生气、愤怒时，不如问一问自己的想法和需要是什么，生气、愤怒想要帮助我们解决什么问题，这样一方面能降低愤怒的强度，另一方面能理清自己的需要。比如，你感受到对父亲生气，原因是父亲太过于控制你，但他有一部分出于对你的关心，这可能会降低你生气的程度，而你是想要更多的自主。这样，你就可以在向父亲表达情绪时澄清自己的需要，父亲才能意识到你对自主的深深渴求，而给予支持，从而推动良性的父子互动过程。

生气、愤怒表达过程的情绪言语化。我们在表达生气、愤怒等负面情绪时，建议将自己的感受用言语描述出来。你可以直接向对方说自己感受到很委屈、生气，比摔东西、骂人这

① ［德］叔本华，《叔本华科学随笔》，书店昌译，75—76 页，上海，上海人民出版社，2020。

种方式更加能让对方理解，用这种方式表达生气和愤怒，在描述自己的委屈、生气和愤怒时，也会增加自我感，更加确信自己的感受，从而提高自尊。

在表达生气和愤怒的过程中，避免无情攻击，注意关系维护。一些同学会担心对他人表达不满破坏关系。不尽然！影响人际关系的不是表达愤怒本身，而是表达愤怒的方式。当我们用平静的语气，描述事实，表达自己的感受，而不是用愤怒的方式去攻击对方，就能得到对方的理解，让对方知道应该如何对待你，如何改变自己的行为，从而促进你们的关系向好的方向发展。

3. 如何处理恋爱关系中的负面情绪？

在恋爱关系中常常会有很多情绪产生，如喜悦、悲伤、嫉妒、生气、失望等。这些情绪主要来源于对对方的期待，当你对对方的期待被实现的时候，如期待对方记得两人的重要节日，就会产生一种快乐的感受。如果期待没有被满足，可能就会有负面情绪产生，如情绪低落，不开心等。

在恋爱关系中，你对对方的期待一定要恰当，只有这个期待很合适的时候，两人才能有一个平和、快乐的关系。影响爱情关系中对对方期待的最大因素是一个人与父母亲的关系。如果你与父母亲的关系中有很多让自己不够满意的地方，有很多未满足的期待，就很容易地把对父母的期待投射到恋爱关系里。你可能会期待对方像父母一样爱自己。而这是一个很难实现的期待，只会给你带来无尽的痛苦，让恋爱关系变得越来越沉重，失去应有的快乐。

因此，要处理恋爱关系中的负面情绪，最好的办法就是收回对对方的投射，接受对方本来的样子，不要要求对方改变成你理想的父母的样子。同时，你需要觉察和处理与父母之间的关系，接纳父母，接纳自己，这样才能更好地处理恋爱关系中的各种负面情绪。

拓展性资料——名人名著

【大家小传】

理查德·拉扎鲁斯（Richard Lazarus，1922—2002），美国心理学家，是“情绪”与“应对”理论的现代代表人物之一。他针对情绪和应对开展了大量研究，指出了认知评价的重要性。拉扎鲁斯 1969—1970 年被授予古根海姆奖金，1989 年美国心理学会给他授予了“杰出科学贡献奖”。拉扎鲁斯被认为是 20 世纪最著名的心理学家之一，排名第 80。

【生平重大事件】

1922 年 3 月 3 日，出生在一个普通犹太家族。

1938 年，进入纽约城市大学学习，主修心理学专业，辅修社会学专业。

1945 年 9 月 2 日，与伯尼斯结为伉俪。

1948 年，从匹斯堡大学获得博士学位。

1948 年到 1953 年，在约翰斯·霍普金斯大学任助理教授。

1953 年到 1957 年，在克拉克大学任助理教授，临床训练项目主任。

1957 年到 1991 年，在加利福尼亚大学伯克利分校任职，领导开展临床心理学的研究项目。

1989 年，美国心理学会授予他“杰出科学贡献奖”（Award for Distinguished Scientific

Contributions）。

1991 年，从加州大学伯克利分校退休。

2002 年 11 月 24 日，在家中摔倒，不幸逝世，享年 80 岁。

【《感性与理性》简介】

该书共分为十四章内容。第一章为绪论，开篇首先澄清了我们对情绪的两个错误认识：情绪是非理性的，情绪会妨碍我们的适应。第二章到第六章为第一篇，详细介绍了 15 种具体情绪，总结和归纳了情绪的基本要素及其内涵。第七章到十章为第二篇，重点介绍了如何理解情绪。其中分析了生物和文化因素对情绪产生的影响，以及如何应对和管理我们情绪，重点阐述了情绪的逻辑，提出了“情绪是理性的”这一核心观点。第十一章到第十四章为第三篇，介绍了与情绪有关的具体应用，包括：压力与情绪、情绪与健康，以及当我们应对情绪失败时，心理治疗所起的作用。该书的写作方式打破了传统学术著作的风格，跨越了临床心理学术语与生活心理学的界限，采用通俗易懂的语言介绍了情绪的唤起、加工处理，以及我们如何理解情绪，情绪在我们生活中的应用等。

【《心理紧张与应对过程》简介】

该书发表于 1966 年。全书侧重于理论导向而非方法导向，尝试将“应激”这一心理学主题置于更广阔的研究背景下来论述，这些主题包括焦虑理论、弗洛伊德的防御机制、对极端情境的探讨、治疗的实验方法、攻击的实验分析、情绪导向的社会心理学研究、社会心理学药理作用、这些作用过程的物理和生理基础，对唤醒、压力和适应的心理，以及生理和社会学作用过程。该书第一、第二章首先描述了有关应激的一般主题和它在生理学、心理学和其他社会科学中的发展历史。在第三、第四章中，作者介绍了对评估威胁起决定作用的刺激因素和人格因素。第五章关注次级评估过程，在这一过程中，威胁程度和刺激构成中的因素将决定产生哪种应对反应。第六章则关注刺激评估和应对方式选择过程中涉及的人格因素，包括动机模式、自我资源、应对倾向、对环境和个人可用资源的一般信念。第七章对应对反应模式进行分类并评估，形成了系统的分类模式，包括四种主要的应对模式：①旨在增强应对危害的个人资源的行为；②攻击；③回避；④防御。第八、第九章关注了测量心理应激的方法学问题，涉及口头报告的情感、动作行为反应和生理反应。第十章给出了关于心理应激和生理应激作用的清晰的流程图。该书通俗易懂，对所有章节都做了精确的总结，对于重要的区别和一般性的原理都用斜体标出，清晰而实用。

第七章　适应社会珍爱生命

通过本章的学习，不断提高自己的生活和社会适应能力；养成良好的学习与生活习惯，追求健康的生活方式，提升自己的生活质量；发现生命的可贵，了解生命的发展历程，认识生命的价值，学习尊重生命、关爱生命；树立正确的人生态度，培养积极的心理品质，增强承受和应对挫折的能力，提高心理健康水平。

一、概念诠释与理论解读

（一）概念诠释

社会适应　社会适应指社会环境发生变化时，个体的观念、行为方式随之而改变，使之适应社会环境的过程。它是个人或群体与社会环境之间的积极的互动关系，是一种良好的关系状态，具体是指个人或群体在与社会环境相互作用的过程中，为了在社会上更好地生存，与社会达到和谐的状态，而进行的心理上、生理上以及行为上的各种适应性的改变。

社会责任感　人生活在社会中，就必须承担一定的责任。社会责任感是在一个特定的社会里，每个人在心理和感觉上对其他人的伦理关怀和义务。社会责任感是一种道德情感，主要是指一个享有独立人格的社会成员对国家、社会、集体以及他人所负责的认识、情感和信念，以及与之相应的遵守规范，承担责任和履行义务的自觉态度。

生命　广义上的生命，是指一切具有新陈代谢、繁殖能力、生长能力和环境适应能力的动植物和无机物。狭义的生命一般专指人的生命。人的生命，除了具有生理属性外，还具有心理属性和社会属性。

生活方式　生活方式是指一定现实条件下生活的人们，为满足自身需要所采取的活动方式和行为习惯，具体表现为衣食住行、学习劳动、物质消费、闲暇和精神文化、人际交往、宗教信仰、政治活动等方面的活动方式和行为习惯。在一定历史时期和社会条件下，各民族社会群体和个体不同的生活方式及其特征，就构成了生活风格。

合理膳食　合理膳食是指一日三餐所提供的营养必须满足人体的生长、发育和各种生理、体力活动的需要。

安全运动　运动要遵循安全性原则，要根据自己的条件和环境状况，选择适当的运动方式，避免受伤。每个人的运动量因人而异，这和个体的身体素质等许多因素有关。如果体育锻炼的时间和强度超过骨骼、肌肉的承受能力，受伤的风险就会加大。参加自己不熟悉的运动时更容易受伤。因此，在开始锻炼前应该进行 5~10 分钟的热身运动，如从慢跑、散步开始，热身运动结束可以做一些静态伸展运动；锻炼结束后进行 5~10 分钟的放松运动，以帮助心率、体温和血液循环恢复到非运动状态；体育锻炼的时间和强度应该逐渐增加。

人的生命历程　人的生命是一个持续不断

的发展过程，整个过程分为若干阶段，每个阶段有每个阶段的特征和发展任务，每个阶段都是在前一个阶段的基础上发展起来，又为下一阶段打下基础。美国心理学家埃里克森（Erikson）把人的心理成长分为8个阶段，每个人在每个阶段都会遇到某种心理成长所必须解决的问题。如果在每个阶段中，个人都能成功地解决所遇到的社会化问题，那么就会在心理和行为上表现出积极的反应；相反就会做出消极的反应，并给以后的发展留下隐患。这8个阶段是：婴儿期（0～1.5岁）、儿童期（1.5～3岁）、学龄初期（3～5岁）、学龄期（6～12岁）、青春期（12～18岁）、成年早期（18～25岁）、成年期（25～65岁）和成熟期（65岁以上）。

生命的意义和价值 一个人生命的意义和价值，在于对他人和社会做出贡献。人的生命价值不同于动物的生命价值，动物只能被动地适应环境，不能创造，不能增值。人则可以根据自身条件，在满足自身需要的过程中，主动去改造环境，使环境适合于自身的需要并成为自己生命的组成部分。人的生命有创造性，人可以创造出更多的价值。除了爱自己和他人外，生命的价值更体现在对社会的贡献。

心理危机 心理危机是指人在遇到了突发事件或面临重大的挫折和困难，当事人自己既不能回避又无法用自己的资源和应激方式来解决时所出现的心理反应。狭义的心理危机主要指由心理疾病、心理问题而引发的危机事件，如自杀、杀人等。

抑郁症 抑郁症又称抑郁性神经症。抑郁症是一种常见的精神心理疾病，它是神经症的一种，心境或情绪显著而持久的低落为基本临床表现，并伴有相应的思维和行为异常，或焦虑、躯体不适和睡眠障碍的一种精神障碍。通常这种心境或情绪低落的状态至少持续两年以上，即使有正常间歇期，每次间歇也不会超过两个月。

（二）理论解读

社会文化定向的个体或自我心理学理论

阿德勒是精神分析学派内部第一个反对弗洛伊德心理学体系的心理学家，从生物学定向的本我研究转向社会文化定向的自我心理学。他被认为是20世纪最著名的心理学家，著有《理解人性》（*Understanding Human Nature*，1927）、《个体心理学的实践与理论》（*The Practice and Theory of Individual Psychology*，1927）、《生活的科学》（*The Science of Living*，1929）、《自卑与超越》（*What Life Should Mean to You*，1931；中译名）、《儿童教育》（*The Education of Children*，1930）以及《社会兴趣：人类的挑战》（*Social Interests*：*A Challenge to Mankind*，1933）等。

1. 阿德勒的个体心理学理论

阿德勒认为，个体心理学并非强调个别差异的心理学，而是指试图理解作为一个有机整体的个体的经验和行为的科学。个体应在正确理解生活意义的基础上，进行积极的心理补偿，学会合作之道，培养健康的社会兴趣，不断超越自我，实现自身和社会的和谐发展。

（1）人性观与基本观点

阿德勒强调人的整体观，认为个体是一个与社会、与他人不可分割的有机整体，一个有自己独特目的、寻求人生意义、追求未来理想的和谐整体，以追求优越为统一人格的核心和总目标，以器官缺陷（后扩展到心理、社会方面）的自卑与补偿为人格发展的动力，以生活风格与创造性自我为个人定型化的行为模式，以社会兴趣为个体形成关心社会、公共意识的精神的标志。

（2）自卑与补偿

阿德勒认为，当个体面对困难情景时，一种无法达到目标的无力感与无助感，对自己所具备的条件、作为和表现感到不满和失望，对自我存在的价值感到缺乏重要性，对适应环境生活缺乏安全感，对自己想做的事情不敢肯定，这就是自卑感。自卑始于婴儿时期。随着年龄的增长，个体发现了自己对目标追求过程中的力不从心，这种体会加重了个体的自卑感。阿德勒认为，自卑感是人格发展的动力。如果个体能在自卑的影响下，把自卑感表现为前进的动力，补偿其缺陷就会获得成功。当个体不能恰当地处理问题，因自卑而逃避，并形成了不敢面对现实的习惯，进而导致对社会、对世界的敌对态度时，这种自卑情结就会阻碍个体人格的发展。每个人都有不同程度的自卑感，而优越感即是自卑感的补偿。

（3）追求优越

阿德勒认为，人的全部心理表现都是由目标引导的，这种人所奋力追求的目标就是一种优越。追求优越（striving for superiority）就是对完美或优越的永无止境的追求。人总是力图从低劣的位置上升到优越的位置，从失败到成功，从自卑到优越和完美。这是“生命的基本事实”。例如，人们将自己的短处转为优点，或在某方面追求突出以补偿其他方面的缺陷。阿德勒区分了追求优越的两种不同方法：一种是追求一种优越、完善的社会，使每个人都获得益处；另一种是只追求个人优越，很少关心他人，其行为往往受过度夸张的自卑感驱使，这时，个体产生了优越情结。具有优越情结的人之所以表现优越感，其用意是掩饰自己的缺点，他们往往表现出专横跋扈、自卑、缺乏社会兴趣、不被他人喜欢的特点。

（4）生活风格

生活风格也称为生活方式，是指个体在环境中所表现出来的独特的生活形态与方式。它是一种标识生活存在的独特的方式，也是自我作为一个整体在社会生活中寻求表现的一种独特方式。阿德勒认为，生活风格主要是在儿童初期形成的，其影响因素包括儿童所处的家庭环境、生活条件及周围的社会环境。生活风格随后仍然会有所发展，这种发展主要是通过学校学习和职业社会的模仿来实现。学校生活对生活风格的发展有着重要的作用。

阿德勒认为，生活风格的内容包括自我概念、自我理想、对物质世界和社会环境的看法和伦理观念（个体的是非观）四个部分。其可以划分为四种类型：社会利益型、支配型、索取型和逃避型。而这四种类型又可以合并为两类。一是健康的生活风格（healthy style of life）。这类生活风格可以使人逐步达到完美并与人协调相处，为社会发展做出贡献。社会利益型的个体就是具有健康生活风格的人，他们有正确的社会兴趣，试图用有益于社会的方式来解决问题。二是错误的生活风格（mistaken-style of life）。当个人的追求与社会目标相抵触时，这时的生活风格就是错误的生活风格。错误的生活风格包括三类：第一种是统治型，这种人倾向于支配和统治别人；第二种是依赖型，这种人希望从别人那里获得一切；第三种是回避型，这种人采用回避矛盾的方法获得人生的胜利，常以碌碌无为的方式避免失败。阿德勒认为，生活风格包含着一整套的行为方式，借助这套行为方式，就可以补偿他真实的或想象的自卑。

（5）社会兴趣

阿德勒认为，每个人都有一种关系他人与社会的潜能，这种潜能不仅指对自己的亲人、朋友的情感，而且这种情感的发展可能扩及全人类甚至整个宇宙。他把这种潜能称为社会兴趣或社会情感。这是一种先天的潜能，而不是人的本能，是个人对自卑感的一种最根本的补偿，并具有一定的广度和深度。通常可以划分为职业选择、社会活动和爱情婚姻三类。个体各个生命阶段中的重要他人，会影响其社会兴趣、社会适应能力的发展。早期发展具影响力的人依序是母亲、父亲、兄弟姐妹与教师。如果儿童无法与家人建立良好的合作关系，这时就需要教师帮助儿童进行修正和调整。早期因不良家庭教养而产生的不适应行为，可以通过学校教育得到矫正。在个体后期发展中，对社会兴趣有影响的重要他人依序为朋友、夫妻和同事。

阿德勒把社会兴趣等同于认同感、同理心，并认为是心理健康的一个重要指标。一个心理健康的人，往往有如下特点：有浓厚的社会兴趣，懂得互助合作，有健康的生活风格和正确的解决问题的方法。阿德勒认为，从自然的观点看，人是一种天生非常柔弱的动物，离开社会的保护，人类生命就不可能进化。因此，作为一种社会存在，为了保证自己的继续生存，每个人都必须在适应社会环境的过程中发展自己的精神器官。在这个过程中，健康的人就发展出了社会兴趣或者社会感。如果一个人没有社会兴趣，个人的生活将是不幸的。他认为："在所有人类的过失中，在神经症和心理变态中，在犯罪、自杀、酗酒、吸毒和性倒错中……都可以看到社会兴趣的极大丧失。"在这些心理出现问题的个体身上，他们的兴趣也只停留在自己身上。阿德勒认为，生活的意义在于奉献、对别人发生兴趣以及互助合作，如果他不能体认人类的重要性是依他们对别人生活所做的贡献而定，那么他就很容易孕育出错误的意义，也就容易出现心理行为问题。

2. 阿德勒个体心理学理论在心理咨询中的应用

咨询原理与咨询假设。阿德勒认为心理问题都是由错误的生活风格导致的。生活风格的错误之所以产生，是由于人们过于追求个人的权力与优越，而缺乏足够的社会兴趣。当个体缺乏社会兴趣而面临无法解决的困难的时候，心理上就会出现失调。这时可以通过提高来访者的社会兴趣来达到咨询的目的。这种心理咨询模式体现了个体心理学对人的基本假设和看法：人是可以改变的；人不了解自己，心理咨询就是一个让人了解自己的过程；咨询者要与来访者保持合作；揭示症状和行为的目的是咨询的关键；咨询者的陈述应该传达一种相信人的内在力量的感觉；咨询者应当促进人的归属感；大部分的心理咨询是帮助他改正错误的社会价值观；通过咨询能够为善良的行为和有效的应对策略提供一个模式。

咨询特点与咨询目标。由于阿德勒强调人的意识性、选择性，认为克服自卑、追求优越与社会兴趣是心理健康的标准。因此，他设定的咨询目标就是重新组织来访者的认知，帮助来访者表现出更多的符合社会要求的行为。阿德勒强调自尊、同情和平等的重要性，这一点与罗杰斯的来访者中心疗法类似。阿德勒重视在咨询过程中与来访者的分析和探讨，把对来访者的分析解释和评价看作一种积极的咨询过程，认为可以通过这种方式帮助来访者顿悟和重新认识自我。阿德勒认为，心理咨询的目标在于再教育。因此，需要给来访者提供信息、教育、指导和鼓励，以全新的方式去看待自己、别人和生活，帮助来访者重建自信，包括培养社会兴趣；协助来访者克服挫折感与自卑感；调整来访者的观点与目标，即改变来访者的生活风格；调整错误的动机；帮助来访者感受到自己与别人是平等的；帮助来访者成为对社会有贡献的人。

咨询过程。建立社会兴趣咨询的过程包括四个环节：建立适当的咨询关系、探索来访者的心理动力（分析与评鉴）、鼓励来访者了解自己（洞察）以及引导来访者做出新的决定（引导与再教育）。这与一般的心理咨询过程大致相同。由于阿德勒的咨询模式是成长模式，不是医疗模式，所以这种咨询模式可以应用在各种不同的领域，包括儿童辅导中心、亲子咨询、婚姻咨询、家庭咨询、团体咨询、儿童与青少年个别咨询、文化冲突等。

阿德勒的个体心理学，对弗洛伊德理论中的压抑、性爱以及注重潜意识的观点提出质疑，他强调意识和自我的重要性，强调社会因素对个体的影响，从人的整体性和能动性出发，认为每个人都有自己的追求的目标，追求目标实现的动力都是为了克服自卑感，借助补偿作用获得优越感。在补偿的过程中，个体形成了独特的生活风格，生活风格又制约着个体进一步的补偿作用，个体在追求优越的同时，自身的社会兴趣也逐渐发展起来。他强调人的社会性和社会因素，提高了自我的地位；提出了生活风格的影响因素，并最早提出了创造性自我的概念；他认为意识是人格的中心，提出了人格的独特性，创设了人本主义的人性理论：人能够主宰自己的命运，不必受命运支配。

特别是早于认知疗法风行之前，指出应该要通过改变来访者的信念、感情和习惯去改善他们的心理问题，并建立了成长性的咨询模式。他的许多基本思想都被其他心理学派所采用，如家庭系统疗法、格式塔疗法、个体中心疗法、存在主义疗法以及咨询的后现代主义流派。毫无疑问，这是心理学史上第一个沿着社会科学方向发展的心理学体系。阿德勒的个体心理学影响十分广泛，不仅为新精神分析社会文化学派奠定思想基础，而且为人本主义心理学的产生提供前提条件；不仅在传统心理咨询领域获得了极大的成功，而且在一定程度上改变了人们对教育，尤其是家庭教育的看法。

二、自测、阅读体验与活动

（一）轻松自测

A. 你能否抵抗诱惑？

测验

请根据你的实际情况，对下列各题做出

"是"或"否"的回答。 是 否

1. 你经常不能实现自己定的学习目标。 □ □

2. 每年过年，父母、亲戚给的用于购买学习用品的压岁钱，你总是毫无计划地在几天内就花完了，而该买的学习用品却没买。 □ □

3. 你从没有制订过一年的行动计划，或者即使制订了，也从未执行过。 □ □

4. 对你在学校里所交的大多数朋友，你的父母都颇不以为然。 □ □

5. 你常常幻想那些不切实际的东西，并深深地沉溺其中。 □ □

6. 你是个很好说话的人，说服你不是什么难事。 □ □

7. 你喜欢玩电子游戏，常常为此而耽误正事。 □ □

8. 朋友们常用"冲动""情绪化"这些字眼来描述你。 □ □

9. 你时常处于接二连三的麻烦之中。 □ □

10. 你的保证和诺言已经不太被人相信了。 □ □

11. 你认为未将贵重物品收藏稳妥的人，罪过与窃贼几乎同等。 □ □

12. 你经常做出令自己后悔的事情。 □ □

13. 清晨起来，发现自己有点不舒服，再看天气阴沉沉的，寒风吹个不停，你干脆决定在家里暖暖和和享受一天，不去上学了。 □ □

14. 你常追剧或打游戏至深夜，以致第二天上课哈欠连天、昏昏欲睡，你因此暗下决心，再也不这样了，可总是管不住自己。 □ □

15. "这是最后一次了"是你的口头禅。 □ □

评分

每题回答"是"计1分，回答"否"计0分。将各题得分相加，得出总分。

【你的总分】__________

0~4，你具有非常强的自制力，能够有效地控制和调节自己的行为。你的理智常占上风，对"我想做"与"我应当做"的关系把握得很清楚。你能够按照自我要求完成一些事情，从而对未来的新计划充满信心。你抗拒诱惑的能力很强。

5~15分，你一而再再而三地做了"诱惑"的俘虏，你的设想与计划常半路夭折，以致对自己不抱什么希望。你自我解嘲，内心深处则鄙视自己。你的生活被淹没在悔恨之中，关于前途，你看不到一点希望。其实，你不必如此绝望，每个人身上都存在着许多弱点，只要找到症结所在，就能改进。你不妨先从身边小事做起，培养自制的习惯，还可以适当采取自责、自怨的手段激发自尊意识。总之，只要你有改造自己的决心，事情就会出现转机。

B. 你的心理适应力如何？

测验

请根据你的实际情况，对下列题目做出最适合你的选择。 选择

1. 对不感兴趣的学科，你也能取得好成绩吗？ □

A. 一定能　B. 不一定能　C. 不能

2. 当你有急事赴约，路上遇到交通堵塞时，你是否会非常恼火？ □

A. 是　　B. 有一点　　C. 不是

3. 假如来到一个新环境，你能否很快熟悉这里的一切？ □

A. 能　　B. 差不多　　C. 不能

4. 老师在没有提前通知的情况下突然测验，你是否会惊慌失措？ □

A. 是　　B. 不一定　　C. 不是

5. 小学毕业升入初中，你能否很快进入状态，跟上老师的节奏？ □

A. 能　　B. 差不多　　C. 不能

6. 如果处于喧闹的环境中，你能否排除干扰，专心读书？ □

A. 能　　B. 有时能　　C. 不能

7. 父母临时出差在外，你也能照顾好自己的生活起居吗？ □

A. 能　　B. 差不多　　C. 不能

8. 和朋友们约好去某地，但他们都因故失约，你会如何反应？ □

A. 情绪低落

B. 有些不高兴，但很快会忘记

C. 去制订新的计划

9. 与同学闹过矛盾之后，你能否不受任何影响地专心听讲？ □

A. 能　　B. 不一定　　C. 不能

10. 上学期间，父母是否鼓励你参加各种课外活动？ □

A. 是　　B. 不经常是　　C. 不是

11. 学校组织军训，你是否会感到很难适应那里紧张的生活？ □

A. 是　　B. 有时是　　C. 不是

12. 数学课换了一位老师，你能否很快地适应他的讲课方法？ □

A. 能　　B. 需要一段时间

C. 不能

13. 如果换了一个地方，睡觉时你能否安然入梦？ □

A. 能　　B. 需要适应一会儿

C. 不能

14. 与同学外出旅行，你能主动扮演起导游的角色吗？ □

A. 能　　B. 有些难度

C. 不能胜任

15. 家人、老师交给你一项你从未做过的工作，你能很快进入状态吗？ □

A. 能　　B. 有些棘手　　C. 不能

16. 当转入新学校时，你能否很快与那里的同学打成一片？ □

A. 能　　B. 不完全能　　C. 不能

17. 离考试只剩最后几天，你是否会紧张得不知如何复习才好？ □

A. 是的　　B. 有时是这样　　C. 不是

18. 你在班里当众发言，与在家里说话是否有明显的区别？ □

A. 是的　　B. 不一定　　C. 不是

19. 如果老师因误会而批评了你，你能坦然面对吗？ □

A. 能　　B. 有时能　　C. 不能

20. 天黑了，父母都还没有回来，你独自在家会感到恐慌、害怕吗？ □

A. 会　　B. 有一点儿　　C. 不会

21. 上课了，你突然发现忘带笔记本了，你会怎样做？ □

A. 惊慌失措地乱找一通

B. 先听讲，再借同学的笔记本回家抄上

C. 马上拿出白纸，先写在纸上，回家再往本上抄

评分

根据下列表格，将各题得分相加，得出总分。

题号	A	B	C	题号	A	B	C	题号	A	B	C
1	3	2	1	4	1	2	3	7	3	2	1
2	1	2	3	5	3	2	1	8	1	2	3
3	1	2	3	6	3	2	1	9	3	2	1
10	3	2	1	14	3	2	1	18	1	2	3
11	1	2	3	15	3	2	1	19	3	2	1
12	3	2	1	16	3	2	1	20	1	2	3
13	3	2	1	17	1	2	3	21	1	2	3

【你的总分】__________

47~63 分，心理适应力强。你是一个具有较强心理适应力的人。在千变万化的世界中，你能够面对任何意想不到的事件，应对自如。因此，你的生活会过得轻松愉快。

33~46 分，心理适应力一般。面对一些突如其来的变化，你有时会做出相应的适度反应，有时也会感到有些棘手，需要冷静一段时间才能做出正确的决定，想出良好的对策。但你绝对不会失魂落魄。

21~32，心理适应力弱。你对世界的变化、生活中的不如意很不习惯，导致你的心理负担较重，幸福感偏低。但是，只要你意识到这一点，就有希望改善这种状况。

（二）阅读体验

选择健康生活方式保障身心健康

健康是人全面发展的基础，关系到千家万户的幸福。可以说，健康是社会的第一资源，是人生的第一财富。

1. 健康来自健康的生活方式

健康从何而来？健康来自健康的生活方式。大量的突发公共卫生事件和疾病流行的事实证明，不健康的生活方式是多种疾病发生和流行的基础因素。例如，不安全的性行为和共用针具注射毒品是艾滋病传播的主要渠道。不健康的生活方式还会导致心脑血管病、糖尿病和肿瘤等慢性病人群快速增长。随着生活水平的提高，人们的膳食摄入和体能消耗的平衡正在向不科学、不合理的方向转化。国民动物性食物的消费量上升了，而谷类消费量下降；水果、蔬菜的摄入量显著减少；同时，日常生活中步行、骑车、爬楼的少了，代之以坐车、开车、坐电梯的人多了，运动量不够；这一多一少、一正一反的不良趋势，导致超重和肥胖的人口大量增加。而超重、肥胖和吸烟是导致慢性病发生的主要原因。

采取健康的生活方式可预防多种疾病的发生，并延缓病情发展，养成良好的卫生习惯可以预防传染病的侵袭。国内外研究表明，生活方式的改善可以预防 80% 的冠心病、90% 的 2 型糖尿病、55% 的高血压、1/3 的肿瘤和 80% 的脑卒中；良好的健康意识和积极的预防措施，可以减少50%的因心血管疾病过早死亡的患者数。

大学生需要行动起来，养成并推广健康生活方式，实践合理膳食、适量运动、戒烟限酒，心理平衡。

2. 健康生活方式与心理健康

很多研究和大学生心理咨询个案表明，大学生的生活方式和心理健康之间存在显著相关关系，生活方式越良好，心理就越健康。生活方式对心理健康具有积极的促进作用，健康的生活方式能为大学生心理健康提供生理保证，有利于大学生维持稳定的心态和积极的心理活动水平。

体育锻炼 长期坚持体育运动既能增强体魄，又能使人变得敏锐、灵活；长期进行体育锻炼可降低大学生的焦虑水平，并增强他们的自我效能感。

科学睡眠 睡眠是机体复原和巩固的重要环节。人没有充足的睡眠将会产生一系列的躯体和精神问题。科学的睡眠不仅有助于消除疲劳，调整身体功能，更能使人保持良好的心理状态。然而，目前很大一部分大学生没有养成良好的睡眠习惯，晚睡、熬夜成了大学生宿舍的一道“风景”。部分大学生睡眠质量较差，这些睡眠质量较差的学生中存在不同程度的心理问题。

丰富生活 大学生应该积极参加丰富的文体生活，如听音乐，不仅可以净化心灵，还能在活动中增进人际交往，发展与他人的友谊，增强自我意识，使焦虑、紧张、抑郁等不良情绪得到宣泄，有利于维持健康积极的心态。

3. 养成健康生活方式

（1）健康饮食习惯

健康的身体需要两条腿走路，“管住嘴”“迈开腿”缺一不可。

①吃什么？认识人体必需的六种营养物质。

蛋白质是构成人身体每个细胞的成分、帮助身体保持力量和抵抗感染。日常饮食缺乏蛋白质可能会阻碍人体的正常生长，影响某些组织的发育，并影响人的智力成长。大学生的繁重的脑力劳动需要摄入优质蛋白来保证；碳水化合物是身体能量的主要来源。碳水化合物的来源包括土豆、面食、面包、米饭、水果、豆子等，脂肪是提供能量并帮助身体储存和使用维生素的营养物质。脂肪分为饱和脂肪、不饱和脂肪和反式脂肪酸，饱和脂肪存在于乳制品、固态植物油脂、畜类禽类中，会提高血液里的胆固醇含量。胆固醇含量偏高，患冠心病的危险因素会增加。不饱和脂肪来自植物产品和鱼类。反式脂肪酸是在植物油加工成固态脂肪的过程中会形成的脂肪酸，会提高血胆固醇水平。反式脂肪酸广泛存在于人造黄油、薄脆饼干、甜甜圈、零食等食物中。维生素不直接为身体提供能量，但会对碳水化合物、蛋白质、脂肪能量的释放起促进作用。矿物质是一种调节体内多种化学反应的营养物质，产生于自然界的无机物。矿物质分为常量矿物质和微量矿物质，常量矿物质是人体需求量在100 mg以上的矿物质，如钙、钠、镁等。人对微量矿物质的需求量很小，但是微量元素对身体同样很重要，如铁、锌等。人的体重60%以上是水，水是构成血液的基本部分，帮助清除体内废物、调节体温，缓和脊柱与关节的冲撞，为身体细胞输送营养，把废物带到肾脏。人每天摄入足够的水非常有必要，尤其是生病时，补充因为发烧等症状导致的水分流失并帮助调节体温。

②怎么吃？合理膳食。

怎么吃、吃多少对我们的健康也有重要影响。坊间流行“早餐像皇帝，午餐像平民，晚餐像乞丐”的说法，实际上就是强调早餐的重要性，不仅要填饱肚子，更要有营养；午餐则贵多不贵好，要合理搭配，荤素均衡；晚餐则要吃少，因为晚饭后多数时间是休息，吃得太饱或太好不仅会影响睡眠，还会使人的新陈代谢失衡，增加肠胃的负担，导致肥胖，所以晚餐应以清淡的食物为主。当然，大学生下午五六点晚餐，晚上还有大量的脑力劳动，要十一二点才睡觉的话，晚餐也应吃好。

（2）有规律地运动和安全地锻炼

“生命在于运动”，运动对健康具有促进作用。运动可以增加心肺功能，调节情绪，控制体重，延缓衰老，促进骨骼发展、肌肉生长，使人充满活力。大学生应改变久坐少动的不良生活方式，养成天天运动的习惯。

①有规律地运动。

有规律地体育运动不仅可以控制体重还可以减少抑郁和焦虑；经常参加体育运动可以改善大脑的血液循环，有助于维持大脑的清醒；定期参加体育锻炼对关节和骨骼有益，体育锻炼有助于预防骨质疏松症，对关节炎有一定的缓解作用；年轻时有规律的体育运动会影响中、老年的生活质量，降低早亡的风险；有规律的运动可以降低心血管疾病的发病风险。近年来，中青年人猝死的案例时有出现，在很大程度上与压力大，超负荷工作、缺乏锻炼有关。

②适量、安全地运动。

运动要遵循安全性原则，避免受伤。每个人的运动量因人而异，这和个体的身体素质等许多因素有关。大家要根据自己的条件和环境状况，选择适当的运动方式，如选择跳绳、骑自行车、慢跑等。如果体育锻炼的时间和强度超过骨骼、肌肉的承受能力，受伤的风险就会加大。参加自己不熟悉的运动时更容易受伤。在开始锻炼前应该进行 5～10 分钟的热身运动，如从慢跑、散步开始，热身运动结束可以做一些静态伸展运动；锻炼结束后进行 5～10 分钟的放松运动，以帮助心率、体温和血液循环恢复到非运动状态；体育锻炼的时间和强度应该逐渐增加。

（3）养成正确的消费观

作为现代人，我们还要考虑他人、社会、人类的和谐发展，这是健康生活素养的表现。人口激增对资源的需求量越来越大，同时人们为满足自己的欲望，奢侈、浪费现象普遍存在，我们应该结合自己的经济水平量力而行，购买自己真正需要的商品，节制欲望，避免浪费性消费。大学生需要形成正确的消费观，不盲目攀比。

（4）充足的睡眠

充足的睡眠是健康的基础，睡眠充足的标志是白天是否感到精力充沛。随着年龄的增长，人所需的睡眠时间越来越短。处于青春期的人每天需要 8 小时的睡眠，大学生每天至少需要 6 小时的睡眠。按照中医的说法，晚上 11 点到凌晨 3 点之间是身体肝肾排毒时间，11 点之后睡叫晚睡，12 点后算熬夜，长期熬夜会对身体健康带来不良的影响。

（5）安全出行

安全出行是健康的基本保证。女生应避免

深夜独自在外，避免独自行走在僻静、人稀、照明条件不好、治安状况差的路段，一定要经过时，要保持警惕，留意周围情况，快速通过。行走时，挎包尽量斜挎不要侧背；骑车把包放在车筐里时，要把包缠在车把上。怀疑被人尾随，加快步子，迅速走到人多、照明好的地方。遇到抢匪时，沉着冷静，保护自己的生命安全。大学生应做绿色出行的倡导者，遵守交通规则，为保护环境贡献自己的力量。在条件允许的情况下，尽可能选择能耗低、排碳少的方式，如乘坐公共交通工具、骑车或是步行。

（6）积极的心态

积极心态可以促进人的发展、成长。积极心理学的研究发现，心态乐观的人抵抗力更强，身体更加健康；能够在挫败中不灰心，继续努力尝试，取得更大的成功；乐观、悲观程度对寿命具有一定的预测作用，乐观的人生活更开心，幸福感更高。正如“沙漠中半瓶水”给我们的启示，积极的心态有助于我们克服困难，支撑我们解决问题的信心和勇气。大学生们需要用积极的心态去面对生活、学习中的各种挑战。

（7）健康的娱乐方式

大学生学习的内容不仅仅局限于书本知识，从丰富多彩的活动、娱乐中，可以学到做人、做事的道理。积极健康的娱乐活动不仅可以给人带来快乐，还可以减轻压力，增进身心对环境的适应能力，提升学习效率和生活质量。大学生的课余时间有限，需要选择健康的娱乐方式，如进行一些体育项目，参加各种兴趣小组、志愿活动等，既能调节身心状态，又能提升身体健康素养，在这些活动中，还能增进与人交往的机会，培养人际交往能力。然而有些娱乐方式是不利于健康的，如赌博、酗酒、无节制的网络游戏等。

网络已经改变了我们的生活方式，大学生的娱乐和社交越来越依赖网络。有的学生沉溺网络游戏，熬夜奋战，黑白颠倒，严重影响到自己生活、学习和健康。大学生需要合理使用手机这一工具，利用其为生活提供便利，不能成为手机的奴隶。

（三）自助活动

1. 我的墓志铭

生命对每个人来说都是最宝贵的，人只会拥有一次生命。在这一次中，让我们把握好一切，好好生活，热爱生命。生命的意义和价值是什么？这是很多人常常思考的问题。生命和死亡是不可分割的，因为有死亡，生命才有了意义；因为有死亡，我们更加坚定地追求光明，珍爱人间的温情，憎恶丑恶与虚伪。一个人年轻的时候就思索死亡，和他老了才思索死亡，甚至死到临头都不曾思索过死亡，这是完全不同的境界。

你希望自己的一生如何度过？请写下你的墓志铭，并保留下来，过几年你或许要对你的墓志铭进行修改。

2. 遇见花开

“当你感到忧愁和烦恼时，就遥望大自然。”

利用课余时间，请你亲手种下一株自己喜欢的花，将它由一粒小小的种子，培育成开花、结实的植株；种下一株花，在冰冷的钢筋水泥中，最直接地感受生命的力量；种下一株花，随着它的成长，感知自己的心理变化，从而更好地调节情绪……春暖花开，让我们与花一起成长。

小小的花草里隐藏着大学问、大智慧，而目睹这一过程的你，又会有什么所思所想呢？如果不及时记录下来，这些精彩的灵感可能只是昙花一现，不久就忘了。请以花为伴，记录自己和花草的成长过程、你的思考成果。在与生命相伴的过程中体悟生命，体味人生。

花名：

花语：

生长习性：

生长记录：

我的感悟：

3. 养成定期锻炼的习惯

养成定期锻炼的习惯不仅有助于身体健康，国内外诸多相关研究表明，体育锻炼有助于改善人们的心理健康状况，能有效减轻焦虑和抑郁症状。美国麻省总医院研究人员开展的一项大规模研究表明，运动对抑郁症有明显的预防效果。每周运动的个体被诊断为抑郁症的风险明显降低。

选择一到两项自己喜欢的运动，养成定期锻炼的习惯。用微信打卡等方式记录运动带给你的各种身心感受和变化。

三、经典案例与热线回答

（一）经典案例

走出心理危机，激发生命潜能

1. 基本情况

小王是北京某高校三年级本科生，来自西部某省山区的一个贫困农民家庭。他从 13 岁离家，独立谋生，初中和高中都是靠自己捡垃圾卖钱供自己上学的；他的弟弟由于家庭的贫困，读完初学就辍学在家，帮助父母干农活。他通过捡垃圾，发传单，打扫学校清洁区，挖野菜，在餐馆当服务员，在工地上做搬运、挖土方及挑灰浆水泥等劳动所得，坚持读完了三年初中和五年高中，经历了三次高考，最终来到北京上大学。

初到北京，小王不会讲普通话，说着让人难以听懂的方言，但他的心态比较积极，主动告诉辅导员自己的家庭困难情况，辅导员立即给他安排了学院的勤工俭学岗位和假期值班工作，并嘱咐同宿舍的同学尽量帮助他。小王在上大学之前经历了自强不息的奋斗，他对自己是满意的，除了靠自己的劳动养活自己外，他还经常帮助周围需要帮助的同学。进入大学后，他在宿舍里经常和大家讲起自己在高中的辉煌，并说自己如何不把老师放在眼里，但老师仍然非常爱他，因为他学习好。然而，大学生活对小王来说和高中时期相差太大。在大学的生活、学习虽然很新鲜，但没有成就感，他特别希望做一件有成就感的事。辅导员在和小王沟通时，谈起自己当年在大学如何支教，工作后如何带学生支教的事，他认为不错，希望自己也能支教。于是，他很认真地联系了支教的地方，就是在自己的家乡。

假期小王带着 10 个人的队伍回老家支教，在支教过程中，他喜欢上同行的一个上海女孩，并开始了猛烈的追求。遭到拒绝后，他的情绪急剧失控，同时，上学期末的考试成绩出来，他的英语考试不及格，他情绪低落，对自己非常灰心，在宿舍待着不出门，也不理同宿舍的同学。宿舍同学发现小王不对劲，便向辅导员做了汇报。辅导员带他到心理咨询中心寻求帮助，心理咨询中心老师和小王交流后，建议他去精神专科医院做诊断，结果诊断其为重度抑郁。

2. 治疗和咨询过程

（1）确诊后药物治疗及危机干预

小王的辅导员具有一定的心理健康意识，在听到宿舍同学反映他的情况后，第一反应是这不是一个简单问题，担心其是否得了抑郁症。因此，辅导员立即与学校心理咨询中心取得联系，带他去做心理咨询。在心理咨询中心向老师做了咨询后，老师判定他情况比较复杂，极有可能是抑郁症，便建议他到精神专科医院做相关检查。

医院对小王的诊断结果为重度抑郁，这一诊断结果让小王难以接受。医院建议小王住院治疗，但遭到他的坚决拒绝，理由是他不想耽误学习。鉴于小王的抑郁情绪较为严重，辅导员让同宿舍的班长和团支部书记密切关注，几乎与其寸步不离。一段时间内他服药正常，情绪平稳。一天，在同宿舍同学出去上厕所时，小王吞食了过量治疗抑郁症的药。随后，他就后悔了，便给宿舍同学和辅导员发了信息。宿舍同学迅速将其送到离学校最近的医院抢救。事后，小王说因为在当天下午的专业课上他听不懂，又着急又烦躁，所以就有了这种冲动行为。

针对小王服药自杀事件，学校心理咨询中心、学院和学工部等学校相关职能部门启动了危机干预系统的工作，协商讨论并制订了对小王的全面帮扶方案。首先，帮助他全面解决经济上的困扰，除了帮他申请到全部的医疗费用外，还保障他一日三餐的费用，为他申请学校困难补助，学院也给予经济援助。其次，请其家人来学校配合其病情治疗，并为其报销来回的交通费用。再次，与精神专科医院的主治医生保持定期联系，辅导员和同学每周都去医院探望小王。同时，鉴于小王的抑郁主要由心理因素导致，在住院治疗期间，为其安排了心理咨询师，对其进行专业的心理咨询辅助治疗。最后，在学工部的协调下，多部门联动办公，为小王办理了休学手续，并请心理咨询中心给予技术上的指导。

（2）出院后的环境支持

在医生治疗三个月后，小王出院了。他出院后本该回家休息，但是因为他与父母关系紧张，坚决拒绝回家，希望继续留在学校。为了帮助他尽快康复，学校同意他留校治疗。这对小王来讲是好事，在学校他可以每周到学校心理咨询中心接受心理辅导，从根本上帮助他战胜抑郁。同时，学院在学习和生活方面为小王创造了良好的支持环境，缓解他的现实压力。学院继续安排勤工俭学岗位，向资助中心打报告申请支持，并多方筹资帮助他解决经济上的后顾之忧；班主任带领学生干部密切关注、关心小王的成长，并随时取得心理咨询中心的帮助与支持；任课老师经常鼓励、关心小王，让他恢复对学业的信心；辅导员每周在办公室与小王谈话，找到他内心成就感的激发点，更大程度地提升他的能力，增强他的自信心；创设良好的班级氛围，学院发动了整个年级的冬季体育锻炼活动，班长和团支部书记轮流陪小王锻炼身体，每天在操场慢跑 40 分钟；与小王关系较好的舍友每天同他一起上自习，一起就餐；任课教师在课堂上尽可能多地给小王表达机会，让其受到更多的关注；在课下，辅导员积极认可他在成长过程中的每一个成就点，发现他对社会实践中得到的认可非常在意，通过获得这种认可能够极大地增强他的成就感，遂大力支持他继续做社会实践，并亲自担任其指导老师，此后连续三年支持他回家乡支教。

（3）心理咨询

小王出院后，坚持在学校心理咨询中心进行每周一次咨询。小王的情绪低落和行为表现与负性生活事件——表白被拒和成绩不及格有直接关联，且受刺激比较大，加上他因家庭贫困造成的自卑性格，成为压倒骆驼的最后一根稻草，而英语成绩不及格、弟弟上学费用等压力更是让其心理极度焦躁。学院的支持和同学的帮助在一定程度上缓解了小王的焦虑，让他感受到集体的温暖，对老师、同学产生更多的信任。

小王是一位经历坎坷，少年时代承受过太多冲击和压力，而又艰难成长的年轻人。在进入这所大学之前，他一直挣扎在生存的边缘。为了温饱，为了有机会读书，他一直努力地拼搏、奋斗。这些经历锻炼了他的自强不息的生存能力，也同时让他在心理上产生了巨大的冲击。他可能自己也意识到有些影响，但他还没有准备好去探索和处理。他从小在生存的威胁中长大，自己捡垃圾来挣学费，供弟弟读书，帮助其他的同学等，是他自力更生励志的证明，在很大程度上正是这种成就感支撑着他的自信心；同时，家庭的贫困也让他内心深处有自卑的一面，极度缺乏安全感。他的社会支持系统相对较弱，父母不能成为他依赖的对象，遇到困难找不到可以寻求帮助的人，在极端自怨自艾中他更不愿意与人交流。小王性格内向，容易陷入焦虑与绝望感中，他还有过分认真、责任感过强、情绪不稳定、心情多变等特征。而这些性格特征和他个人成长以及与家庭的关系有很大关系。他认为父母没有尽到养育子女的义务，所以他在宿舍里和室友多次说过自己与父母关系冷淡，他已有七八年没回过家了。家庭贫困以及父爱母爱的缺失，导致了小王过度自卑，过度自卑又导致他的过度自尊，让他面临困难时，羞于启齿向周围的人求助和示弱。

小王在忙于生存的同时，对于幸福的生活，对于自己内心世界的爱、需要、人生目标等成长必须要了解和面对的议题，没有精力去探索。对他来说，一旦触碰这些议题，过往对心理产生的影响就会被启动，出现大量的负面情绪和创伤性反应。而不去探索过往经历对自己的影响，疗愈过往的创伤，他就没有办法获得心理上的平衡与和谐。带着这种矛盾、冲突，带着未被疗愈的创伤和伤口，他与自己的关系，与他人的关系，注定会遇到很多困难。内心压抑了太多负面情绪无法处理时，小王只会用不理睬宿舍同学等来应对压力。

小王在咨询老师的陪伴下，开始认识并理解了自己，更看到自己身上最为宝贵的财富，不仅仅是学习好，更有积极向上、顽强拼搏的生命力，吃苦耐劳，具有强烈的责任意识。他从内心开始真正的喜欢自己，而不是要靠好的学习成绩来证明自己。在逐渐接纳自己、欣赏自己的过程中，小王意识到尽管自己的家庭贫困，父母没有文化，无论在物质层面上还是在精神层面上都没有办法给到自己支持和庇护，但是，父母给了自己生命，自己拥有健康的身体，拥有吃苦耐劳的精神，拥有积极上进的品质，拥有学习的能力，拥有关心自己的老师和同学，这些都是非常宝贵的财富。同时，咨询老师还引导小王看到，自己就像一座等待挖掘的宝库，未来还有无限的可能。

经过多方的努力，在老师的关怀和同学们的帮助下，小王开始慢慢地融入大家的生活，在大三时，他赢得了大家的广泛认可，通过团员推优，加入了中国共产党。此后的一个暑假，他不仅每年都回家乡支教，而且，原来胸怀着商人理想的他，认定了教师职业是他幸福的归宿。他说："我要去基层任教，就是希望能够用自己的力量，把个人的梦想融入整个中国的教育梦，去一点一点地改变那些落后的山村和那里的教育，为偏远地区的孩子们享受更加公平的教育献出绵薄之力。"大学毕业后，小王放弃了省会城市重点中学的就业机会，回到他的家乡从事基层教育工作，一干就是十多年。他的事迹多次得到媒体的专题报道。

3. 康复后反思

小王同学经过这次心理危机，药物配合心理治疗，同时得到了老师和同学的支持和鼓励，最终战胜了抑郁，并激发出自身的潜能，成为优秀的大学毕业生。

（1）部门联动形成合力

小王服药自杀未遂之后，学工部、心理咨询中心与学校各部门及时沟通协调，及时抢救治疗，并为小王解决了经济和学习上的后顾之忧。事件发生后，班主任老师迅速通知上级主管机关及学生家长。了解事件过程后，学工部和学院采取一系列措施，做出快速应对。班主任在抢救现场及时抚慰学生及周围相关人员；学校为家长报销交通住宿费用；心理咨询中心为班主任辅导员做减压工作；小王在住院期间，学院安排专人对他进行全程监护，尽最大力量保护他的安全；在保护个人隐私的情况下，调动学生的各种社会支持系统，如班主任、导师、宿舍同学，甚至同学的老乡来全力相助，形成合力。

（2）朋辈支持增强归属感

在得知小王患抑郁症后，宿舍同学商量后轮流照顾和陪护他，和他一起锻炼一起学习，同学的鼓励和支持让小王感受到集体的温暖，宿舍中互助互爱的良好氛围，使他十分留恋这个世界，实际上成为他的一个心理支持系统，增强了他的归属感。和抑郁斗争的这段经历，更加坚定了小王要去帮助贫困山区孩子的决心，他想做一个能给他人带去温暖和爱的人，想发挥自己的聪明才智，帮助孩子们获得知识，树立理想，走出贫困。

（3）温暖的集体氛围激发生命力量

小王住院治疗期间，在老师的带动下，许多同学主动去看望、陪伴他，有的同学还做了爱心盒子，让他在医院治疗时每天都写一下自己的进步与成就事件，这对他身心的恢复起到了一定作用。在他出院回到学校后，老师和同学一起带着他去吃大餐。同学们像什么从未发生过一样去和他交流，他对老师和同学逐渐产生了极大的信任感，固定时间和老师交流自己的病情和思想。在老师和同学们的帮助下，小王再次申请加入中国共产党，并高票获得推优资格，成为一名中共预备党员。

（二）热线问答

1. 发现周围有同学有自杀企图，怎么办

自杀是当事人在危机之下，感受到内心痛苦不堪又无力改变，进而采用自我结束生命的方式。有自杀企图的人经常会有很强的孤独感、自卑感以及无法承受的心理压力，他们的自我价值感低，有强烈的羞耻感和绝望感。当你发现周围的同学有这些情绪表现或者流露出自杀的想法时，有责任伸出自己的关爱之手。这时，作为一名普通同学，你能为有自杀企图的同学做些什么呢？

首先，如果可能，要把当事人带离危险的地方，不要让他独处；去除其自杀的危险物品，如放在宿舍的刀、绳子、药物等。如果你发现他即刻自杀的危险很高，要立即向有能力帮助他的人报告，如班主任、辅导员、学校保卫处等。

在生活中如果发现同学情绪长时间低落，生活作息异常，你可以向当事人表达你的关心。询问他目前面临的困难，以及困难带给他的影响，鼓励他向你或其他值得信任的人吐露心声，建议他去寻求专业心理咨询或精神科医生的帮助。当事人如果向你表示想要自杀，不要答应对其自杀想法保密。如果有自杀风险，你应尽量取得他人的帮助，特别是专业机构的帮助。如果当事人害怕或担忧寻求专业帮助，你应花一些时间听听他的担心和恐惧是什么，告诉他们大多数处于这种情况的人都需要专业帮助，并且通过专业帮助是可以好转的。

在和企图自杀的同学接触时，不要试图说服对方自杀是不对的，自杀只是当事人在绝望无助的情况下选择的一种解决问题的方法，他的绝望感是可以理解的，多听听他的感受。尽力想象自己处在他的位置时有何感受，给予对方希望，让他知道其面临的困境是可以有所改变的，主动寻求帮助是强者的行为。

在倾听和陪伴有自杀企图的同学的过程中，可能对方会有拒绝交谈、情绪爆发、大哭等现象，这时候，你需要有一些耐心，他的拒绝不是针对你本人，而情绪爆发或哭泣可能有利于其情绪释放。

当同学有自杀企图时，作为一名普通同学的你，伸出关爱之手去帮助他走出危机，是爱的表现。助人的过程可能会让你产生责任感、价值感、无力感和自责等复杂的情绪体验。在这个过程中，请注意最重要的是你先要照顾好自己，不要把避免危机发生的责任全部放在自己的身上，因为你不是专业人员，不具备处理危机的能力，你能做的是陪伴和支持，还有把当事人及时交到专业人员或其监护人手中，这就已经足够。

2. 大学生要如何关爱自己

很多大学生常常思考生命的意义和价值是什么？苏格拉底说，生命中最有价值的事，莫过于生命本身了。正因为人的生命是有限的，所以生命本身就具有了意义。生命和生活密切相关，没有生命就没有生活。珍爱生命是成功快乐生活的根本，积极的生命态度决定了生命的质量。学习关爱自己是大学生珍惜生命的一种积极态度。

爱丁堡大学哲学博士克里斯汀娜·布莱勒曾写道，自我关爱是“我们对抗人生所有苦难的唯一方式”，也是“爱和勇气的源泉”。它能帮助我们培养照顾自己的能力，从而提高我们的生活质量。关爱自己，即学会照顾自己、保护自己。大学生正处于逐步成长为一个对自己负责任的成人的阶段，需要由依靠父母走向独立，慢慢成为一个能独立照顾自己的成年人。关爱自己，标志着一个人开始长大，可以开始照顾自己了。

大学生要如何关爱自己，培养自我关爱的能力呢？关爱自己不是自私自利，以自我为中心，而是先照顾好自己，以更健康的状态去服务别人。懂得自我关爱的人，才能打开心胸，才能独立自主，不依赖别人，形成独立的人格，才能拥有远大志向，成就人生理想。

第一，你要养成良好的生活习惯，培养健

康的生活方式，健康饮食，适当运动，养成良好的作息习惯，科学用脑等。这样，你才能拥有健康的身体，健康的身体是生活、学习、工作的基本保障。

第二，在心理层面，你要学会倾听自己的声音，照顾自己的感受，不要时刻根据别人的眼光和评价来生活。因为你是重要的，你的感受也是重要的。有些大学生由于所处的环境和成长原因，可能形成了“讨好型人格”，如果这种生活态度会给自己带来了极大的痛苦，你需要尝试着寻求帮助，加以改变；你还要学习用自我宽慰取代自我批判。很多同学从小接受的教育大多都在强调要严以律己、宽以待人，不断告诉自己要如何善待别人、理解别人，却鲜少学习应当如何安慰犯错或失意的自己。关爱自己当然要善待自己，这意味着停止对自己无休止的挑剔和批判，理解自己的不足和错误，不一味地加以苛责，积极主动地学习宽慰自己，就像宽慰一个失落的朋友那样。当然，自我关爱并不是让你忽视自己的负面情绪，抗拒痛苦只会使负面情绪加剧。恰恰相反，自我关爱的人能够勇敢客观地面对伤痛，体验所有的情绪，并且清楚地明白接受它们都是有必要的，从而学会爱自己，爱别人。

拓展性资料——名人名著

【大家小传】

阿尔弗雷德·阿德勒（Alfred Adler，1870—1937），奥地利心理学家，是个体心理学的创始人，现代自我心理学之父。他是精神分析学派内部第一个反对弗洛伊德的心理学体系的心理学家，从生物学定向的本我研究转向社会文化定向的自我心理学。阿德勒被认为是20世纪最著名的心理学家之一，排名第67。

【生平重大事件】

1870年2月17日，出生于奥地利首都维也纳郊区。父亲是一名犹太商人。

1888年，阿德勒进入维也纳大学学习。

1895年，阿德勒获得维也纳大学博士学位。

1897年，阿德勒遇见罗莎，并与其结婚。

1902年，弗洛伊德邀请阿德勒加入“星期三学会”（后更名为精神分析协会）。

1911年，阿德勒离开维也纳精神分析协会，另组了“自由精神分析研究学会”。

1913年，研究会正式更名为个体心理学会。

1926年，成为哥伦比亚大学的客座教授。

1932年，成为长岛医学心理教授。

1935年，在美国创办了《国际个体心理学》杂志。

1937年5月28日，因心脏病逝世于英国的阿伯丁。

【《理解人性》简介】

该书出版于1918年，是阿德勒以在维也纳的人民学院为期一年的演讲为基础写成的，旨在向普通公众介绍个体心理学的基本原理。同时，也对这些基本原理的实际应用作了示范，这些示范处理了人们日常行为中的诸多关系。全书分为两个部分：人的行为、性格的科学。第一部分八章，第二部分五章。作者运用个性心理学的原理，对人的性格进行了科学的剖析，着重强调人的社会性和社会感，强调个人的人生观和价值观在形成性格的过程中所起的作用。其目的是：指出个体的错误行为会如何影响我们社会和共同生活的协调；在此基础上，教会个体识别他自己的错误，并在最后为他指出可以和共同生活协调一致的方法。商业和科学中的错误是昂贵和令人遗憾的，但生活行为中的错误却常常危及生活自身。本书的任务是照亮人类在更好地理解人性上前进的道路。本书倾注了作者对人的爱心与关注，其基本观点建立在作者自己多年来从事心理治疗、社会教育所积累的大量实际观测与调查的基础之上，因而具有极强的可读性和积极的现实意义。

【《生活的科学》简介】

该书出版于 1927 年，全书共分为 12 章。这是阿德勒为一般人学习个体心理学而写的一本入门书，书中总括了其整个理论体系的轮廓，并联系社会生活中的普通事例做了生动而富有趣味的分析和阐发。阿德勒的观念围绕着“权力欲”的中心思想拓展，而非弗洛伊德的性学说；他认为促使人行动的，大都是驾驭别人的权利感。一个人如果要有健全的社会生活，必须对别人产生关心，不可以只封闭在自己的世界里，这样会使他采取不正常、无用的生活方式。从个人的生活方式就可以诊断出这个人的行为与思想。生活方式大约在四五岁时就由原型所决定了，所以人的早期生活是很重要的。阿德勒虽然不是提出揭开人类心灵秘密的潜意识的开山祖师，但是，他在精神分析方面的成就与努力，及其对自己学说的忠贞与自信，也足够令我们折服了。他的学说至今还有很多后继者及学者在阐扬发挥，做更进一步的研究。

【《自卑与超越》简介】

该书出版于 1932 年，共分为 12 章。那时正是阿德勒的思想最为成熟的时期，阿德勒认为人类的行为都是出于自卑感及对自卑感的克服与超越。这就是《自卑与超越》的主要思想内容。阿德勒在该书中运用个体心理学原理对普通人日常生活中面临的种种问题进行细密的剖析，指点迷津，破疑解惑。该书语言平易优美，对人类个体心理的描述和解释独辟蹊径，细致入微，客观而精辟，被认为是分析个体心理的经典之作，出版以来，一直畅销。该书被西方人视为反省自我、了解自己和他人的生活风格，从而更真实地了解自我和他人的教科书式的作品。也有人认为他起到了《圣经》所起不到的作用——因为它能唤起人超越自卑，追求优越的勇气，让人重新确立对生活的自信，找到坚定的信仰和健康、乐观的人生哲学。特别是阿德勒对人的“社会兴趣”和“合作精神”的突出强调，还被认为是医治现代人过度自我中心而导致的心理疾患的一剂良药。

阿德勒生活照

第八章　认识职业直面生涯

通过本章学习，我们要了解大学生职业理想的特点，学会树立崇高的职业理想；了解职业兴趣对与职业发展的影响，职业兴趣与选择之间的关系，以及如何培养自己的职业兴趣；学会分析自己的职业能力、个性以及特长，以及如何根据自身特点选择适合自己的职业；正确认识职业角色，掌握从学生角色到职业角色转换的方法；知道生涯与职业生涯规划的内涵，了解大学生生涯规划的意义及生涯规划中存在的问题，掌握制定职业生涯规划的方法。

一、概念诠释与理论解读

（一）概念诠释

职业理想　职业理想是人们对未来工作的行业及事业成就大小的向往，即个人渴望达到的职业境界，与人的价值观、世界观、人生观密切相关。职业理想是我们努力的方向，人生发展的目标是通过职业理想来确立，并最终通过职业理想来实现。

职业兴趣　职业兴趣指人们对某种职业活动产生比较稳定而持久的心理倾向。不同的职业兴趣对应着不同的职业，职业兴趣如果可以与职业相匹配，就可以激发工作的动力，最大程度地发挥个人潜能。职业兴趣是职业发展的巨大动力，可以充分发掘个人潜能，提高工作效率；职业兴趣是维持职业稳定的重要因素，可以提升职业抗逆力。职业兴趣是职业选择和职业规划的重要依据。

职业能力　能力是人们顺利完成某种活动所必备的个性心理特征。任何一种活动都要求参与者具备一定的能力，而且能力直接影响着活动的效率。职业能力是指人们从事某种职业活动必须具备的知识技能和心理品质。一般分为通识能力和专业职业能力两种。通识能力是从事职业活动应普遍具备的能力，包括一般学习能力、适应能力、语言表达能力、人际交往能力、团队合作能力、情绪管理能力等；专业职业能力是指对某一专业领域的活动有特殊作用，并在活动中表现出来的能力，是顺利完成该项工作的必备条件。

气质　气质即人们平时所说的“脾气”“秉性”，是表现在心理活动的强度、速度、灵活性与指向性等方面的一种稳定的心理特征。古希腊著名医生希波克拉底将气质类型划分为多血质、黏液质、胆汁质和抑郁质四种类型，并将四种气质类型的典型表现，称为兴奋型、活泼型、安静型、抑制型。在现实生活中，完全属于一种气质类型的人很少，大多数人都是几种气质的混合，只是在四种类型中，更倾向于其中的一种。人的气质差异是先天形成的，受神经系统活动过程的特性所制约。气质没有好坏之分，每种气质类型都各有所长，也各有其不足。我们可以充分利用自己的气质特点，在工作中发挥气质的优势，提升自己的职业适应能力。

性格 性格是指人对现实稳定的态度和习惯化了的行为方式，是与社会道德评价相联系的人格特质。性格是后天形成的，有好坏之分，并有较大的可塑性。在西方心理学文献中，性格与人格混同使用。在中国心理学文献中，性格与人格是两个不同的概念，性格包含于人格之中，是人格结构的主要成分。但在日常生活中，两者常常混同使用。

职业性格 职业性格指的是职业及环境所需要的性格特征，不同的职业有不同的性格要求。性格与职业的选择有着密切关系，也决定着个人事业的成功。个人的职业与他们的性格相匹配的话，更容易取得成功。

职业角色 职业角色是指人们在一定的工作活动中所扮演的角色和职业形象，是人们在职业活动中所处的地位和发挥作用的表现。人们通过自我职业角色的展示，实现职业成就和人生价值，完成自我角色的塑造。

职业角色意识 职业角色意识指人们对所从事的职业持有的认识和理解，是个人的世界观、人生观和价值观的有机构成要素。为了更好地适应职场，进入职场前我们要提前做好准备，培养自己的职业角色意识。例如，遵守职业道德，有意识地提升职业技能，转换思维方式，培养职业人的生活习惯等。

职业道德 职业道德指在职业活动中应该遵循的基本行为准则，它既是对职业人在职业活动中行为的要求，又是职业对社会负有的道德责任和义务。

职业化 职业化指一种工作状态的标准化、规范化和制度化，即在合适的时间、地点用合适的方式完成工作。职业化体现了一个人能准确地扮演好自己的职业角色，尽职尽责地完成自己的工作。

生涯 生涯是一个人一生中不同时期、不同角色的组合，即一个人一生中从事的工作、担任的职务以及扮演的角色的总和。生涯与职业有关，但是与职业相比，生涯涵盖了更长的时间，也比职业的内涵更丰富。

职业生涯规划 职业生涯规划是对自己未来职业的计划和安排，是针对个人职业选择并依据主观和客观因素进行分析和测定，确定个人的职业目标并努力实现这一目标的过程。职业生涯规划包括自我评估、职业生涯机会评估、职业生涯目标的设定、职业生涯策略的制定与实施、职业生涯的反馈与修正五项内容。职业生涯规划的目的不仅仅是帮助我们找到一份合适的工作，更重要的是，它可以让我们真正地了解自己，整合个人最大的优势与资源，帮助我们找到最适合的职业生涯发展道路。

（二）理解解读

行为治疗理论与系统脱敏技术

自20世纪70年代起，行为治疗以其独特的治疗体系与卓有成效的治疗方法，逐渐在心理治疗领域中占据了优势，被誉为心理治疗领域的第二势力。对此，沃尔普做出了巨大贡献。

沃尔普使用巴甫洛夫的经典条件反射理论，将猫关进实验笼里，先响铃声后给予电击，使猫患上了恐惧与焦虑症。如何治疗呢？沃尔普认为，焦虑症状抑制了进食，那么在不同的情境中，食物或许可以抑制焦虑反应。他将猫放在与实验室布置完全不同的房间里，环境的改变缓解了猫的焦虑，猫经过犹豫开始毫无顾忌地进食。接着，沃尔普把进食的地方移到一间与实验室相似的房间里。猫开始时焦虑不安，而后继续进食。他又把进食的地方升级为那间实验室，但是远离实验笼。猫重返受伤害之地焦虑不安是可想而知的。然而，又经过一番努力，猫再次完成了进食。最后，把进食位置越来越移近实验笼直至移到实验笼里，猫仍然完成了进食。但是，如果此时铃声大作，猫又会惊恐万分拒绝进食。沃尔普认为，更换环境只能引起焦虑反应的视觉刺激（实验室及实验笼）逐渐失去作用，而对于能引起猫焦虑反应的听觉刺激（铃声）却无济于事。于是，沃尔普又采用同样的方法，让铃声由远及近，由弱变强，使猫逐步适应，消除了猫对铃声的焦虑反应。这就是沃尔普的“系统脱敏法”。沃尔普认为，动物神经性症状的产生和治疗都是习得的。因此，他认为治疗人类神经症的方法也可由此发展而来，于是提出了交互抑制理论（reciprocal inhibition）以减少神经症行为，并从该范式出发，发展了系统脱敏技术（desensitization）。他认为，通过教给病人在压力情境中放松的方法，及让他们面对恐惧，可以有效治疗焦虑或恐惧症状。实践证明，沃尔普的治疗方法是成功的，并一直在现代心理治疗中使用。

1. 行为治疗的特点和优势

行为治疗方法的形成和发展经历了一条与精神分析疗法完全不同的道路。精神分析理论是先有临床治疗效果，然后再建立理论假说；行为疗法则是先在心理学实证研究基础上，建立起行为主义心理学的联结主义学习理论，继而使用该理论去寻找解决患者心理问题的临床心理治疗方法。其治疗过程明快简洁，疗效显著，应用范围广泛。行为疗法不仅用于治疗各种神经症，如强迫症、恐惧症、焦虑症等，而且用于治疗各种身心疾病，如高血压、冠心病、心律失常、偏头疼、哮喘等；不仅广泛应用于矫正儿童或成人的各种不良行为问题，如吸烟、吸毒、酗酒及各种反社会行为，也广泛应用于矫治各种性功能障碍和性行为偏离。

尽管如此，行为治疗还是受到了心理学研究者的质疑与批评。很多研究者认为，行为疗法虽然来自实证研究，但大多数实验是以动物为研究对象。实验中，动物形成的不适应行为是刺激—反应之间形成一定的联结过程，而人与动物的最大不同，就是人具有主观能动性，人的心理过程，如认知、情感、意志、动机等因素在刺激和反应之间起到了重要作用。因此，行为治疗忽视了人的意识或内在心理过程的作用，而只是关注患者外在的行为表现，束缚了行为治疗的进一步发展。

行为疗法认为，人的非适应性行为是习得的，需要应用基本的学习技术，通过替代反应去矫正人类的非适应性行为。治疗中鼓励来访者积极行动，一步步地实现具体的改变。行为疗法更关注的是如何缓解患者的症状，而不是找出引起症状的原因。例如，在治疗强迫症过程中，行为治疗师会试图减轻患者的强迫行为，而不是去分析患者获得强迫症的原因；认知治疗师则会认为导致人出现心理障碍的原因是不合理的信念和认知偏差，从而聚焦在改变患者的非理性的认知，建立理性的人生观；人本主义治疗师则会寻找症状背后的内心症结，引导来访者接纳自我，发挥其内部的潜在资源，以达到治疗的效果。可见，不同的心理疗法在治疗过程中各有侧重。在心理治疗发展的过程中，不同学派之间一直争论不休。然而，人们可以确定的是：行为治疗师为治愈患者心理障碍提供了新思路，开辟了新道路。

2. 行为治疗中的交互抑制和系统脱敏思想

交互行为就是彼此之间竞争的行为。如果某情境刺激引发了一定的反应，而新刺激的进入可能会引起不同的反应，那么旧的反应可能被削弱。随着个体对新刺激反应的行为增加，发生了新的学习，旧的行为会逐渐完全消退。沃尔普发展了交互抑制的学习理论。他指出，如果能使一种与惧怕或焦虑情绪不能共存的反应，在产生恐惧或焦虑的刺激面前出现，那么，这种刺激就能抑制这种惧怕或焦虑的反应。沃尔普认为，表现为神经症的那些不适当行为是个体学习的结果，要治愈也必须经历学习的过程。在临床治疗上，焦虑与放松、快乐与悲伤等两者是不可能同时共存、只会相互抑制的成对的心理状态。因此，只要对患者进行系统性的放松技术的训练，让其对某种刺激的过敏性反应逐渐递减直至消除，从而抑制焦虑等心理反应。这一临床技术就是系统脱敏技术，已成为大多数行为疗法的实践基础。

系统脱敏技术分为三步。第一步就是教会来访者掌握放松技巧。沃尔普改进了雅各布森（Jacobson）的放松技术，将放松的时间调整到更短。第二步是深入了解来访者的异常行为表现（如焦虑和恐惧）是由什么样的刺激情境引起的，帮助来访者把引起焦虑的情境划分等级。第三步，让来访者开始从最低等级的焦虑开始，想象产生焦虑的刺激情境，同时做放松练习。治疗师要不断根据来访者的反应调整刺激的强弱。这样循序渐进，有系统地把那些习得的、强弱不同的焦虑反应，由弱到强一个一个地予以消除，最后把最强烈的焦虑反应（即人们所要治疗的靶行为）也予以消除（即脱敏）。

系统脱敏技术在临床上多用于治疗恐怖症、强迫性神经症，以及某些适应不良性行为，在心理治疗实践中疗效显著。不仅如此，系统脱敏技术治疗时间周期短，只需要为期数周的时间，就可以帮助很多经过年复一年的集中精神分析疗法、然而却最终无法解决其行为症状的患者走出困扰。然而，系统脱敏法在心理治疗中也有其自身缺陷。一方面，系统脱敏法主要应用于人际关系紧张、恐怖症、强迫症等神经症的治疗，而不适用于人格问题的矫治；另一方面，在进行系统脱敏治疗的过程中，来访者不能正确确定焦虑的等级、不能进入想象焦虑的情境或者不能进入放松状态，都会影响系统脱敏的实践效果。

当然，人们不可能要求系统脱敏法对所有心理问题的治疗有效，其操作过程中的局限性也需要治疗师和来访者不断在实践中学习和调整。总体而言，沃尔普的系统脱敏法是成功的，其产生及应用完成了从行为主义心理学的学习理论到行为治疗的临床技术的飞跃，把人类行为治疗的历史推到了一个新的阶段。

沃尔普的行为疗法思想有着广泛而深远的影响，在行为治疗学界取得了丰硕的成果。他在研究动物神经性症状的基础上，提出了“交互抑制理论”，并发展了具有创新意义的“系统脱敏技术”，为心理治疗领域找到了一项建立在人类行为基本规律上的治疗方法，为治疗人类的心理疾患做出了巨大贡献。特别是他将对动物进行精神疾病的研究成果转化为治疗人类神经症的临床实践技术，完善了治疗人类焦虑的原始而有效的方法，许多精神科医生开始将系统脱敏疗法应用于临床以治疗恐怖性神经症，从而使行为治疗实践的力量不断壮大起来。到了20世纪70年代，行为治疗在世界的整个心理治疗领域中，已经超过了精神分析治疗而占据绝对的优势地位，成为整个心理治疗发展的第二个里程碑，沃尔普功不可没。

行为治疗尽管仍然存在一些不足，但其开放性确是不容置疑的。行为治疗在建立之初就呈现出百家争鸣的局面。它不像精神分析疗法，在理论上师承弗洛伊德，而是很多研究者依据各自的研究和观察提出了各自的学说，这些学说共同组成了行为治疗的理论基础，如巴甫洛夫、华生、桑代克、斯金纳等。在治疗心理疾患的临床实践中，行为治疗也取得了迅速发展，它以短期治疗的优势，开放性的姿态，汲取了其他学派的精华，体现了旺盛的生命力。

可以说，正是沃尔普等早期行为主义学派心理学家的努力，推动了心理治疗的发展，以致心理治疗能在今天形成如此生机勃勃、流派纷呈的局面。

二、自测、阅读体验与活动

（一）轻松自测

A. 你将来适宜选择哪种职业？

测验

下列题目分为两组，共20题，请根据你的实际情况，做出“是”或“否”的选择。

是 否

第一组

1. 就你的性格来说，喜欢与年龄较小而不是较大的人在一起。 □ □

2. 你心目中的伴侣应具有有着不同的见解和活跃的思维。 □ □

3. 对于别人求助的事情，总是乐意帮助解决。 □ □

4. 做事情考虑较多的是速度和数量，而不是在精雕细琢上下功夫。 □ □

5. 喜欢“新鲜”这个概念，如新环境、新景点、新朋友等。 □ □

6. 讨厌寂寞，希望与大家在一起。 □ □

7. 上学的时候很喜欢语文课。 □ □

8. 喜欢改变某些生活惯例，以便使自己有一些充裕的时间。 □ □

9. 不喜爱那些零散、琐碎的事情。 □ □

10. 假如自己进入招聘职员的经理室，经理抬头瞅了自己一眼，说声“请坐”，然后就埋头处理他的文件，可你一看，旁边并没有座位，你不会站在那里等，而是悄悄搬把椅子坐下来，等经理说话。 □ □

第二组

1. 上学的时候很喜爱数学课。 □ □

2. 看了电影、戏剧后，喜欢独自思考而不是与别人一起讨论。 □ □

3. 书写整齐清楚，很少写错别字。 □ □

4. 不喜欢读长篇小说，喜欢读议论文、小品文或散文。 □ □

5. 业余时间爱做智力测验、智力游戏一类的题目。 □ □

6. 墙上的画挂歪了，看着不舒服，总想设法将它扶正。 □ □

7. 手机、电视机出了故障时，喜欢自己

动手摆弄、修理。 □ □

8. 做事情时总希望精益求精。 □ □

9. 从设计的角度对一种服装进行评价，而不太关心它是否流行。 □ □

10. 能控制金钱开支，很少有“月初松、月底空”的现象。 □ □

评分

选择“是”计1分，“否”不计分，将各题得分相加，分别计算两组得分。第一组得分为A分数，第二组得分为B分数。

【你的A分数】__________

【你的B分数】__________

A分数大于B分数，你思想活跃、善于与人交往。你喜欢把自己的想法让别人实现，或者与大家共同实现，适合你的职业是记者、演员、推销员、采购员、服务员、人力资源干部、宣传机构的工作人员等。

B分数大于A分数，你具有耐心、谨慎、肯钻研的品质，是个精细的人。适合选择的职业有编辑、律师、医生、技术人员、工程师、会计师、科学研究工作者等。

A分数等于B分数，你具备以上两种类型人的长处，不仅能独立思考，也能处理好人际关系。适合你的职业包括教师、护士、秘书、美容师、理发师等。

B. 你的事业成就感如何？

测验

请你根据实际情况，对下列题目做出“是”或“否”的选择。 是 否

1. 你是否有工作的理想和目标？ □ □

2. 你是否将目前的工作当作自己的终身事业？ □ □

3. 你是否有进修的计划？ □ □

4. 你是否经常关注科技动态？ □ □

5. 你是否研究别人在事业上成功的原因？ □ □

6. 在工作上你是否从来没有“力不从心”的感觉？ □ □

7. 你爱惜时间和利用时间吗？ □ □

8. 你处理工作时，能分轻重缓急吗？ □ □

9. 在工作上遇到困难，你是否从来没有急躁的感觉或者消极的表现？ □ □

10. 你对工作的选择是否很谨慎？ □ □

11. 当别人在工作上有困难时，你会乐意帮忙吗？ □ □

12. 你见到别人做成功一件事时，是否从不妒忌？ □ □

13. 你对工作是否有竞争的心理？ □ □

14. 在工作时间里，你是否很少闲聊？ □ □

15. 你对同事是否从不随便批评？ □ □

16. 当别人对你提出一些工作上的意见时，你能虚心接受吗？ □ □

17. 你是否能谨慎地相信别人？ □ □

18. 在工作上你能发表独到的见解吗？ □ □

19. 你能否时时勉励那些在工作上表现消极的人？ □ □

20. 你是否很关心自己的事业，时时研究能促进工作效率的方法？ □ □

21. 你感到负责任是一件愉快的事情吗？ □ □

22. 你有阅读的习惯和计划吗？ □ □

23. 你是否能遵守诺言、不令人失望？ □ □

24. 你是否时时检讨自己，并为工作拟订计划？ □ □

25. 你能体会到人生以服务为目的的意义吗？ □ □

评分

每题答“是”计 4 分，答“否”不计分。各题得分相加，统计总分。

【你的总分】__________

39 分及以下，对工作和事业缺乏诚意和兴趣，事业成就感较低。

40~59 分，事业成就感一般。

60 分及以上，对事业有计划，能努力工作，事业必有所成就。

（二）阅读体验

生涯规划：我的生涯我做主

生涯就是一场人生的旅行。我们对远方充满向往，但却无法预料那里的风景是否美好；我们都有远大的职业理想，但却不知理想如何才能成为现实。面对不确定的未来，如何才能避免进入生命的迷途？生涯规划的著名学者金树人说，“生涯之学，即应变之学”。那么，规划之道，即未来之道。职业规划让我们掌控不断变化的未来，让我的生涯我做主。

1. 生涯

生涯是什么？生涯发展学者萨帕认为，“生涯是一个人一生中不同时期、不同角色的组合”，即一个人一生中从事的工作、担任的职务以及扮演的角色的总和。生涯与职业有关，但是与职业相比，生涯涵盖了更长的时间，也比职业的内涵更丰富。

生涯发展学者舒伯在 1953 年提出“生涯”的概念，把生涯看成是一个持续渐进的过程，由童年时代开始一直伴随人的一生。1976 年到 1979 年，舒伯提出了集生活广度、生活空间于一体的生涯发展观，并描绘出一个多重角色生涯发展的“生涯彩虹图”（见图 8-1）。

生涯彩虹图形象地展现了生涯发展的时空关系，更好地诠释了生涯的定义，同时适用于我们进行自我分析和生涯探索。

（1）横贯一生的彩虹——生活广度

彩虹图的横向层面代表的是横跨一生的生活广度。彩虹的外层显示人生主要的生命发展阶段和大致年龄：成长阶段（相当于儿童期）、探索阶段（相当于青春期）、建立阶段（相当于成人前期）、维持阶段（相当于中年期）及退出阶段（相当于老年期）。在这五个主要的人生发展阶段内，各个阶段还分成一些小的阶段。舒伯特别强调各个时期的年龄划分有相当大的弹性，应依据个体的不同情况而定。

（2）纵贯上下的彩虹——生活空间

彩虹图的纵向层面代表的是生活空间，由不同的角色组成。舒伯认为人在一生中扮演着九种主要的角色，依次是：子女、学生、休闲者、公民、工作者、持家者。各种角色之间是相互影响的。一个角色的成功，特别是如果早期的角色发展得较好，将会为其他角色提供良好的关系基础。但是，如果在某个角色上投入过多精力，没有平衡好各角色之间的关系，则会导致其他角色的失败。彩虹图中的颜色表示在每一个阶段对每一个角色的投入程度，颜色面积越大表示该角色投入的程度越大，空白越多表示该角色投入的程度越小。

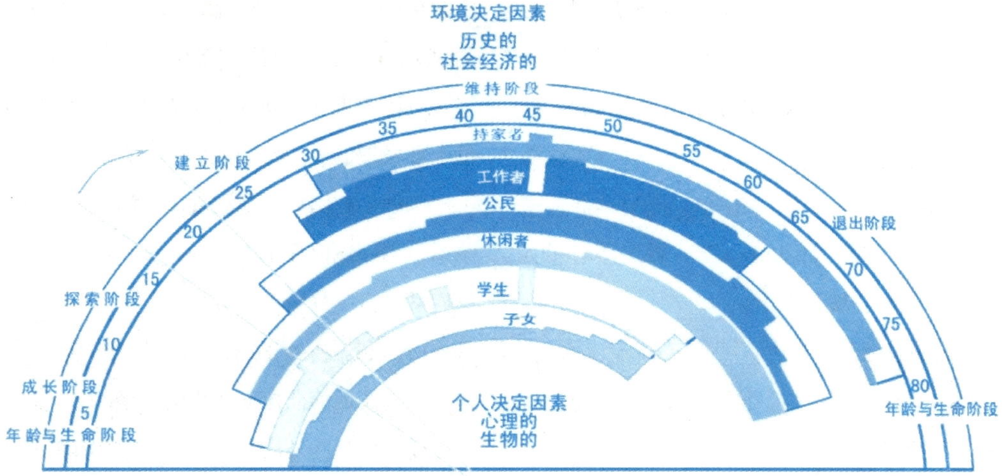

图 8-1　舒伯的生涯发展彩虹图

通过生涯彩虹图可以看出，人生的每一个阶段都有自己主要的角色和任务，并且每个人的角色和任务都是独特的。因此，我们可以对未来的发展各阶段进行合理调配，做出各种角色的计划和安排，让我们成为自己的生涯设计师，从而在人生舞台上扮演好每一个阶段的角色。

动手画一画你的生涯彩虹图吧。看一看：在现在这个人生阶段，你扮演着哪些角色？你打算如何扮演好不同的角色？

2. 职业生涯规划

职业生涯规划是对自己未来职业的计划和安排，是针对个人职业选择并依据主观和客观因素进行分析和测定，确定个人的职业目标并努力实现这一目标的过程。职业生涯规划是一个职业人职业发展的真正动力和加速器，其目的不仅仅是帮助我们找到一份合适的工作，更重要的是，它可以让我们真正地了解自己，整合个人最大的优势与资源，帮助我们找到最适合的职业生涯发展道路。

根据职业生涯规划的含义，职业生涯规划包括自我评估、职业生涯机会评估、职业生涯目标的设定、职业生涯策略的制定与实施、职业生涯的反馈与修正五项内容。

（1）自我评估

自我评估是指自我认识与自我了解，包括了解自己的职业理想、职业能力、兴趣、性格、气质，澄清自己的职业价值观，分析自己的优势与劣势等。通过对自己进行全面分析，以达到人的个性、理想、价值观与职业的最佳匹配。

（2）职业生涯机会评估

职业生涯机会评估是指内外环境因素对自己职业生涯发展的影响。在制定个人职业生涯规划时，首先，要了解宏观的社会环境、经济环境、政治环境等，如社会各行业对人才的需求状况、社会各行业的人才供给情况、国家出台的相关政策等。其次，要了解目标职业的行业环境，包括：行业发展的特点、行业发展状况、行业的人才需求、就业渠道、行业的未来发展前景等。最后，要了解目标企业的环境，包括：企业的实力状况、领导人、企业文化与制度、工作的内容、所需的职业能力和职业性格、职业的薪酬待遇、企业中的晋升发展机会等。自我评估与生涯机会评估之间的关系如图8-2。

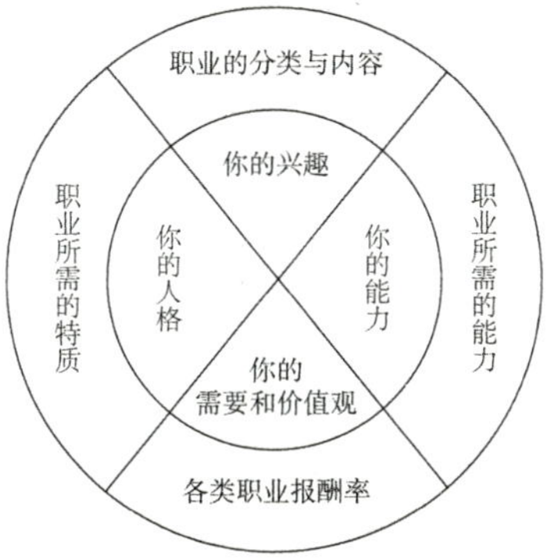

图 8-2 自我评估与生涯机会评估的关系

资料来源：伍德（wood，1990）。

（3）职业生涯目标的设定

在自我评估与生涯机会评估的基础上，我们可以对未来职业发展方向做出抉择，初步确定适合自己的职业发展目标，这个过程是职业生涯规划的核心。职业生涯目标按照时间段来划分，通常分为终生目标（贯穿一生）、长期目标（5—10 年）、中期目标（3—5 年）和短期目标（1—2 年）。目标在设定过程中要注意明确具体，可以评估；既对我们有挑战性，通过努力才可以达到目标，又要具有可行性；不同的目标之间具有相关性，长期目标指明了发展的方向，而短期目标是实现长期目标的保障；设定实现目标的具体期限等。

（4）职业生涯策略的制定与实施

制定了生涯目标之后，需要制定职业生涯发展策略及实施计划，并尽快行动起来，才有可能保障目标的顺利实现。职业生涯策略包括以下三点。第一，工作策略。为了达到工作目标，要制定提高工作效率的计划和目标实施措施，并通过努力采取行动以实现工作中的业绩。第二，学习与培训策略。在专业技能方面，制定提升专业能力的目标实施措施，如自学、参加专业培训等；在潜能开发方面，计划采取哪些措施开发潜能，如多进行行业交流、组织创意团队等；在性格、气质等个性培养与自我成长方面，要制定调理身心的措施，提升身心健康水平；在相关能力培养方面，要做出前瞻性准备，掌握一些相关专业的技能和知识，扩展自己的专业能力。第三，人际关系策略。即在职业领域内如何尽快适应人际环境，创建和谐的人际关系网络，形成真诚、彼此分享、相互支持的人际关系氛围，为未来职业发展寻找更多的合作空间。职业生涯策略制定以后，更重要的是如何将策略和具体的计划转化为实际的行动，为实现自己的生涯发展目标而奋斗。

（5）职业生涯规划的反馈与修正

任何目标和规划都需要接受实践的检验，并不断进行修正和调整，才有可能趋于完善。在实施生涯策略和计划的过程中，由于我们对自己以及对外部环境认识的局限性，或者社会环境、职业环境、企业环境也在不断地发生变化，我们很难制定出一个适用于一生的规划。因此，我们要在职业生涯的每一个阶段，不断根据自身和外部环境的变化对职业生涯目标和策略进行调整，及时修正阶段性目标和终身目标、长期目标之间的偏差，保障职业生涯规划的时代性、实用性和有效性。

以上五方面的内容相互关联，缺一不可（见图 8-3）。我们要在了解自己，评估生涯机会的基础上设定自己的职业目标，并付诸有效的行动，在实践中不断检验、调整和修正，才能保证生涯目标的最终实现。职业生涯会影响到我们生活的方方面面，大学生需要开始思考自己的职业生涯规划问题，在认识自己的基础上，了解社会对职业的需求，以及不同职业的特点和要求，按照上面的方法做一做自己的职业生涯规划吧。

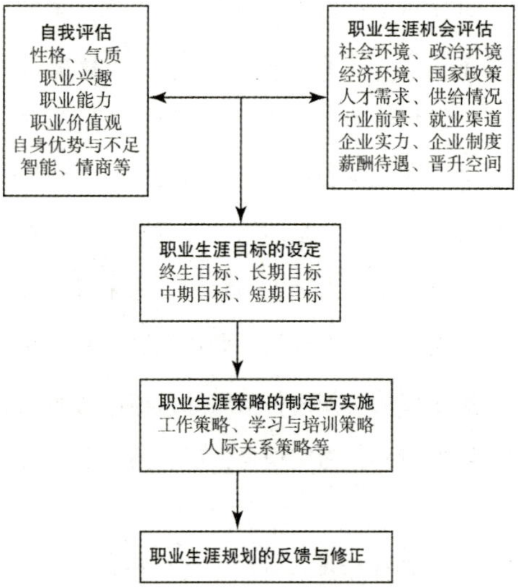

图 8-3　职业生涯五方面的关联

（三）自助活动

1. 自我预言的实现与自我意象

（1）自我预言的实现

自我预言的实现，指的是当一个人持有某种自我认定的看法时，会不自主地透过“自我暗示”的效应，驱使自己的行为表现出预期的结果，进而验证原先的判断的一种心理现象。例如，有人认为自己一定找不到收入高、有发展前途的好工作，结果获得的职位都是不令人满意的。这种认为“我能，则必能”或“我不能，则我就不能”的效应，其根源在于自我概念。一个人想要获得成功，最重要的便是替自己塑造一个正向、肯定的自我概念，并设定远大理想，积极获取他人的支持与鼓励。在此基础上，人们将会不断自我激励、自我增强，形成积极的自我概念，最终达到目标。

请写下你的自我预言：

学业方面：______________________

未来职业：______________________

情感婚姻：______________________

看一看你写下的自我预言，是积极正向的还是消极负面的？如果是消极负面的，请试着做一些调整和改变，每两个月做一次这个练习。

（2）积极自我意象

“自我意象”是关于自我的理论中的一种全新的主张。这种主张认为：一个人的自我意象是可以改变的，人的行为、情感永远与自我意象相吻合。因此，如果我们可以为自己塑造一副积极正向的“自我意象”，我们将会展露出与过去抱有负面自我意象完全不同的神奇效果，可能会更快乐、更健康、更有能力，甚至看起来更年轻、漂亮。

自我意象的运用与自我预言的实现在原理上是一致的，强调塑造一个健康、切合实际的自我概念，是迈向成功的根本条件。

请常常在头脑中为自己塑造一幅正向的“视觉心像”。

2. 探索职业理想

①理想中的职业。

你曾经有什么抱负？目前你是否开始思考

自己未来想从事什么职业？你理想中的职业有哪些？它们对你的重要性如何？做一做自我探索。

请仔细考虑一下你理想中最想从事的五种职业，想象一下你想从事的每一种职业的情形，以及每天的工作的状况，包括工作内容、工作伙伴及感受等，以及职业带给你的生活状况。

工作状况	生活状况
______	______
______	______
______	______
______	______
______	______

②在你选择的职业中，你认为什么对你来说是最重要的？你最重视哪些价值观？请从下表中一次选出五项你重视的价值观，如果你重视的价值观不在列表中，请补充在空白处。

有前途	受重视	兴趣	能力	声望	……
创造力	收入高	权力	独立	物质享受	
工作环境	安全	成就感	服务他人	冒险	
低位	变化	领导	义务	人情	

3. 了解职业

在明白了自己未来最想从事的职业和价值观之后，问问自己：“对于这种职业，我想了解哪些内容？”请从下面的这些内容中，勾选出自己想要知道的十项内容。利用课余时间，对你未来想从事的职业就你关心的内容进行多方面了解，做到心中有数。你可以对从事该职业的人员进行访谈，也可以通过访问该职业的官方网站、行业网站去收集信息。

工作内容　人际关系　工作地点　薪资待遇　教育训练　受雇机会

进修机会　升迁机会　社会地位　福利待遇　专业技能　未来展望

工作时间　个人特质　考核制度　工作环境　休假制度　领导风格

工作理念　企业文化　压力来源　工作保障　从业条件　转行难易

其他

4. 实习

利用假期争取到你心仪的用人单位实习或者做志愿者、兼职等，这是你了解未来职业最有效的方式。通过实习，对实习单位有一个初步的了解。在实习过程中，注意认真观察学习，努力工作，争取尽快掌握该领域的工作性质和流程，学习实习机构的经营方式、管理理念、人力资源管理模式、财务管理模式等。问一问自己是否真的喜欢这个领域的工作。填写下面的实践报告，并完成不少于3000字的实习报告。

实习报告

项目	企业基本信息
企业名称	
企业性质	
企业规模	
所属行业	
企业年收入	
企业毛利润	
企业净收益	
联系方式	
联系人	
通信地址	
邮政编码	
联系电话	
企业官网	
企业公众号	
信息收集（通过阅读参考资料或从官网查找资料）	
人力资源	
市场营销	
战略管理	
财务管理	
其他	
资料分析	
评估	
优势	
劣势	
机会	
威胁	
成本分析、风险分析	
成本	
利润	
风险	

5. 制订求职方案

整理上面四个步骤你自己所获得的职业资料，制订一份切合实际的求职方案。内容包括你对职业的了解，它满足了你的哪些价值观，工作环境如何，待遇报酬，得到此项工作的渠道与机会，从业者应具备的资格和准备，短期内你应达成哪些目标等。

三、经典案例与热线回答

（一）经典案例

我要的究竟是什么？

1. 基本情况

小佳是某高校数学专业大四年级的学生，来自东北某省的一个小县城。她是家里的独生女，父母都是普通工人。高中时期，小佳的学习成绩不错，自己也比较喜欢数学专业。可是，上了大学后，小佳发现很多专业课自己都听不懂，到大四时还有几门挂科的专业课需要重修。大四的第一学期，周围的同学对未来的打算基本上都有了清晰的目标，就拿小佳的宿舍来说，有三位同学已经确定保研了，还有两位在准备出国留学。每天生活在这样的宿舍里，小佳觉得特别难受，感觉自己就是一个彻头彻尾的失败者。她不愿意在宿舍待，每天都要宿舍快关门了才回去睡觉，因为她听到舍友们讲话就觉得很崩溃。小佳的父母经常都在催促她准备考研，为了做好两手准备，还要她准备出国的考试。小佳每天忙得团团转，既要补修专业课，还要准备托福考试、GRE 考试和研究生考试，但实际上，她什么都学不进去，焦虑得不行，同时又很痛恨自己，为啥什么都学不好，感觉前途一片黑暗。她的这些痛苦完全没有人能理解，她也不想让任何人知道。晚上躺在床上痛苦得无法入睡，她就用小刀划自己的胳膊，她的胳膊上已经密密麻麻地划了上百道伤痕。因为过度焦虑，小佳已经好几个月吃不下睡不着，记忆力减退，注意力无法集中，不能思考，整天昏昏沉沉，她觉得站在路上，有车开过来了自己都不会反应。一天在自习室上自习时，她突然崩溃了，晕倒在地上，被管理员送到了校医院，医生在排除其生理疾病之后，建议她到心理咨询中心接受心理辅导。

2. 咨询过程

（1）利用药物缓解焦虑

由于小佳的焦虑水平非常高，心理咨询师在对其状态进行评估后，建议她先上精神科医院诊断，是否需要服用抗焦虑药物以缓解各种生理不适症状。医院给小佳开了抗焦虑药，服用药物一段时间后，小佳的生理症状得到了一定缓解，心慌、胸闷等现象有所减轻。

（2）理解并学习处理情绪

小佳在服用抗焦虑药物的同时，每周一次到学校心理咨询中心接受心理咨询。每次咨询前，老师都要让小佳卷起袖子来，看一看她手腕上的伤痕，密密麻麻的伤痕不知是在痊愈还是又添了新的伤口。前几个星期，小佳的手腕上多多少少都会增加一些新的伤口，老师心疼地询问她这些伤口是怎么添上去的，发生了什么，有什么感受，是如何处理这些感受的。小佳说自己之所以用修眉刀划自己的手腕是因为心里特别难受，想哭，但是学校到处都是人，找不到一个可以放声大哭的地方，只能在晚上睡不着时偷偷地在床上用刀子割自己的手腕，这样心里会稍微舒服一点。咨询师进一步询问小佳难受的感觉是怎么产生的，难受的时候身体和心理有些什么反应。小佳说，她现在有很多事情要做，可是自己什么都做不好。咨询师让小佳列出目前要做的事情，并按照轻重缓急排一排序。小佳想了很久，也无法决定事情的轻重缓急。她说这些事情都很重要也很紧迫。还有半年多的时间她就要毕业了，有两门专业课的学分要重修，否则无法毕业；周围的同学多数都保研了，还有的在准备出国，父母要自己做好几手准备，一边准备考研，一边准备出国，如果考研失败、出国也没有希望的话，还要准备找工作。这几件事情对小佳来说都具有很大的挑战性。她现在的身体状况不好，受情绪影响，睡不好觉，吃不下东西，大脑总是处于混沌状态，拿着书看半天，不知道看了什么，记忆力减退，注意力也很难集中。因此，小佳非常恨自己，恨自己为什么这么没出息，恨自己不努力。同时，她也讨厌宿舍的同学，她觉得她们都是很虚伪，经常在宿舍说自己考试挂了之类的话，可是成绩下来时，她们都是九十多分，只有自己才是真正的“学渣”，不挂科已经是谢天谢地了。现在，宿舍同学保研的保研，出国的出国，每天都很清闲，只有她一个人十分辛苦。因此，她几乎不和宿舍同学说话，尽量远离她们，晚上很晚了不得不回宿舍睡觉，听着舍友们的嬉笑声，小佳心里就更加烦躁，还要尽量忍着，不能把这种情绪表现出来。她形容自己就如同行尸走肉一般，每天独来独往，不和任何人说话。她期待着每周一次的心理咨询，因为她已经一个星期没有讲话了，在心理咨询室，她可以和老师说说心里的烦恼，也可以放心地哭一哭。

小佳在对心理咨询师倾诉自己烦恼的过程中，开始对自己的行为和情绪有了了解。她的自残行为是为了用身体的疼痛来减轻心理上的痛苦，但是效果并不好，虽然用刀子划破手腕的那一个片刻心里面没那么难受，但过后又很自责，更加重了难受的程度。担心别人看到自己手腕上密密麻麻的划痕，所以，她总是小心翼翼地用袖子遮住手腕，把刀子藏在枕头底下。小佳的焦虑和烦恼根源在于对自我的否定，认为自己什么都学不好，自己不如别人聪明；小佳的状态糟糕，根本学不进去，因而十分担心重修的两门专业课依然过不了关；担心考研考不上，出国需要的外语成绩出不来……焦虑情绪弥漫在小佳的日常生活中，她的能量都被焦虑消耗完了，没有精力学习，学习效果不好又加重了她的焦虑。

由于在学校中没有朋友，父母不但不能理解小佳，反而不断给她施加压力，每天发信息催她报名考研究生，报托福班，小佳的焦虑和自责情绪无法向人倾诉，越积越多，整个人随时都像要爆炸一样，她不知道如何有效地处理这些情绪，只能用刀子划自己的手腕。咨询师让小佳看着自己手腕上的上百条划痕，旧的伤痕还没有痊愈，新的伤痕又出现了，问她：“如果这一道道的划痕会说话，它们要告诉你什么？它们想要怎么帮助你？它们会说你需要好好地爱惜自己，你需要把积压在心里的情绪用合理的方式释放出来。”情绪都是有功能的，焦虑是为了帮助小佳调动身体资源，投入要完成的学习任务中去，但是，她的学习任务太多了，远远超过了自己的能力范围，焦虑情绪的持续就是要小佳做出一定的调整，减少压力来源。心理老师让小佳看到，过度的焦虑是压力过大的情绪反应，这时，她一方面需要减少压力源，另一方面需要采取行动，缓解压力带来的身体反应、情绪反应，让自己回到正常的身心状态，才能有效地完成学习任务。

心理老师和小佳一起讨论了可以有效释放负面情绪的方法，比如可以散散步，洗个热水澡，听听音乐等。小佳找到了一种最能让自己减压、心情平静的方法，那就是和小猫咪一起玩耍，摸一摸猫咪的毛，看看猫咪可爱的样子，心里就舒服多了。后来，小佳在和妈妈视频的时候，就让妈妈给她看家里的猫咪。小佳发现校园里有不少流浪猫，于是，她经常带着猫粮去喂流浪猫。随着咨询次数的增加，小佳手腕上新的划痕开始减少了。

（3）认识自己

除了掌握一些有效的处理情绪的方法之外，对于小佳来说，更重要的是要提高自己抗压力的能力，客观地认识自己，树立自信。在此基础上，才能知道自己的优势在哪里，自己是什么样的人，未来要成为什么样的人，从事什么职业。在面临大学毕业进行方向选择时，才能够做到目标清晰，不至于像现在这样“胡子眉毛一把抓”，什么都想做。人的时间和精力都是有限的，一般大四学生不可能考研、出国、找工作几个完全不同的事情同时都能做到最好。心理老师让小佳看一看她周围的同学，有多少和她一样要同时准备四个难度都很大的任务，她说好像没有，所以，老师问小佳：“你是要做女超人吗？”

心理老师和小佳一起梳理了她的成长经历，中小学阶段的她成绩优秀，喜欢数学和物理，高考成绩也是班里数一数二的；除了学习好以外，小佳还是一个心灵手巧的女孩，她喜欢烘焙、做手工，喜欢小动物；她是一个善良懂事的孩子，想要通过自己的努力改善父母的生活条件；小佳的表达能力强，高中时期经常给同学讲数学题，同学们都说她的讲解浅显易懂。回顾成长经历，小佳发现自己并非一无是处，自己身上的许多优点在进入大学后都被自己忽略了。

（4）我要的究竟是什么

小佳在心理老师的陪伴下，重新认识自己，看到了自己的能力优势，自己的兴趣爱好、个性特点等，她开始从自己的角度思考，未来自己想成为一个什么样的人，想要在哪里生活，想要过什么样的生活。这些问题她以前从来没有想过。父母希望她读研究生或者出国留学，同学们读研究生或者出国，她就觉得自己也应该这样，要不就说明自己比别人差，但是，这是自己真正想要的吗？小佳说她并不喜欢做数学方面的科研工作，大学四年的学习让她认识到自己在数学方面没有天赋，专业学习起来还比较吃力；她喜欢和学生在一起；她不想在大城市工作，想要有业余时间可以做一些自己喜欢的事情，比如烘焙和手工；她想要有时间亲近自然和动物；她喜欢中学数学老师的课堂，想做一个那样的老师，帮助学生喜欢上数学，喜欢学习。

通过对自己理想职业和兴趣爱好的梳理，小佳对自己究竟想要什么越来越清晰，她不想做数学的科研工作、不想在大城市、大公司工作，想要有假期，有自由支配的时间，原来，回三线城市做一名中学数学老师才是自己想要的。接下来，小佳知道自己要怎么去安排大学最后半年多的时间了。她不用准备出国，也不用考研，先把主要精力都放在补修专业课上，顺利拿下学分，然后要着手准备求职应聘。

（5）快乐地做自己

小佳厘清了自己的目标，开始做父母的工作。考研、出国是挺好的，但是不是小佳的追求，所以，他们都要一起学习放下虚荣心，不和别人盲目攀比，做自己喜欢的事、擅长的事，过自己想要的生活。

做通父母的工作后，小佳放下了思想包袱，压力小了，情绪也慢慢开始好转，饮食和睡眠恢复正常，脸上也有了笑容。她补修的两门专业课顺利拿到学分，最后一学期跟着导师做毕业论文期间，考下了教师资格证书，在求职过程中，她面试的几所中学对她的印象都很好，这极大地增强了她的自信心。小佳最后挑选了一所自己心仪的学校签约，她很高兴自己能够顺利找到自己喜欢的工作，开启生活的新篇章。

3. 反思

（1）生涯规划意识需要提前培养

从小佳的身上可以看到，不少大学生进入大学后缺乏生涯规划意识，不能正确地认识自己，不知道自己的优势和不足，因而他们对未来要选择什么职业一片空白，看着周围的人在朝着目标努力时，内心特别着急，别人学什么自己也要学什么，完全不考虑自己的精力与能力是否允许，结果啥也学不好，出现自责、焦虑、抑郁等情绪，影响了身心健康。

大学生应该从一年级开始树立生涯规划的意识，通过各种方式全面认识自己，了解专业发展和职业特点等，逐步清晰自己未来要成为什么样的人，想过什么样的生活，想在哪里生活等。有了长远的目标，再聚焦在每个学期的学习上，安排好大学四年的学习内容，循序渐进地向目标靠拢，到了大四毕业之际，才不会手忙脚乱。

（2）适合自己的才是最好的

一般来说，生涯规划需要考虑三个方面的因素：一是对自己的认识，二是对职业的了解，三是自己的资源。对自己全面客观的认识是基础，知道自己的优势和不足、兴趣爱好和能力结构，解决“我是谁”的问题，然后思考“我要成为什么样的人”。对职业的了解可以让我们知道不同职业带给从业者的生活状态、发展提升空间、从业要求等，结合自身的特点，找到自己感兴趣的，能做的职业方向。只有适合自己的职业才是最好的，大学生要避免盲目攀比的心理。

（3）学习压力管理，提升抗压能力

毕业生相对其他年级的大学生来说，面临的压力要更多更大，他们既要完成学业、学位论文，还要准备升学或求职。要想在同一时间做好几件事情对每个毕业生来说都是不小的挑战，在这个阶段，大家更需要保持良好的身心状态，以饱满的精神去完成学业和求职。大学生在平时就应该学习压力管理的方法和技巧，提升自己的抗压能力，这样才能在毕业压力面前游刃有余。

（二）热线问答

1. 不知道自己未来想做什么工作，没有职业理想怎么办？

真正的人生始于理想确立之日。职业理想

对一个人的一生有重大的影响。哈佛大学曾对其毕业生进行过一次关于人生目标的调查。结果发现有27%的人没有目标，60%的人目标模糊，10%的人有着清晰但比较短期的目标；只有3%的人有着清晰而长远的目标。25年后，哈佛大学再次对这些学生进行了追踪调查，结果发现，那3%的人在25年间朝着一个方向不懈努力，几乎都成为社会各界的优秀人才；而那27%的人，他们生活没有目标，过得很不如意。那10%的人，他们的短期目标不断地实现，成为各个领域的专业人士；那60%的人生活安稳，没有什么特别成绩。这个调查表明，确立目标不仅仅是为了将来找一份工作，更是开始真正的人生。反观当下的不少大学生，可能在童年时还有梦想，随着年级增高，目标从升入好中学到好大学后，对自己未来想做什么越来越困惑，不知道下一步该做什么，也许是找个好工作，而什么是好工作自己并不清楚。

对于目前还没有职业理想的同学，是时候停下来思考一下，自己今后的人生目标是什么。有了长远的目标和方向，接下来就是朝这个目标努力。请注意，这个长远的目标并不是单纯的“读书”，读书只是向目标前进的一个重要手段；找一份工作也只是实现人生长远目标的手段。记住真正的人生开始于人生目标的确立，让今天成为开始，向着人生的巅峰迈进。

要确立自己的人生目标需要从了解自己开始，探索自我兴趣、能力和优势，并对社会发展需要与职业特点进行深入调查，在实践体验的基础上逐步确立自己的职业理想。

2. 求职时缺乏自我推销意识怎么办？

随着社会竞争的加剧，大学生在求职就业时需要毛遂自荐，通过竞争在就业市场上主动寻求自己的位置，这就需要培养一定的自我推销意识，敢于和善于展现自我、推销自我。

自我推销是通过努力让对方信任自己、肯定自己、欣赏自己并接受自己的过程。缺乏自我推销意识的同学，请问一问自己，你信任、肯定、欣赏自己吗？要想让别人接纳自己，你先要信任、肯定、欣赏自己。自己先有积极的心态，对自己的能力有信心，才能在自我推销的过程中有坚持到底的恒心和必胜的决心，不卑不亢地向用人单位充分展现自己。当然，要做到积极的自我推销，你必须提前做好充分的准备工作，例如，对用人单位的全面了解，自我推荐材料的准备。这样才能在自我推销的过程中“知己知彼”“有的放矢”。

大学生在进行自我推销时，还要注意与人沟通的技巧，善于倾听，从衣着打扮到言行举止都要透露出自己大方得体、自信智慧的一面。

自我推销意识不要等到就业求职时才去培养，你应该从进入大学后就有意识地客观认识和评价自己，树立自信，利用大学的各种课堂、讨论、社团活动等机会，不断锻炼自己的自我推销意识，自己先从心底喜欢自己，相信周围的人也会欣赏、接纳自己。这样，你不仅可以在求职时充分向用人单位展现自我，更重要的是，你能够让周围的人认识你、接纳你、欣赏你。

拓展性资料——名人名著

【大家小传】

约瑟夫·沃尔普（Joseph Wolpe，1915—

1997)，美国行为治疗心理学家。他在研究动物神经性症状的基础上，提出了“交互抑制理论”，并发展了具有创新意义的“系统脱敏技术”，为治疗人类的心理疾患做出了贡献。他还担任了行为治疗协会的第二任主席，1995年因为对行为治疗做出巨大贡献而获得终身成就奖。1979年，他获得美国心理学会的杰出科学奖。沃尔普被认为是20世纪最著名的心理学家之一，排名第53。

【生平重大事件】

1915年4月20日，出生于南非的约翰内斯堡。

1933年，进入南非的维特沃特斯兰德大学学医，开始了六年的医学训练课程。

1948年，获得医学博士学位。同年5月，和斯黛拉在南非的约翰内斯堡结婚。

1958年，发表第一本专著《交互抑制心理疗法》。

1960年，全家移民到美国弗吉尼亚州的夏洛茨维尔市。

1965年，在美国弗吉尼亚州开办了第一个行为治疗培训班，名为“六月研究院”。

1969年，制定评估主观不适的心理困扰量表“主观干扰程度量表”SUDS。

1982年，到了退休年龄，继续被美国宾夕法尼亚州精神病研究所留任返聘。

1988年，退休，带着妻子回到加利福尼亚州的洛杉矶安度晚年。

1997年12月4日，因肺癌在美国加利福尼亚州洛杉矶与世长辞，享年82岁。

【《行为治疗实践》简介】

该书自1969年第一次出版以来，到1990年已经是第四次再版，引起了心理治疗界的高度关注。全书共分为五部分：基本理论、案例分析和治疗基础、行为治疗技术、复杂的神经症介绍、效果评估。第一部分的基本理论主要介绍了行为治疗的特点、起源及应用，刺激、反应、学习及认知的属性，神经症的原因，以及对神经症性焦虑去学习化的原则等内容；第二、第三、第四部分重点介绍了临床案例的行为分析方法及过程、各种行为治疗技术等；第五部分效果评估展示了行为治疗实践中的评价标准及治疗效果等内容。该书向我们详尽地展现了行为治疗领域的理论、临床实践技术与研究成果，内容丰富翔实，研究方法科学，行文流畅，结构严谨，既有作者临床实践的总结，又引用了其他研究者的最新研究；既是行为治疗领域一本不可多得的优秀教材，又是一部有着深邃思想的学术专著。

沃尔普工作照

第九章　直面生活为就业创业做准备

帮助大学生增强职业意识，提高职业选择和适应能力，为顺利完成由学生向职业者的身份转变做准备。通过本章学习，我们需要了解什么是职业生活，网络生活的影响，未来职业生活的特点；什么是职业、事业和创业，大学生创业的现状；掌握如何职业适应以及离职，求职就业的策略与技巧，以及如何成功创业；培养良好的求职心态和创新心理素质，处理求职挫折，在创新创业中实现自我。

一、概念诠释与理论解读

（一）概念诠释

职业生活　职业生活是一个动态的过程，指个人在职业岗位上度过的、与工作活动相关的连续经历，也是个人在人生中所经历的一系列职位和角色、行为与活动，更是追求自我实现的过程。职业生活主要包括职业准备职业活动、职业交往和职业适应。

职业准备　在步入职业生活之前，任何人都需要进行必要的准备，主要包括身体素质、心理素质、知识与能力素质的准备。

职业活动　职业活动是职业生活的基本内容，是指从业人员按职业要求履行工作职责、从事业务活动的过程。

职业交往　职业交往是基于职业活动需要而发生的人际交往，它在促进人们事业成功与发展的过程中，具有十分重要的作用。

职业适应　职业适应是新踏上工作岗位的员工积极主动地适应职业生活，尽快进入工作状态，完成职业化的过程。这一过程包括生理适应、角色适应、工作技能适应和人际关系适应等内容。

面试　面试是用人单位通过当面交谈对求职者进行考核挑选的一种方式，它是毕业生求职择业的必经阶段。面试往往关系求职的成败，需要求职者在短暂的时间内表现出自己最好的一面。

职业　职业是指个人在社会中所从事的作为主要生活来源的工作。从社会关系角度看，职业是人们在社会中从事的工作，是人们谋生的手段或方法，同时也是劳动者获得的社会角色。人们需要通过职业在社会中劳动工作，为社会承担一定的义务与责任，才能获得相应的报酬。

事业　事业是指人所从事的，具有一定目标、规模和系统而对社会发展有影响的经常活动。从社会关系角度看，事业是人的梦想和追求，也是一种价值观的体现。用孔子的话来说就是做了自己喜欢的事情，又用所做的事情施惠于天下民众，这就是事业。

创业　传统上所说的创业是指新企业的创建，即创办事业，创立基业。实际上，创业包含的内容比这要多得多。创业是一种思考、推理和行动的方法，它不仅要受机会的制约，还要求创业者有完整缜密的实施方法和讲求高度平衡技巧的领导艺术。

创新 创新是在现有的思维模式基础上提出有别于常规或常人思路的见解，利用现有的知识和物质，在特定的环境中，本着理想化需要或为满足社会需求，而改进或创造新的事物、方法、元素、路径、环境，并能获得一定有益效果的行为。创新是创业的源泉和动力，在创业者的创业过程中，无论是在决定创业方向、寻求创业市场的创业前期，还是在运作、管理和控制所创办的企业的创业后期，都包含着创新的内容。

创造力 创造力是根据一定目的产生有社会（或个人）价值的具有新颖性成分的智力品质。开展创造力早期研究的心理学家吉尔福特（J. Guilford）认为，创造力由集中性思维和发散性思维构成，其核心是发散性思维，高创造性的人的思维具有流畅性、变通性和独创性三种品质。

创新素质 创新素质是指人在先天遗传素质基础上，后天通过环境影响和教育所获得的稳定的在创新活动中必备的基本心理品质与特征。其是创新活动的内在动力机构，包括创新精神、创新意识和创新人格。创新精神指推崇创新，追求创新，以创新为荣；创新意识是指善于发现并提出问题，具有强烈的“问题意识”；创新人格指具有好奇心、求知欲，具有献身科学、献身人类事业的内在动力和坚强意志，具有敢闯、敢冒风险、敢于怀疑和批判的科学精神，具有良好的精神状态和心理素质。

（二）理论解读

自我认同与心理社会性发展理论

埃里克森的身世、成长经历、人格特质、所处的社会环境以及学术背景等因素对其观念、学说、思想的形成影响深远。其心理社会性发展理论建立在弗洛伊德精神分析的基础上。作为新精神分析学派的代表人物，他的心理社会性发展理论仍强调生物因素的重要性，但与弗洛伊德不同，埃里克森的心理社会性发展阶段则包括整个人生周期。同时，埃里克森虽然仍强调潜意识的重要作用，但与弗洛伊德不同，他不是简单地把自我看成是本我和超我的奴仆，而是强调自我的作用，把自我看成是人格中一个相当有力的独立部分。他认为自我的作用是建立人的自我认同感以及满足人控制外部环境的需要。当人缺乏自我认同感时会感到混乱和失望，从而产生自我认同危机。自我认同对个体保持心理健康有着重要意义。

埃里克森提出的心理社会性发展理论，蕴含着丰富的心理健康教育思想。他认为健康人的一生是一个自我意识持续发展的生命周期，从婴儿期到老年期，分为八个发展阶段。这八个阶段的顺序是由遗传决定的，但每个阶段能否顺利度过却由环境决定，因而他的理论又被称为“心理社会性发展理论”。他认为，每个阶段都有特定的危机解决任务，危机的积极解决能够增强自我力量，形成积极品质，使心理健康发展，有利于个体对环境的适应。同时，每个阶段都是建立在上一阶段危机解决的基础之上，前一阶段危机的成功解决会扩大后一阶段危机解决的可能性。因此，危机的顺利解决是心理健康发展的前提，心理健康教育的任务就是在每个阶段发展该阶段的积极品质，避免消极品质。埃里克森的心理社会性发展八个阶段理论，为各个年龄阶段的心理健康教育提供了理论依据和实践方向。

埃里克森认为生命是由出生到死亡八个阶段组成，划分的依据是机体成熟、自我成长和社会关系三个不可分割过程的演化，这些阶段是以不变的顺序展开，将生物的、心理的与社会的因素结合起来，形成既分阶段又有连续性的心理社会性发展过程。从这八个阶段中既可看出自我的形成与社会文化因素的关系，也能窥见自我与社会生活在个体心理发展中的作用。

第一阶段：婴儿期（0~1岁）。这是获得信任感、克服不信任感的阶段。此阶段婴儿对母亲或其他代理人表示信任，婴儿感到所处的环境是个安全的地方，周围人是可信任的，由此就会扩展为对一般人的信任。如果这一阶段的危机成功解决，就会形成希望的美德；反之，则会形成惧怕。

第二阶段：童年早期（1~3岁）。这是获得自主性而避免羞愧怀疑的阶段。此阶段儿童有了独立自主的要求，开始探索周围世界。如果父母及其他照顾他们的成人，允许他们独立去干一些力所能及的事情，并且表扬他们完成的工作，就能培养他们的意志力，使他们获得一种自主感。如果这一阶段的危机成功解决，就会形成自我控制和意志力的美德；反之，则会形成自我疑虑。

第三阶段：游戏期（4~6岁）。这是获得主动感和克服内疚感的阶段。此阶段儿童除模仿行为外，对周围环境及自己的身体充满好奇，如果成人对孩子的好奇心及探索行为不横加阻挠，让他们有更多机会自由参加各种活动，那么孩子的主动性就会得到进一步发展，表现出很大的积极性与进取心。如果这个阶段的危机成功解决，就会形成方向和目的的美德；反之，就会形成自卑感。

第四阶段：学龄期（7~12岁）。这是获得勤奋感而避免自卑感的阶段。此时，对他们影响最大的不是父母，而是同伴或邻居，尤其是学校中的教师。如果能得到成人的支持、帮助与赞扬，则能进一步加强他们的勤奋感。如果这一阶段的危机成功化解，就会形成能力的美德。反之，则会形成无能。

第五阶段：青春期（13~18岁）。这是获得自我认同而克服角色混乱的阶段。此阶段青少年经常思考“我是谁?”他们从别人的态度，从自己扮演的社会角色中逐渐认识自己。此时，他们逐渐从对父母的依赖中解脱出来，与同伴建立亲密友谊。如果这一阶段的危机成功解决，就会形成忠诚的美德；反之，就会形成不确定性。

第六阶段：成年早期（19～25岁）。这是获得亲密感而避免孤立感的阶段。亲密感在危急情况下往往会发展成一种相互承担义务的感情，它在共同完成任务的过程中建立起来。此阶段如果危机成功解决，就会形成爱的美德；反之，就会形成混乱的两性关系。

第七阶段：成年期（26～65岁）。这是获得繁衍、避免停滞的阶段。这一阶段有两种发展可能：一种是向积极方面发展，个体除关爱家庭成员外，还关爱社会上其他人，以及下一代甚至子孙后代的幸福；另一种是向消极方面发展，只顾自己以及自己家庭的幸福，不顾他人的困难和痛苦。如果这一阶段的危机成功解决，就会形成关爱的美德；反之，就会形成自私自利。

第八阶段：老年期（65岁以后）。这是获得完善感、避免失望感的阶段。如果前面七个阶段积极成分多于消极成分，就会在老年期汇集成完善感；反之，就会产生失望感。如果这一阶段的危机成功解决，就会形成智慧的美德；反之，就会形成失望和毫无意义感。

在理解埃里克森的理论时，需要注意两个问题。第一，在埃里克森看来，虽然生物基础决定了心理社会性发展八个阶段产生的时间，但社会环境却决定了每个特定阶段危机能否顺利解决。基于这一原因，他把心理发展的八个阶段称为心理社会性发展阶段，以区别于弗洛伊德的心理性欲阶段。第二，埃里克森并不认为解决危机的办法是完全积极或完全消极。相反，他认为危机的解决办法中兼有积极和消极两种因素，有时消极因素也并非毫无用处。只有在有利于积极解决的因素比消极因素所占的比率高时，才能说危机被积极解决了。埃里克森的心理社会性发展阶段理论强调，个体的心理发展是生物因素和社会文化因素共同作用的结果；心理发展在不同阶段面临不同的危机和需要解决的任务；各个阶段的心理发展是一个完整的连续过程，不能孤立看待。这些都是学校心理健康教育的重要理论基础。

用发展的观点看待学生的心理成长。埃里克森认为，健康心理是以八个阶段各种危机的积极解决所形成的相应积极品质为特征的。但每个阶段危机解决的结果却不是一成不变的，后面的发展阶段有其自身的相关问题，可以为新的发展和可能结果提供改变的机会。他认为，前一阶段任务完成的好坏，直接影响后一阶段的发展，而后一阶段如果条件好转，也可补偿前面阶段的不足。在某一阶段未获得积极品质的人，还可通过以后的发展阶段逐渐得到补偿。而那些曾经获得积极品质的人，也可能在以后的生活中失掉它。因此，要用发展变化的观点看待个体的心理成长。但这并不意味着各个阶段在心理发展上不重要。恰恰相反，埃里克森一再强调，每个阶段都是不可忽视的，都有相应的重要影响人物，如母亲、父亲、家庭成员、邻居和师生、同伴和群体、朋友、同事和家人、整个人类。任何年龄段的教育失误，都会给一个人的终身发展造成障碍，自我的发展是持续一生的。

社会文化环境对学生心理健康具有重要影响。埃里克森认为，个体的心理发展是自我与社会文化相互作用的产物，各个阶段心理危机的产生以及危机的解决都与社会文化环境密切相关。在他看来，现代人的一切心理变态都是人的本性需求和社会要求不相适应所致，而人在克服心理与社会的矛盾和危机时，很大程度上是依赖个体的心理社会经验。因此，社会环境决定了各个阶段危机能否得到积极解决。在学生健康心理的形成过程中，不仅应强调其个人的心理发展，还应注重社会文化环境的作用。例如，学龄期儿童进入学校后，第一次接受社会赋予他并期望他完成的社会任务，这时影响其心理发展的重要人物已由父母转变成同伴、学校和其他社会机构。如果能得到成人尤其是老师对他们在学习、游戏等活动中取得成就的称赞和奖励，他们将以成功、嘉奖为荣，形成乐观、勤奋的人格；反之，如果经常受到呵斥或成就受到漠视，就容易形成自卑感。教师在培养这个阶段儿童的勤奋感方面具有特殊作用。

二、自测、阅读体验与活动

（一）轻松自测

A. 你的心理承受力强吗？

测验

请根据你的实际情况，对下列题目做出“是”或“否”的回答。　是　否

1. 你认为自己是个弱者吗？　□　□
2. 你是否喜欢冒险和刺激？　□　□
3. 你生活在使你感到快乐和温暖的班级里吗？　□　□
4. 你是否担心自己会睡不着？　□　□
5. 生病时你依旧乐观吗？　□　□
6. 你是否认为家人需要你？　□　□
7. 晚睡两小时会使你第二天明显地感到精神不振吗？　□　□
8. 看完惊险影片后很长一段时间，你一直觉得心有余悸吗？　□　□
9. 你常常觉得生活得很累吗？　□　□
10. 你是否有一些无话不谈的知心朋友？　□　□
11. 当考试成绩不理想时，你会感到非常沮丧吗？　□　□
12. 你认为自己健壮吗？　□　□
13. 与某个同学闹矛盾后，你一直无法消除相处时的尴尬吗？　□　□
14. 大部分时间你对未来充满信心吗？　□　□
15. 你有一个关心、爱护你的家庭吗？　□　□
16. 在课堂上回答不出问题时，你在课后会久久地感到烦恼吗？　□　□
17. 到一个新地方，你是否会出现吃不下饭、睡不着觉、拉肚子等症状？　□　□
18. 尽管处于困难时期，你还是相信困难终将过去吗？　□　□
19. 你明显偏食吗？　□　□
20. 当你与父母发生不愉快时，你是否想离家出走？　□　□
21. 你是否每周至少有一次体育活动，如跑步、打球等？　□　□
22. 你觉得自己有些神经衰弱吗？　□　□
23. 你认为老师喜欢你吗？　□　□
24. 心情不愉快时，你的饭量与平时差不多吗？　□　□
25. 看到苍蝇、蟑螂等讨厌的东西，你感到害怕吗？　□　□
26. 你相信自己能够战胜任何挫折吗？　□　□

27. 你是否常常与其他同学交流看法？ □ □

28. 你常常因为想心事儿躺在床上久久不能入睡吗？ □ □

29. 在人多的场合或陌生人面前说话，你是否感到窘迫？ □ □

30. 你是否认为你受到的挫折与其他人相比，根本算不了什么？ □ □

评分

2、3、5、6、10、12、14、15、18、21、23、24、26、27、30 题答“是”计 1 分，答“否”计 0 分。其余各题答“是”计 0 分，答“否”计 1 分。将各题得分相加，得出总分。

【你的总分】

0~9 分，你的心理承受能力较差。你遇到困难时易灰心丧气，常伴有挫折感。

10~20 分，你的心理承受能力一般。你能轻松地承受一些小的压力，但遇到较大的打击时，容易产生心理危机。

21~30 分，你的心理承受能力较强。你能在各种艰难困苦面前保持昂扬的斗志和永不言败的意志。

B. 你的创新欲望如何？

测验

请根据实际情况，对下列各题做出最适合你的选择。 选择

1. 你有怎样一种自我感受？ □

A. 天生我材必有用

B. 说不清 C. 怀才不遇

2. 你喜欢叹气吗？ □

A. 不喜欢 B. 偶尔 C. 喜欢

3. 你希望生活充满变化吗？ □

A. 希望 B. 说不清 C. 不希望

4. 你希望成为一个特别有成就的人吗？ □

A. 非常希望 B. 偶尔希望 C. 不希望

5. 你想改变别人对你的评价吗？ □

A. 想 B. 不知道 C. 不想

6. 你觉得自己是一个有价值的人吗？ □

A. 是 B. 不是 C. 不是

7. 你认为无论再过多少年，自己的创新能力都赶不上科学家吗？ □

A. 不这样认为 B. 不知道

C. 是这样认为

8. 你以为自己在某些事情上可以做得比任何人都好吗？ □

A. 是 B. 不知道 C. 不

9. 你认为青少年已经可以从事某些创新活动了吗？ □

A. 是这样认为 B. 不知道

C. 不这样认为

10. 你觉得自己不可能影响他人，对吗？ □

A. 不对 B. 说不准 C. 对

11. 在小组讨论中，你会试图提出一种不同于他人的新看法吗？ □

A. 会 B. 说不准 C. 不会

12. 你是一个胆小的人吗？ □

A. 不是 B. 说不准 C. 是

13. 你认为科学家是高不可攀的吗？ □

A. 不这样认为 B. 不知道

C. 是这样认为

14. 你阅读科普杂志吗？ □

A. 经常阅读 B. 偶尔阅读

C. 从不阅读

15. 你想过你有一天也可以成为科学家或发明家吗？ □

A. 想过　B. 偶尔想过

C. 从没想过

16. 你以后会有自己的专利发明吗？ □

A. 会　B. 不知道　C. 不会

17. 你试图寻找书籍报刊中的错误吗？ □

A. 有过多次　B. 偶尔　C. 从不

18. 你曾改装过买来的产品吗？ □

A. 有过多次　B. 偶尔　C. 从不

19. 你力图使自己的观点与别的同学一致吗？ □

A. 不　B. 看情况　C. 是

20. 你是一个做事非常谨慎的人吗？ □

A. 不　B. 不知道　C. 是

21. 你知道一些权威人士犯错误的故事吗？ □

A. 知道很多　B. 知道一点　C. 不知道

22. 你总是遵从权威人士的指示，一丝不苟地去执行吗？ □

A. 不　B. 看情况　C. 是

23. 创新是科学家的事，与你无关吗？ □

A. 不　B. 说不准　C. 是

24. 你希望从事或参与某项课题研究吗？ □

A. 是　B. 说不准　C. 不

25. 你害怕失败吗？ □

A. 不　B. 说不准　C. 是

26. 你认为科学家与你同龄时，没有你聪明吗？ □

A. 是　B. 不知道　C. 不

27. 你曾查阅过专利资料吗？ □

A. 有过　B. 不知道　C. 没有过

28. 你清楚地了解你的一些长处吗？ □

A. 是　B. 不太清楚

C. 没有长处

29. 你对小发明、小创造很感兴趣吗？ □

A. 是　B. 说不准　C. 不

30. 你试图寻找不同于教材介绍的解题方法吗？ □

A. 是　B. 说不准　C. 不

评分

每题答 A 计 2 分，答 B 计 1 分，答 C 计 0 分。将各题得分相加，得出总分。

【你的总分】__________

0~19 分，你的创新欲望不强。看上去你是一个随遇而安的人。这也许是因为你对人生要求不高，或者你对自我能力估计不足。

20~40 分，你的创新欲望一般。

41~60 分，你有较强的创新欲望。

（二）阅读体验

1. 克服求职就业中的困难和挫折

在充满竞争和挑战的就业大潮中的沉浮，对每一位毕业生来说都是严峻的考验。求职中会遇到各种困难和挫折，是放任自己的悲伤，还是逆流而上，八仙过海，各显神通？在这种情况下，良好的心态就成为求职成功、在激烈的竞争中争取一席之地的重要筹码。因此，毕业生要学习提升心理自我调适能力，才能适应变化着的就业市场，克服就业过程遭遇的各种困难或挫折。

（1）正确归因，提高求职积极性

每个人在求职过程中都会由于诸多原因而

遭遇挫折，比如投递简历杳无音信、面试成绩不理想等。面对这些失败，我们的归因方式不同，对我们的影响就不同。心理学研究表明，若个体将失败归因于智力差、能力低等内部稳定因素，就会使个体丧失信心，降低以后行动的积极性；若个体将失败归因于运气不好、努力不够等内外原因中的偶然因素，则会使个体接受教训，努力改正不稳定因素造成的影响，并有利于提高今后行动的积极性。因此，求职者在面对失败时应避免进行自我否定，要相信自己的能力，尝试用新的方式分析失败的原因，如将失败归为自己的准备不充分、努力不够等，并在接下来的求职中对这些不足加以弥补和改正。

（2）接纳现实，及时调整就业期望值

从心理学的角度看，当人们面临两个互不相容的目标时，会体验到心理上的冲突。理想与现实之间的冲突就是毕业生经常面临的一个问题。毕业生往往对未来抱有较高的期望值，希望找到一份福利待遇好、条件好且能充分发挥自身才能的工作。但在实际择业中，这种期望值却很难满足，因而内心矛盾重重，甚至错失很多就业机会。然而，理想与现实之间的差距是不可避免的，毕业生首先要做的不是怨天尤人，而是接纳现实，并根据自己的实际情况和就业形势，及时调整自己的就业期望值；树立长远的职业发展观念，放弃过去那种择业就是“一步到位”，要求绝对安稳的观念。当我们还没有能力找到自己理想的职业时，可以先选择一个职业实现就业，在工作过程中不断提高自己的社会生存能力，增加工作经验，然后再凭借自己的努力，通过正当的职业流动，来逐步实现自我价值。

（3）关注情绪，学会自我调适

在求职阶段，大学生可能会承受许多心理压力而陷入过度焦虑之中。因此，掌握一定的心理调适方法和技巧是必不可少的。下面介绍几种常用的心理调适方法，大家可以根据自己的实际情况有选择地加以使用。

①积极地自我暗示。求职者应该习惯多给自己积极评价，并对自己有积极的期待。在日常生活中，在叙述一些自身的事情时也应多采用积极的词汇。

②适度宣泄。合理宣泄的方式有很多，如可以向老师、亲友倾诉自己的感受，以求得安慰和劝导；也可以通过大运动量的活动，寻找畅快淋漓的感觉去宣泄情绪，甚至可以痛哭一场来释放压抑的情绪。

③深呼吸。在安静的地方，以舒适的姿势坐下，闭上眼睛，按以下的方式做深呼吸：均匀呼吸，呼气时注意双肩，体验肩部肌肉放松的感觉，每呼气一次，会感觉更放松；呼气时间应比吸气时间长，并尝试每次呼气都比上一次再长一点时间。用此法数分钟之内便能平复情绪。

④伸展身体。尽量舒展你的身体 10 ~ 15 分钟，如转动你的头部、尽量摆动上肢、张开嘴巴等。这些动作能够减轻你的肌肉疲劳，转移你的注意力，让你感到身心放松。

⑤调整饮食。生理学家认为，香蕉等水果中含有一种可以让人安神和愉悦的物质。所以，当我们参加面试或者心情低落时，可以适量吃一些水果。

2. 把握好实习环节

求职过程中大多会有签约前的实习环节，如何在实习中展现自己良好的心理素养，避免并克服可能出现的心理困扰呢？

（1）转换角色，准确定位

当我们步入实习工作场所后，我们的身份就已经不再是单一的学生了，我们要清楚地记得自己是学生与员工的双重身份，尽快完成角色的合理转换。在这一过程中，要尽快了解实习单位的基本职责和岗位工作的流程，掌握基本工作技能，尽快融入新的工作环境中，承担起工作任务。

（2）保持好奇，降低期待

好奇心是一种追求外界信息，指向学习活动本身的内驱力，它表现为好奇、探索、操作和掌握行为。在这种好奇心驱使下，人通常会感到兴奋，能投入地完成工作任务。这个过程给予了大学生对自身价值的肯定与对社会现实的了解。

除此之外，我们在实习过程中经常有所期待，比如有好的薪酬、光彩的履历，甚至希望能打通人脉为将来的签约打下基础。当现实与期待相悖时，我们就会感受到强烈的失落感。其实当我们不再期待工作之外的这些条件，专注工作时，我们会在实习过程中有更大的收获。因为无论事情大小，责任是否重大，当我们完全投入地去做一件事情时，通常会给我们带来意想不到的好结果。

（3）学会调节情绪

在实习过程中，我们最容易因为人或事出现情绪方面的问题，这些不良情绪不仅不利于顺利完成实习工作，也不利于我们的身心健康。因此，要学会调节自己的情绪：①换个角度看问题，改变认知调节情绪。比如，当你们感到焦虑时，你可以告诉自己“我是新手，有不会的地方是正常的，就是来学习的”。②学习情绪调节方法，如放松技术等。

（4）改善人际关系

在实习过程中，经常有学生苦恼不知道如何处理各种人际关系。比起学校中的单纯环境，工作场所的人际关系更加复杂多变一些。其实，我们也不用过于担心，只要我们真心待人、虚心请教就一定会赢得别人的信任和尊敬。在与人相互交往过程中，要学会用理解开启心灵；用平等获得尊重；用宽容化解矛盾。若真觉得受到了委屈，也可以向同学和朋友倾诉宣泄。

（三）自助活动

1. 策划活动

根据自己的兴趣爱好，选择参加一两个校内外社团或志愿者活动。分别用中、英文写一份简历或自传，并为社团策划一次活动。

2. 养成好习惯

“播下一个行动，收获一种习惯；播下一种习惯，收获一种性格；播下一种性格，收获一种命运。”要想成功，需要先从戒掉不良习惯、养成良好习惯开始。

①写下你已经养成的各种好习惯。

②写下自己需要戒掉的不良习惯。

③给自己订一个为期21天的计划，积极

推行良好习惯的形成，如“今日事今日毕”、阅读、反思等。

④记录一周的活动安排，看一看哪些活动你会固定去做，哪些时间是不固定，可以随时自由运用的。

我的一周

固定参与的活动	花费的时间（小时/周）	未固定的活动	花费的时间（小时/周）
吃饭		看书	
睡觉		逛街	
运动		打游戏	
上课		书法	
		闲聊	
……		……	

你是如何运用时间的？请拟定自己一周的活动安排，看一看未固定的活动中，有哪些可以调整得更为合理有效。

周一＿＿＿＿＿＿＿＿＿＿＿＿＿＿＿＿＿＿＿＿

周二＿＿＿＿＿＿＿＿＿＿＿＿＿＿＿＿＿＿＿＿

周三＿＿＿＿＿＿＿＿＿＿＿＿＿＿＿＿＿＿＿＿

周四＿＿＿＿＿＿＿＿＿＿＿＿＿＿＿＿＿＿＿＿

周五＿＿＿＿＿＿＿＿＿＿＿＿＿＿＿＿＿＿＿＿

周六＿＿＿＿＿＿＿＿＿＿＿＿＿＿＿＿＿＿＿＿

周日＿＿＿＿＿＿＿＿＿＿＿＿＿＿＿＿＿＿＿＿

3. 描绘自己的生涯发展蓝图

请在认识自己的能力、性格和兴趣爱好、职业价值观和外部社会环境与职业环境的基础上，描绘一下自己心目中理想的生涯形态，根据自己选择的生涯形态，草拟一份计划书，落实到每一学期、每个月、每一周，并按计划书推进。

我的生涯发展蓝图

未来事件、目标、问题	时间										
	年龄	22	23	24	25	26	27	28	29	30	31
何时大学毕业 是否读研、读博 何时结婚 何时要第一个孩子 要几个孩子 如何安排休闲生活 何时买房 职业 能力提升 旅游											

三、经典案例与热线回答

（一）经典案例

坚守内心向往

1. 基本情况

小林是某高校艺术学院绘画专业的一名研究生男生，来自西部省份的一个二线城市。他性格稍显内向，平时较宅，学习生活轨迹基本上是两点一线——从画室到宿舍。小林有着一些艺术类学生比较普遍的特点：对于专业课非常热爱，对专业以外的课程或活动参与度不高。他与同学的关系不算是特别融洽，也没有什么冲突，有些特立独行；同学对他表示了解不深，感觉他有个性、有想法。导师认为他专业基础扎实，并且认可他的天赋和努力。小林家庭结构简单，父母为工薪阶层。父母对他学习艺术一直非常支持，从未间断地为他报兴趣班或聘请老师指导他学习画画。他对父母一直含辛茹苦支持自己的兴趣表示非常感激，毕竟在他们所处的西部二线城市，普通家庭对于子女在艺术学习中的投资相对有限。小林希望尽早就业，减轻家庭的经济负担，并凭借自己的专长找到父母与自己都满意的好工作。但随着遭遇“最难就业季”，以及身边很多师兄师姐的就业情况并不乐观，听闻不少同学都选择了专业跨度大的行业实习，小林也开始在就业问题上出现焦虑情绪，而且对于就业的方向不甚明晰。正值研三上学期，导师为他提供了一个进入博物馆实习的难得机会，负责人还是老师的学生，据说近年来与专业相关且属于事业单位的机构越来越难进，能去这里实习是很多同学梦寐以求的。于是，小林抱着很高的期待进入了“高大上”的博物馆，开始尝试与艺术展览相关的行政工作，包括布展、联络培训、组织参观等。刚开始实习时，小林特别兴奋，他的父母也很高兴，一直鼓励他好好表现，争取能在这个单位留下。小林实习第一天就加班，每天都非常忙碌，这与学校的学习生活节奏差异很大，他需要开始和很多人事打交道，开始学习使用各种办公设备，画笔一搁就是一个月，与在校时的笔耕不辍相比，工作起来就完全没时间作画。慢慢地，他感到工作的内容与所学专业相关性不大，他觉得这样的工作谁都可以做，自己十几年的专业基础看似无用武之地。经过一个多月的实习，小林觉得实习与理想中的工作有很大差距，但是面对就业紧张的现状，以及导师推荐的难得机会，还有父母的催促和期待，小林陷入了犹豫不决。是把握这触手可及的机会，还是另辟他径？于是，他抱着对于毕业后何去何从的茫然和困惑，来到学校心理咨询中心。

2. 咨询过程

小林在求职就业过程中遇到的困惑在毕业生中较为普遍。他和父母都很希望找到一份传统意义上稳定的工作，对自由职业的状态不向往。他的困惑在于选择行政管理路线发展还是专业技术路线发展？能否接受与专业相关性不大的工作，两种方向的可行性如何？个人能力与岗位是否匹配？如何制订合理计划付诸行动？这些问题是小林和心理咨询老师一起探讨的方向。

（1）客观认识自己

小林在咨询中描述了自己目前遇到的问题和困惑，他说话感觉比较局促，有些不知所措。他认定自己有焦虑的情绪，不断说父母的不容易、导师提供的机会难得、就业环境的紧张等问题。在咨询师的引导下，小林开始探索自己，了解自己的兴趣爱好、能力以及对于职业的向往等。他说自己非常热爱绘画，谈起自己的专业，他一脸的兴奋，如果离开了绘画，他就会觉得世界也缺少了色彩。小林目前也算是能够干好博物馆的行政工作，因为他够严谨、够细心，领导交代的任务都能够按时完成。但是，由于不太会拒绝别人的要求，往往部门里有人需要帮忙，他都会义无反顾地冲上去，这样时间就会被占用得很满，以至于回到学校一点自己的时间都没有，但是这份工作没法使他全身心的热爱和投入。小林不知道是不是时间久了就会适应、喜爱。他希望能够从事与绘画相关的工作。

小林还用“迈尔斯-布里格斯类型指标（MBTI）人格量表”做了自我的性格测验，以及“霍兰德职业兴趣”的测试。结果显示他属于探险家型人格（ISFP）：内向、感觉、情感、知觉型，适合的工作是：“做非常符合自己内心价值观的工作。在做有益他人的工作时，希望注重细节。他们希望有独立的工作自由，但又不远离和自己合得来的人。他们不喜欢受繁文缛节或一些讲话程序的约束。”他觉得这个结果分析很到位，自己不喜欢现在的实习，原因是每天正点打卡上下班，工作缺乏创造性。尽管博物馆的环境有专业的氛围，但工作内容与所学专业相关性很小，不是自己内心真正关注的事情。“霍兰德职业兴趣”测试的结果显示，小林适合的职业有：音乐教师、乐器教师、美术教师、管弦乐指挥、合唱队指挥、演奏家、哲学家、作家、广告经理、时装模特等。他在这一栏中特意把美术教师一词画了出来，他说从小对他影响最大的人就是他中学时的美术教师。但由于自己平时少言寡语，喜欢安静，一直都担心自己无法具备教师的表达能力，所以连教师资格证都没有考，也没有任何授课经验。看了测评结果以后，小林才发现自己有可能适合这种职业。

通过与咨询师讨论，小林进行了“职业价值观排序”，他认为最重要的两项分别是：能充分发挥自己的能力特长和有较高的社会地位，最不重要的分别是工作不太紧张、外部压力少以及工资待遇。他觉得凭借自己的绘画基础，只要时间相对自由，不依靠死工资仍然可以创造更大的价值。

（2）了解就业市场，制订可行方案

随着对自我认识的逐步深入，小林对职业的方向感觉更清晰了，只是还不知道如何更好地靠近目标。

小林经过调研，客观地分析了自己专业的就业前景。最近几年，艺术类学生就业通常有几种去向，要么是专业对口性很强的工作，如学校专业课老师、歌舞团演员、影视编导等；要么转行从事与专业略微相关或完全不相关的工作，这种范围就比较广；相当一部分学生选择创业或自由职业，从事专业培训、家教，或开办工作室等工作。他说：“由于近几年的艺术热，考学文化课门槛低，很多学生包括自己都走上了这条路，但是身边的同学、师长很多都选择了非专业的岗位，原因就是对口的地方很少，放弃专业也是不得已的选择。而自己家庭经济不是特别优越，不可能只为梦想，一心画画，不管家人，不去挣钱。成为职业画师的道路自己是不敢尝试的，也不会继续深造。”

结合自身情况，小林决定不能把测评的结果作为唯一理想的职业，暂时可以把博物馆这样的事业单位、行政岗位作为一个备选，继续实习。同时，不能盲目地把一些职位排除在外，利用剩下的时间，脚踏实地把接下来求职就业的准备工作做足。对自己准备要应聘的岗位做一个深入的了解，把需要的条件和个人的能力好好分析一下。

（3）按照计划有步骤地进行实践

在咨询师的带领下，小林自觉地做了一个详尽计划。他先后对几名在京从事美术教育的学长进行了访谈；向实习单位请假去听了几节美术课，感受中学的上课氛围；按照中学美术教师的行业要求制作了简历和作品集；准备报名参加教师资格证考试，与同学形成互助小组相互指导说课；争取到一个周末培训机构的讲课机会；关注教育行业的就业信息。最后还与导师和父母谈了自己的想法，得到了他们的理解和支持。

小林结束了博物馆的实习，除了准备毕业论文外，全力以赴的准备应聘中学美术老师的职位。他认为自己是一个坚守内心的人，经过深思熟虑，觉得美术教师恰恰是一个能将自己的兴趣、能力和专业相结合的职位，既可以有空间专门画画、又没有太严格的时间安排。当然，任何经历都是财富，正是通过在博物馆的实习，参与布展培训的日子，大大提升了他公众发言和组织的能力。与师姐的访谈和听课，使他了解到教师这个职业并不是遥不可及的，只要多练习、熟悉教材，好好准备讲课教案，是能够完成教学任务的。即便是北京没有这样的职位，尝试其他城市也未尝不可。他的目标就是尊崇内心的向往。最后，小林顺利拿下教师资格证，真的进入了一所重点中学。

3. 反思

（1）大学生需要生涯规划与就业指导

大学生只有对自己有深入了解后，才能做出选择与判断，找到与自己兴趣、能力相吻合的岗位，而不受任何人或社会风气的影响。恰当地使用职业能力和个性的测评工具，可以作为大学生全面认识自己的参考。

（2）拓宽思路，保证顺利就业

有的大学生由于在前期专业学习的投入很大，有时会对就业抱有不切合实际的期待。当专业、薪酬待遇、岗位描述与自己的想法不吻合时，往往不知所措。没有使专业成为自己就业的砝码，反而成为拖累。缺少职业规划，造成了就业路径的狭窄。在就业教育中，需要引导学生和家长拓宽思路，保证学生顺利就业。

（3）全面认识自己，了解职业，做好准备

小林在求职就业时遇到的困难对其他大学生来说具有一定的启示作用。大学的学习不能过度偏重专业知识，通识教育要引起重视。有很多同学到就业的时候，才意识到英语不过级、学分不够、基本的计算机使用与技能不会、各种资格证没考、生活态度散漫等种种影响就业的问题。同学们在平时要重视综合素质的培养。

许多大学生在面对就业时，理想与现实之间的差距很大。同学们首先要全面地认识自己、了解自己的职业兴趣、职业能力和价值观、性格等情况，探索适合自己发展的职业、职位；其次，通过多种渠道，还要广泛地了解关于就业创业的政策、近年来本专业的就业趋势、行业的特点和薪资待遇情况等信息，这样就能对未来就业建立一定的心理预期，努力做到不盲从、不跟风、不认死理，最终能够实现理性就业。

（二）热线问答

1. 父母的期待和自己的职业生涯规划不一致，怎么办？

很多同学临近毕业在期待新生活的同时，常常会感觉到压力巨大，其中很大一部分的压力来源于职业生涯的选择，尤其是当父母的期待与自己的生涯规划不一致时。有的同学可能想到国外继续深造，或者读博士做科研工作，或到大公司工作，但父母可能希望他们回家乡当公务员，离家近又稳定。面对这种情况，同学们可以如何处理呢？同学们在职业规划时与父母意见不一致实际上是很正常的事情，但是，有的同学和父母在面临这种不一致时，很容易陷在情绪中，产生严重的亲子冲突，无法有效沟通。形象地说，这种情况就像是双方都捂着耳朵，朝着对方大声喊，实际上双方都没有听到对方在说什么。因此，在着手解决问题之前，建议大家先停下来，感受一下自己的情绪，对于父母的态度你的感觉是怎样的？会不会因为他们希望你按他们说的做而感到生气？会不会因为没有得到他们的支持而感到难过？会不会因为自己没有选择离家近的工作而心怀愧疚？在与父母的冲突中，大家的情绪常常是很复杂的，请试着去觉察这些情绪，接纳自己有这样复杂的情绪，这样你就可以让这些情绪帮助自己理解冲突，而不是阻碍解决冲突。

理解了自己和父母的不同选择之后，接下来你可以主动出击，邀请父母谈一谈，告诉父母这个谈话不是为了一次得出结论，而是为了在做决定之前双方可以更了解彼此的想法，同时也能把父母和自己得到的信息摆出来一起分析，得出更深思熟虑的结论。在沟通的过程中，一方面你要真诚地表达自己的想法和感受，让父母了解你是怎么想的，你内心深处的感受是怎样的，你真正想要的是什么；另一方面，你要对父母的建议保持倾听和尊重，让父母感受到你们确实在交流。在沟通的过程中，一旦你们发现再次陷入无效沟通，谁也说服不了谁的时候，就先停下来，等能够有效沟通的时候再开始。

当父母的期待与你的职业生涯规划出现不一致时，重要的不是父母说服了你，或者你说服了父母，而是利用这个机会，让你和父母有机会去练习沟通、练习倾听和尊重彼此，从而学会在你们的关系中求同存异、找到平衡，学习综合考虑各种因素做决定，获得真正的成长。

2. 毕业想要自主创业，需要做好哪些心理准备？

大学生自主创业是社会发展的要求。国内外社会经济的发展，给大学生创业营造了越来越好的氛围。大学毕业生来拥有创业的相对优势：一方面，国家为毕业生创业提供了政策保障；另一方面，大学生集知识与技能于一身，思想解放，敢于创新，自主创业是一条光明之路。但是，大学生创业，良好的自身素质是最大的资本，大家要做好相应的心理准备，提前培养自己的创业素养。

大学生由于缺乏社会经验和职业经历，人际关系相对简单，这是大学生创业的劣势。由于缺乏经营经验，没有经营成果，无法展现商业信用，获得创业资金的困难比较大，导致难以启动创业活动。在心理层面，大学毕业生由于没有经营经验，往往会自信心过强，把创业想象得过于美好，难免纸上谈兵，创业目标过大，可行性不够；大学生创业还应克服眼高手低，好高骛远的毛病，不要一心想着赚大钱，而应脚踏实地，从赚第一分钱做起；创业的道路很难一帆风顺，大学生创业需要有直面挫折的勇气，培养较强的心理承受能力，才能经受住创业中的各种挫折；创业意味着对社会、对他人有更多的责任，大学生创业需要提高自己的独立承担责任的能力。如果你想毕业就创业，先评估一下自己的优势何在，劣势如何，可能遇到的挑战和困难有哪些，机遇有哪些；自己的心理承受能力如何，能否抓住机遇，迎接挑战。

准备创业的大学生需要提前培养创业者需要具备的一些基本素养。首先，创业者需要有宏观意识，学会从宏观上分析问题，能够把握大局；创业者不能感情用事，需要培养理性思维，在志存高远的同时，还要具有脚踏实地的实干精神，尊重市场规律，制订切实可行的运营方案；大学生创业必须具有一定的风险意识和防范风险的意识，避免输得头破血流；协作精神也是创业者需要具备的基本素养之一。大学生要培养自己与人协作的精神，不要唯利是图，要有长远眼光，与内部员工合作，与外部单位合作，追求双赢才能把公司做强做大；创业者还需要具有自我否定的精神，避免刚愎自用，善于倾听和求助。大学生在平时可以通过多读书，多思考，多与人交往等方式来培养自己的批判性思维和创新意识；创业者作为管理者还必须是一个人品正直的人，诚实诚信，胸襟宽广，这样才能管理好员工，用好人，激励人。

大学生创业仅凭政策上的支持、满腔的热情和书本上的一点知识是远远不够的。创业不仅要具有开拓进取的创业意识，还要掌握相关的创业知识，积累一定的实践经验，培养吃苦耐劳的精神和抗挫折的能力。因此，大学生如果想要创业，应该从步入大学开始，有意识地培养自己的创业意识，提高自身各方面的能力，为将来的创业做好准备。

3. 求职面试前要做好哪些心理准备？

有的同学在大学期间没有参加过实习应聘，在第一次求职面试时可能会心情紧张，觉得周围的竞争对手个个都比自己强，这种自卑心理对面试是不利的。求职面试前，毕业生应从下面几个方面做好心理准备。

第一，要从心理上战胜自己。面试前，你可以先梳理一下自己的长处和短处，对自己的认识做到清晰客观，既不目中无人，也不妄自菲薄。然后根据面试职位和内容，考虑怎么才能扬长避短，巧妙地避开或者弥补自己有所欠缺的地方，更好地表现出自己的长处。要做到这一点，你需要在面试前下一番功夫，对招聘单位有个全面的了解，对其规模、性质、上岗要求、薪酬幅度、职位发展前途等，做到心中有数，这样可以帮助自己增强信心，克服过分紧张，保证面试能够正常甚至超水平发挥。

第二，毕业生要正确对待求职面试，对理想职位的期望值不要过高，因为事情的结果往往与理想有一定差距，期望过高势必担心结果不够理想，患得患失反而产生不必要的紧张。在求职面试阶段，适度的紧张是有益的，适度的紧张可以使你更加认真地做好准备工作，注意力更加集中；但过度的紧张则会使头脑迟钝，影响面试的正常发挥。所以，在面试时，你要对自己有信心，不要怯场，不能自己先乱了阵脚。世界上没有十全十美的人，相信自己的长处和优点正是用人单位所需要的，坚持“天生我材必有用”的信念，大方、得体、真诚地表达你对该职位的认识，轻松自如地展现出自己的真实水平就行，即使面试不成功，也不代表你的水平不行，也许只是你的才华与该职位不够匹配而已。相信你这匹千里马一定可以遇到懂你的伯乐。

拓展性资料——名人名著

【大家小传】

埃里克·埃里克森（Erik Homburger Erikson，1902—1994），美国人格发展心理学家，儿童精神分析医生，自我学派代表人物。埃里克森开创了自我认同在心理学领域研究的先河，因而埃里克森被称为“自我认同研究之父”。埃里克森以自我心理学和心理社会性发展的模式闻名于世，尤其是针对“自我认同对角色混乱阶段”的系列研究影响深远。埃里克森被认为是 20 世纪最著名的心理学家之一，排名第 12。

【生平重大事件】

1902 年，出生于德国法兰克福，父亲是丹麦人，但母亲和继父都是犹太人。

1927 年，25 岁时应同学之邀到维也纳一所小学担任美术教师，因而结识了弗洛伊德的女儿安娜·弗洛伊德。

1933 年，为躲避纳粹的迫害，全家迁居丹麦，后又迁往美国，并以精神分析家的身份私人开业。

1936年，在亨利·墨里（Henry Murray）主持的哈佛医学院神经精神病学系任研究员，并被哈佛医学院录取为心理学哲学博士候选人，但几个月后他就放弃了。

1939年，参加了加利福尼亚大学伯克利分校儿童福利研究所有关“儿童指导”的纵向研究。

1942年，担任加利福尼亚大学伯克利分校心理学教授。

1950年，出版著作《童年与社会》。

1960年，被聘为哈佛大学人类发展学和精神病学教授，讲授“人类生命周期”课程。

1970年，退休。

1994年，病逝于美国马萨诸塞州哈维克。

【《童年与社会》简介】

该书是埃里克森的第一部著作，收集了他作者20世纪40年代所写的文章，1950年出版后使他成为美国自我心理学的重要辩护者之一。本书以几位患精神分裂症的幼儿为实例，分析了儿童早期心理个性的形成与家庭、社会、环境和文化背景的关系，指出必要的母亲是治疗儿童精神创伤的良方。其主要内容包括了精神分析，特别是自我心理学和文化人类学两方面的材料，以及对现代国家的家庭形象的分析，表明了他的人格理论和心理历史观点的基本形成，并首次对人生周期以及诸如自我同一性的危机、合法延缓期等概念进行了描述和表达。作者特别强调的是自我在克服发展中的倒退和恶化以及在防止潜能的消耗各方面所起的重大作用，以及人在个体发展中通过自身去克服心理危机的可能性。

【《同一性：青少年与危机》简介】

该书是埃里克森有关自我同一性的理论集大成之作，出版于1968年。作为新精神分析运动中“自我心理学”分支的旗手，在他的理论体系中，同一性是一个核心的概念。早在20世纪30年代他就提出有关同一性的见解，50年代发表了一系列有关于同一性的文章，60年代后期，他将自己近20年来所写的有关同一性的文章做了整理和修订，即为此书。全书共分8章，第1章为引言，对同一性的概念做了回顾；第2、第5章，着重从治疗的意义上对同一性的概念进行探讨；第3、第4章结合心理发展的8个阶段，阐述了自我同一性在各个阶段中的地位和性质。第6章至第8章则运用同一性的概念探索了美国现代社会中的青少年问题、妇女地位问题，以及种族同一性的问题。特别是第三章中，他修订了弗洛伊德的心理性欲发展渐成说，提出了独树一帜的心理社会发展说，把人生分成8个阶段，每个阶段各有其中心任务（具体矛盾），该理论已成为阐释儿童青少年发展的经典之说。

附录

领航新时代大学生心理健康教育与心理健康服务再出发①

——访教育部普通高等学校学生心理健康教育专家指导委员会副秘书长、教育部《高等学校学生心理健康教育指导纲要》编制研究组组长俞国良教授

近日，中共教育部党组印发《高等学校学生心理健康教育指导纲要》（教党〔2018〕41号，以下简称《纲要》），作为高校教育工作者，应该如何理解与落实?《纲要》编制研究组负责人中国人民大学俞国良教授接受了本报的专访。

一、请问教育部委托您负责编制《纲要》是基于什么样的社会需要?

从历史上看，无论任何时候，高等院校都与时代同呼吸共命运。可以说，高等院校既是社会发展的“上风口”，也是社会现实的“风向标”，更是时代精神气质概貌的“浏览器”。

党和国家高度重视心理健康教育工作。习近平总书记在全国卫生与健康大会上指出，“要加大心理健康问题基础性研究，做好心理健康知识和心理疾病科普工作，规范发展心理治疗、心理咨询等心理健康服务”；在全国高校思想政治工作会上，总书记又再次强调要培育理性平和的健康心态，加强人文关怀和心理疏导。在党的十九大报告中，总书记更是明确提出要“加强社会心理服务体系建设，培育自尊自信、理性平和、积极向上的社会心态”。编制《纲要》，是学习贯彻落实习近平中国特色社会主义教育思想的重要举措，也是推动教育部等22个部门《关于加强心理健康服务的指导意见》和中共教育部党组《高校思想政治工作质量提升工程实施纲要》落地生根的实际行动，更是新时代高校思政工作重视“心理育人”、着眼新征程谋划新篇章、聚焦新要求落实新任务的具体表现。

我们正处于社会转型的特殊历史发展时期。改革开放以来，我国经由传统型社会向现代型社会的快速转型，包括经济、政治、文化、心理等诸多领域密集的、普遍的、根本性的社会结构性变革。这一转型不仅带来了社会结构的深刻变化，也给人们的思想观念和心理状态带来了巨大冲击，而社会转型、知识经济时代的人才，首先应该是心理健康的。现代脑生理学家认为，从事创造性学习和创造性活动，要以个人的心理正常和健康为基本条件。大学生正处于身心发展的重要阶段，也是“三

① 部分内容载于《现代教育报》2018年第12月14日和《光明日报》2018年第12月15日。

观”形成的重要时期，社会的变迁使他们心理上的动荡进一步加剧，所面临的心理行为适应问题是前所未有的，而这些心理行为问题仅依靠传统的说教式、单一化和公式化的思想政治教育是解决不了的，只有开展多种形式心理健康教育，才能很好地解决大学生所存在的种种心理行为问题，达到春风化雨、润物无声的既治标又治本的独特作用。因此，高校能否做好社会转型期大学生心理健康教育工作，将决定着这一特殊历史时期大学生心理健康的整体水平和今后的“可持续发展”。这就需要加强顶层设计、创新工作载体、采取有力措施、增强工作实效，科学地规范和推进这项工作的健康发展。

受教育部思政司委托，我们在2002年《普通高等学校大学生心理健康教育工作实施纲要（试行）》（教社政〔2002〕3号）基础上，开展了研制工作。显然，十多年来，我国高校在心理健康教育课程、师资队伍、制度建设和机构建设等方面取得了丰硕成果，已成为思想政治教育工作新的突破点和着力点，为加强和改善高校思想政治教育工作做出了独特贡献。然而，随着时代变迁和社会发展，原来的《纲要》也存在一些问题需要修订或重新编制。特别是我国高校心理健康教育工作经历了一个由最初关注问题矫正到现在重视提高全员心理健康水平，增加他们对于心理行为问题的抵抗能力，降低心理行为问题发生概率的发展过程。在这项工作受到前所未有重视的同时，也产生了一些“杂音”。特别是针对社会转型，心理健康教育工作的重点应是进一步规范和程序化，突出其专业性、实践性、反思性、成长性和发展性的特征。从指导思想与主要任务看，需要与时俱进，明确把目标定位在提高全体大学生的心理素质和心理健康水平上，从心理健康教育向心理健康服务转变，从问题导向向积极心理促进转轨；从主要内容看，需要进一步强调大学生的人文关怀和心理疏导，培养他们自尊自信、理性平和、积极向上的健康心态；从途径和方法看，需要提倡将心理健康教育贯穿于大学教育教学全过程、开展全员全程多种形式的专题教育，规范心理咨询机构建设，密切联系教师共同实施心理健康教育，以及充分利用校外资源等；从领导、管理以及师资队伍建设看，需要强调时代发展要求，从制度、教师、教材、课时、职称、工作量等具体层面上进一步规范，以构建具有新时代中国特色的高校心理健康服务体系。

二、《纲要》编制调研过程中您发现大学生心理健康教育现状有什么特点？

针对我国大学生心理健康教育工作现状、特点与发展趋势，我们对清华大学、河南大学、陕西咸阳职业技术学院等15所高校进行了焦点访谈调研。结果表明，普及、深化和全面推进新时期大学生心理健康教育工作，树立正确的心理健康教育观念至关重要。在宏观层面，应坚持正确的心理健康教育方向，树立牢固的心理健康教育意识，由问题导向向积极心理品质培育转轨；在微观层面，应努力实现由心理健康教育向心理健康服务转型，夯实大中小学心理健康教育的衔接，并大胆探索网络心理健康教育的新路径。

为了把握高职院校心理健康教育的现状和特点，我们采用自编问卷就高职学生、专兼职教师和教育管理者对心理健康教育的认知与评价，进行了大规模的网络和问卷调查。首先对14所高职14912名学生进行调查，结果表明，学生对心理咨询与心理健康课程、心理健康教育形式的多样性、全员参与程度、获取心理健康服务的自主性等方面的满意度较低。进一步，发现一部分高职生存在着自卑心理特点，自卑人数随着年级升高呈逐渐增加的趋势；教师对心理健康教育职教特色的评价较高，与学生的较低评价存在着较大反差。接着，对北京、浙江等7省（直辖市）468名高职学校心理健康专兼职教师进行了调查研究，结果发现目前高职学校心理健康教育制度还不够完善，课程设置未达到相关标准，师资队伍的专业化水平较低；而在对学生心理行为问题和心理疾病的筛查和干预上，各高职学校都予以了较高程度的重视。最后，对北京、江苏等7省（直辖市）326名高职学校教育管理者进行了调查研究，结果发现，高职学校教育管理者对当前心理健康教育工作比较满意，但各院校在制度的具体落实上还存在不足，兼职教师的专业化水平较低，对专职教师的管理上也存在不规范之处。

为了了解普通高等学校学生、专兼职教师和教育管理者对心理健康教育的认知与评价，我们对全国7省、直辖市（北京、河南、陕西、湖北、浙江、贵州、广东）的11所高校进行了大样本纸质问卷调查。对10405名大学生的调查结果表明，他们对心理健康教育内容有多样的需求，但满意度较低；对心理健康教师和心理咨询师专业性的认可度较低，对网络心理健康教育体验较差，对大中小学心理健康教育衔接情况满意度较低。学校党团组织和社团开展的活动丰富了心理健康教育模式，而任课教师、辅导员等对心理健康教育的重视程度仍显不足。对491名专兼职教师的调查表明：各高等学校对心理健康教育的重视程度较高，但制度保障仍然不足；各高等学校已普遍开设心理健康教育课程，但课程质量仍需提高；高等学校心理咨询室运转状态良好，但应进一步扩大职责范围；专兼职教师的专业化水平还较低，应注重培训与科研的作用；网络心理健康教育已经起步，但利用程度仍然较低。对253名教育管理者的调查结果表明：管理者应提高对心理健康教育的要求，推动心理健康教育工作的继续发展；进一步推进心理健康教育制度建设，并保证制度的顺利落实；在对兼职教师的要求上，既要注重教师的工作能力，也要注重教师的专业水平；在对心理健康教育专职教师的管理上，既要抓好工作效果，也要抓好队伍建设，重视学生的实际心理需要。

总体来看，自2002年教育部颁布《加强普通高等学校大学生心理健康教育工作实施纲要（试行）》以来，我国大学生心理健康教育工作进入了快速发展期。其共同特点有以下四点。一是注重与国外大学生心理健康教育的比较中提高。虽然我国大学生心理健康教育起步较晚，但通过对国外高校相关经验的汲取与国际比较，获得了较快的发展。二是重视心理健康教育课程的打造和规范。课程是当前我国高校开展心理健康教育的重要载体，并受到广大大学生的欢迎与好评。三是与辅导员工作结合形成心理健康教育的合力。我国大学生心理健康教育长期面临着师资不足、专业化不足的困难。因此，与其他教育工作者相结合，互相促进，是增强心理健康教育力量的合理选择。

四是建构了大学生心理健康教育的工作机构与机制。目前，我国各高校普遍成立了心理健康教育工作的组织领导机构和工作机构，大多数高校制定了具体规章制度和工作章程，以规范和加强本校的心理健康教育工作。此外，在心理健康教育工作的组织和管理规范、实际工作措施落实到位、教育形式各具特色、教育内容贴近大学生实际需要等方面，其特点也是可圈可点。

三、《纲要》对未来的高校学生心理健康教育有什么样的具体要求？

对未来的高校学生心理健康教育的具体要求，主要体现在目标与任务两个方面。

从目标看，高校必须遵循思想政治教育和大学生心理发展规律，引导大学生努力践行正确的人生观、世界观、价值观，全面提高全体大学生的心理素质，培养理性平和、乐观开朗、健康向上的积极心理品质，提高社会适应能力、承受挫折能力和情绪调节能力，促进他们的心理素质与思想道德素质、科学文化素质和身体素质的全面协调发展。其具体可以表述为：加强心理健康教育与心理健康服务，做好心理辅导与心理咨询工作，提高心理调节能力，培养良好心理品质；使学生明确心理健康的标准及意义，增强自我心理保健意识和心理危机预防意识；掌握并应用心理健康知识，培养自我认知能力、人际沟通能力、情绪调节能力等；提高学习成才技能、环境适应技能、压力管理技能、问题解决技能、自我管理技能、人际交往技能和生涯规划技能等；使学生学会学习和生活，正确认识自我，提高自主自助和自我教育能力，增强调控情绪、承受挫折、适应环境、适应职业的能力，培养学生健全的人格和良好的个性心理品质；对有心理困扰或心理行为问题的学生，进行科学有效的心理辅导，及时给予必要的危机干预，切实提高其心理素质和心理健康水平。

高校大学生心理健康教育工作的主要任务是：根据大学生的身心特点，学习、宣传普及心理健康知识，通过多种形式的心理健康活动和体验，帮助大学生理解和掌握心理保健的方法、技能。特别是树立心理健康意识，优化心理品质，开发心理潜能，增强心理调适能力和社会生活适应能力，预防和缓解心理行为问题；了解并掌握增进心理健康的方法和途径，帮助大学生培养良好的心理品质和自尊、自爱、自律、自强的优良品格，培养创新精神和实践能力；帮助他们正确处理好学习成才、人际交往、环境适应、自我管理、交友恋爱、求职择业、人格发展和情绪调节等方面的困惑；要面向全体大学生，做好心理辅导和心理咨询工作，为大学生提供及时、有效、高质量的心理健康指导与服务；努力构建和完善大学生心理行为问题高危人群预警机制，做到心理障碍和心理疾病及早发现、及时预防、有效干预。建立从学生骨干、辅导员、专兼职教师到院系、部门、学校的快速危机反应机制，建立和畅通从心理健康教育机构到医院、专业精神卫生机构的快速危机干预通道。概括起来，就是推进知识教育、开展宣传活动、强化咨询服务、加强预防干预这四项主要任务。

为了实现上述目标与任务，必须“循序渐进、突出重点、分类指导、均衡发展”，即不同高校应根据实际情况，有针对性地做好心理健康教育工作。一是循序渐进。要普及心理健康意识和知识，巩固现有心理健康教育成果，深化心理健康教育领域改革和创新，循序渐进、全面推进大学生心理健康教育工作。积极拓展心理健康教育渠道，逐步建立学校、家庭和社区心理健康教育网络和联动机制，在高等学校普遍建立起规范、科学的心理健康教育服务体系。二是突出重点。加快心理健康教育的制度建设、课程建设、心理辅导中心建设和师资队伍建设。以课程建设为抓手和实施心理健康教育的重要途径，科学、系统地深化心理健康教育；加强心理咨询（辅导）中心建设，切实发挥心理咨询（辅导）中心在预防和解决大学生心理行为问题中的重要作用；加强心理健康教育师资队伍建设，建立一支科学化、专业化的稳定的大学生心理健康教育教师队伍。三是分类指导。本科院校和条件较好的高等学校，要在普遍开展心理健康教育工作的基础上，继续推进和深化心理健康教育工作，努力提高质量和成效，率先建立成熟的心理健康教育服务体系；高职院校和条件有待改善的高等学校，要尽快建立和健全心理健康教育工作机制，建立心理咨询（辅导）中心和稳定的心理健康专业教师队伍，普遍开展心理健康教育工作。四是均衡发展。推动优质心理健康教育资源的共享和心理健康教育公平，推进区域和高校之间心理健康教育的均衡发展，逐步完善各级各类高等学校心理健康教育服务体系。坚持公共教育资源和优质教育资源向中西部高等学校倾斜，加强支持指导和帮扶力度，逐步缩小东西部和区域之间心理健康教育的发展差距，推动心理健康教育全面、协调发展，着力提高心理健康教育工作的成效。

四、您觉得高校学生心理健康教育的主要内容标准应该是什么样的?

高校学生心理健康教育的主要内容标准应该包括基本标准和分类标准两个方面。前者是所有大学生必须遵循的，后者对不同高校学生更具针对性。

高校心理健康教育的基本内容包括：普及心理健康知识，夯实心理健康意识，认识心理异常现象；提升心理健康素质，增强社会适应能力，开发自我心理潜能；运用心理调节方法，掌握心理保健技能，提高心理健康水平。其重点是学习成才、人际交往、恋爱婚姻、自我与人格发展、情绪与压力管理、社会与生活适应以及就业创业与生涯规划等方面的内容。

对普通高校，应帮助大学生正确认识和处理好学习成才、择业交友、健康生活方式等方面的具体问题。树立终身学习的理念，培养学习兴趣，掌握学习策略，开发学习潜能，提高学习效率，积极应对考试压力，克服考试焦虑，为成才和激发创新精神、创新能力奠定基础；正确认识自己的人际关系状况，尊师爱友孝亲，培养人际沟通能力，促进人际间的积极情感反应和体验，正确对待和异性同伴的交往，认识友谊和爱情的界限，建立正确的恋爱观婚姻观，为建立家庭和为人父母做好准备；帮助大学生进一步调节和管理自我情绪，提高克服困难、承受失败和应对挫折的能力，形成良好的情绪品质和意志品质；关注社会、服务社会，积极参与社会公共生活，自觉培养亲社会行为和志愿者行为，不断提高自己的社会适应能力；培养积极心理品质，优化人格特征，增强自我调节自我教育能力，培养自尊、自爱、自律、自强的优良品格，促进自我与人格发展的进一步发展，使他们真正成为人格健全的创新型和自我提升型人才；在充分了解自己的兴趣、能力、性格、特长和社会需要的基础上，确立自己的职业志向和职业生涯规划，培养职业道德意识，进行升学就业的选择和准备，培养担当意识、主人翁精神和社会责任感。

对高职院校，应帮助大学生正确认识和处理成长、学习、情绪和职业生活中遇到的心理行为问题，促进自强意识、成才意识、创业意识和自我价值感。让他们了解激发学习兴趣和动机的方法，理解终身学习概念的新内涵，培养自己的学习信心和兴趣，体验学习过程中的积极感受和体验，树立终身学习和在职业实践中学习的理念；让他们正确认识人际交往和社会适应障碍的成因，理解和谐人际关系、快乐生活的意义，热爱职业，劳动光荣，崇尚人际交往中的尊重、平等、谦让、友善和宽容，追求健康的生活方式，不断提升自己的生活质量；关注自己性生理和性心理发展的特点，从而能主动进行心理调适、情绪管理，做积极、乐观、善于面对现实的人；使他们了解自己的性格特征、行为方式和成长规律，积极接纳自我，学会欣赏自我，敢于接受职业的挑战，追求自己的人生价值，直面成长中的心理行为问题。特别是让他们享受成功体验，增强职业意识，培养职业兴趣，提高职业选择能力，做好职业心理准备；了解职业心理素质的重要性，正确对待求职就业与创业中可能出现的心理行为问题，勇于面对职业压力和职业倦怠，认同职业角色规范，不懈追求创业和创新，提高职业适应能力，在职业体验和实践中提高职业心理素质，做一个身心健康的高素质劳动者。

总之，高等学校大学生心理健康教育的主要内容标准，必须从不同学校的实际和不同类型学生的身心发展特点出发，做到针对性与实效性统一。

五、请问高校学生心理健康教育最重要的几个方面是哪些？

全面推进和深化高校心理健康教育工作，必须树立“大心理健康教育观”。其实质就是新时代中国特色的心理健康教育体制观，即对符合中国国情、富有中国特色的心理健康教育体制的认识、理解和判断。从个体层面，强调健康与幸福；从人际层面，强调心理健康服务；从群体层面，强调社会心理服务；从社会层面，强调社会心态培育。其方向是坚持心理健康教育是德育与思想政治教育工作的重要组成部分，任务是提高全体师生的心理健康意识，理念是全面强化心理健康教育向心理健康服务的转变、问题导向向积极心理品质促进的转变，方法是大胆探索心理健康服务的新路径和新方式。

第一，把大学生心理健康教育工作视为一项系统工程。要以课堂教学、课外活动指导为主要渠道和基本环节，形成学校与院系、课内与课外、教育与指导、咨询与自助、自助与他助紧密结合的心理健康教育网络和体系。要主动占领互联网心理健康教育新阵地，使互联网成为弘扬主旋律、开展心理健康教育的重要手段，着力建设好融思想性、知识性、趣味性、服务性于一体的心理健康教育网站和网页，牢牢把握网络心理健康教育的方向和主动权。

第二，将心理健康教育始终贯穿于教育教学全过程。全体教职员工，特别是教师要树立心理健康教育意识和观念，将适合大学生特点的心理健康教育内容有机渗透到日常教育教学活动、专业学习中；注重发挥人格魅力和为人师表的作用，建立起民主、平等、相互尊重的师生关系。辅导员、党团工作者和专兼职教师要将心理健康教育与班级工作、党团活动、校园文体活动、社会实践活动等有机结合，充分利用互联网等现代信息技术手段，多种途径开展心理健康教育。

第三，开设专门的心理健康教育课程。心理健康教育课程是集知识传授、心理体验与行为训练为一体的公共课程。各高等学校应创造条件，为大学生开设心理健康教育必修课或必选课，或专题讲座、报告等。通过线上线下、案例教学、体验活动、行为训练、心理情景剧等多种形式提高课堂教学效果，通过教学研究和改革不断提升教学质量。心理健康教育课程要防止学科化倾向，避免将其作为心理学知识的普及和心理学理论的教育，要注重引导大学生运用心理健康知识和方法，正确处理自身面临的心理行为问题，最大程度地预防大学生发展过程中可能出现的心理障碍和心理疾病。

第四，建立和加强心理辅导或咨询中心建设。这是心理健康教育专兼职教师开展个别辅导和团体辅导，指导帮助大学生解决在学习、生活和成长中出现的问题，排解心理困扰的特殊场所。各高等学校要积极创造条件建立心理健康教育工作服务体系，开展经常性的心理辅导或咨询工作。心理辅导或咨询工作要以发展性辅导或咨询为主，面向全校学生，通过个别面询、团体辅导活动、心理行为训练、书信咨询、电话咨询、网络咨询等多种形式，有针对性地向大学生提供经常、及时、有效的心理健康指导与服务。辅导或咨询机构要科学地把握大学生心理健康教育工作的任务和内容，严格区分心理辅导或咨询中心与专业精神卫生机构所承担工作的性质、任务。在心理辅导或咨询中发现严重心理障碍和心理疾病的学生，要将他们及时识别，并转介到专业卫生机构治疗。

第五，充分利用校内教育资源开展心理健康教育。高等学校广播、电视、计算机网络、校刊校报、橱窗板报等宣传媒体，多渠道、多形式地正面宣传、普及心理健康知识。要重视心理健康教育网络平台建设，开办专题网站（网页），充分开发利用网上教育资源。要加强校园文化建设，营造积极、健康、高雅的环境氛围，陶冶大学生高尚的情操；通过朋辈互助、心理情景剧等形式，增强大学生相互关怀与支持的意识。大力开展有益于提高大学生心理健康的第二课堂活动、音乐艺术鉴赏活动，要积极支持大学生成立心理健康教育方面的社团，通过举办生动活泼、丰富多彩的活动，强化学生的自觉参与意识，提高广大学生学习心理健康知识的兴趣，解决他们在学习、生活中产生的心理困扰，达到自助与助人的目的。

第六，充分利用校外教育资源开展心理健康教育。高校要加强与医疗机构、基层群众性自治组织、企事业单位、社会团体、公共文化机构、街道社区以及青少年校外活动场所等的联系和合作，组织开展各种有益于大学生身心健康的文体娱乐活动和心理素质拓展活动，拓宽心理健康教育的途径。要加强家校合作，帮助家长树立正确的教育观念，加强亲子沟通，以积极健康和谐的家庭环境影响孩子；同时要为有需要的家长提供促进孩子发展的指导意见，协助他们共同解决孩子在发展过程中的心理行为问题。

六、请问具体到高校学生心理健康教育教学工作，您有什么样的建议？

国家和政府在宏观层面，正在大力加强对大学生心理健康教育工作的统领、规范和指导，不断解决大学生日益增长的心理健康需要与发展不平衡、不充分之间的矛盾。在微观层面，则是高校学生心理健康教育教学工作。

一是必须加强心理健康教育师资队伍建设。心理健康教育是一项专业性很强的工作，必须大力加强专业师资队伍建设，通过专、兼、聘等多种形式，并逐步增大专职人员配比，建设一支以专职教师为骨干，专兼结合、基础扎实、专业互补、相对稳定、素质较高的高等学校大学生心理健康教育工作队伍。专职从事大学生心理健康教育工作的教师，要具有从事大学生心理健康教育的相关学历和专业资质。心理健康教育师资队伍宜少量、精干，数量可根据实际需要自行确定，编制可从学校总编制或专职学生思想政治工作编制中统筹解决，原则上应纳入学生思想政治工作队伍管理序列，评聘相应的教师职务，落实好心理健康教育教师职务（职称）评聘工作。建议每校配备专职教师的人数原则上按师生比 1：4000 配置，但不得少于 2 名，同时可根据学校的实际情况配备兼职教师。设有教育学、心理学教学机构的高等学校，也可纳入相应专业队伍管理序列。兼职教师和心理辅导或咨询人员，按学校有关规定计算工作量或给予报酬。心理健康教育专职教师享受辅导员同等待遇。

二是大力开展心理健康教育专兼职教师培训。要积极开展对心理健康教育专、兼职教师的业务培训，培训工作列入学校师资培训计划。切实提高专、兼职心理健康教育教师的基本理论、专业知识和操作技能水平。培训形式包括集中培训、专题培训、讲座培训和网络培训等，培训内容包括职业道德、理论知识学习、操作技能训练、案例分析和实习督导等。要通过培训，不断提高他们从事大学生心理健康教育工作的职业道德以及所必备的基本理论、专业知识和技能水平。培训工作应规范化，坚持长期分类进行。对于通过培训达到上岗要求者，由教育部认定的有关承训机构颁发资格证书，逐步做到持证上岗。要保证心理健康教育专职教师每年接受不低于 40 学时的专业培训，或参加至少 2 次省级以上主管部门及二级以上心理学专业学术团体召开的学术会议。特别要重视对班主任、辅导员以及其他从事学生思想政治工作的干部、教师进行有关心理健康方面的业务培训（每学期至少一个星期，3000 元培训经费），以提升专业水平。

三是高度重视全体教师的心理健康教育工作。各级教育行政部门和学校要关心教师的工作、学习和生活，从实际出发，采取切实可行的措施，减轻教师的精神紧张和心理压力。要把教师心理健康教育作为教师教育和教师职业生涯发展的重要方面，为教师学习心理健康教育知识提供必要的条件，使他们学会心理调适，增强应对能力，有效地提高其心理健康水平和开展心理健康教育的能力。教师要以高度负责的态度，率先垂范、言传身教，以良好的思想、道德、品质和人格给大学生以潜移默化的积极影响。特别是基于我国大学生心理健康教育的现状，在进一步提高心理健康教育师资队伍专业化水平的同时，要注重提升专兼职教师的敬业精神和职业道德，这也是教师心理健康教育的重要内容。

四是创新心理健康教育课程教材建设。我国大学生心理健康教育已经取得了较大成效，心理健康教育课程也已经如火如荼地开设起来，但是高质量的心理健康教育教材还是比较缺乏，一定程度上影响了心理健康教育的效果。有调查表明，41.4%的教师使用教育部审定的教材，16.4%使用学校自行编写的教材，25.6%使用自选教材，16.6%表示没有教材；在教材的针对性上，80.4%的教师表示所使用教材是专门针对大学生专门编写的，19.6%对此表示否认。在心理健康教育教材能否满足实际教学需要这一问题上，40.4%的教师表示能够满足，51.0%认为一般，8.6%表示不能满足。心理健康教育教材，不仅是学生上课时的蓝本，也应该成为学生心理健康的自助手册。因此，在教材的编排上，应力求理论与实际相结合，贴近学生实际，提供心理健康的知识、心理调适的方法以及心理自助的指南。对于各高校使用的大学生心理健康教育教材应有一定的规定，整合多方力量编写高质量的教材，为更好地服务于大学生心理健康教育固本强基。

参考阅读资料（2000年至今笔者心理健康教育著译）

1. 课外心理（6册），林崇德、俞国良主编，沈阳：辽宁人民出版社，2001

2. 现代心理健康教育，俞国良主编，北京：人民教育出版社，2007

3. 现代教师心理健康教育，俞国良、宋振韶著，北京：教育科学出版社，2008

4. 大学生心理健康通识，文书锋、胡邓、俞国良主编，北京：中国人民大学出版社，2010

5. 心理健康经典导读（上、下册），俞国良、雷雳主编，北京：开明出版社，2012

6. 心理学大师心理健康经典论著通识丛书（17册），俞国良主编，杭州：浙江教育出版社，2013

7. 成长不困惑，俞国良等译校，北京：中国人民大学出版社，2014

8. 20世纪最具影响的心理健康大师，俞国良著，北京：商务印书馆，2017

9. 社会转型：心理健康教育报告，俞国良著，北京：北京师范大学出版社，2017

10. 大学生心理健康，俞国良主编，北京：北京师范大学出版社，2018

11. 心理健康经典导读，俞国良、雷雳等著，北京：北京师范大学出版社，2019

12. 中小学校心理健康教育研究，俞国良著，北京：北京师范大学出版社，2020

13. 高等学校心理健康教育研究，俞国良著，北京：北京师范大学出版社，2020

14. 心理健康教育理论政策研究，俞国良著，北京：北京师范大学出版社，2020

15. 心理健康教育学科融合研究，俞国良著，北京：北京师范大学出版社，2021

16. 心理健康教育前沿问题研究，俞国良著，北京：北京师范大学出版社，2021

17. 心理健康经典理论思想研究，俞国良著，北京：北京师范大学出版社，2022

18. 心理健康教育焦点访谈研究，俞国良著，北京：北京师范大学出版社，2022